2012年辽宁工程勘察与岩土工程学术会议论文集

工程勘察与岩土工程

朱浮声　主编

东北大学出版社

·沈　阳·

图书在版编目（CIP）数据

工程勘察与岩土工程／朱浮声主编．—沈阳 ：东北大学出版社，2012.11
ISBN 978-7-5517-0242-3

Ⅰ.①工… Ⅱ.①朱… Ⅲ.①建筑工程—地质勘探 ②岩土工程 Ⅳ.①TU19 ②TU4

中国版本图书馆 CIP 数据核字（2012）第 263867 号

出 版 者：东北大学出版社
地址：沈阳市和平区文化路 3 号巷 11 号
邮编：110004
电话：024—83687331（市场部） 83680267（社务室）
传真：024—83680180（市场部） 83680265（社务室）
E-mail：neuph@neupress.com
http：//www.neupress.com
印 刷 者：沈阳航空发动机研究所印刷厂
发 行 者：东北大学出版社
幅面尺寸：185mm×260mm
印 张：13.5
字 数：337 千字
出版时间：2012 年 11 月第 1 版
印刷时间：2012 年 11 月第 1 次印刷
责任编辑：潘佳宁 王兆元
责任校对：铁 力
封面设计：刘江旸
责任出版：唐敏志

ISBN 978-7-5517-0242-3 定 价：88.00 元

《工程勘察与岩土工程》

编　委　会

目　录

地质·勘察

地基处理

基础工程

基坑·边坡·地下工程

其 他

基于多次覆盖观测系统的地震映像法及其应用

刘升传　刘 欣　钟靖涛　王锡谦

（沈阳市勘察测绘研究院，沈阳，110004）

摘　要：地震映像法是采空区探测中常用的浅层地震方法之一，最佳偏移距的确定是该方法效果好坏的技术关键，也是技术难点。本文提出了基于多次覆盖观测系统的地震映像法，在不增加野外工作量的前提下，可得到多条不同偏移距的地震映像记录，可方便地确定最佳偏移距，提高方法的探测效果。

关键词：多次覆盖观测系统；地震映像法；最佳偏移距；采空区探测

1　地震映像法的原理及特点

地震映像法是基于反射波法中最佳偏移距技术发展起来的一种常用的浅层地震勘探方法。在这种方法中，每一测点的波形记录都采用相同的偏移距激发和接收，能够反映出地质体沿垂直方向和水平方向的变化。在探测目的较单一、只需研究横向地质情况变化的情况下，地震映像法效果较好；而探测目的层较多时，则不易确定最佳偏移距。

在采空区探测中，其埋深未知且变化很大。对不同埋深的采空区，有不同的最佳偏移距。传统的地震映像法用一种固定的偏移距(最佳偏移距)工作，只对某一特定深度的采空区反应灵敏，影响探测效果。本文提出了基于多次覆盖观测系统的地震映像法，与传统的地震映像法相比，该方法不增加野外工作量，且可得到观测剖面上多条不同偏移距的地震映像记录，实现对不同埋深的采空区的探测，提高该方法的探测效果。

地震映像法可以利用多种波作为有效波来进行探测，也可以根据探测目的要求仅采用一种特定的波作为有效波。除常见的折射波、反射波、绕射波外，还可以利用有一定规律的面波、横波和转换波。在这种方法中，每一测点的波形记录都采用相同的偏移距激发和接收。在该偏移距处接收到的有效波具有较好的信噪比和分辨率，能够反映出地质体沿垂直方向和水平方向的变化。地震映像可以用波形图或彩色振幅图显示结果，同时进行运动学和动力学方面的解释分析，数据处理可以在空间、时间和频率域中进行，图示直观。目前一些地震仪器已采用了特殊的数据采集技术，可以方便、快速地获得地震映像记录[1-2]。

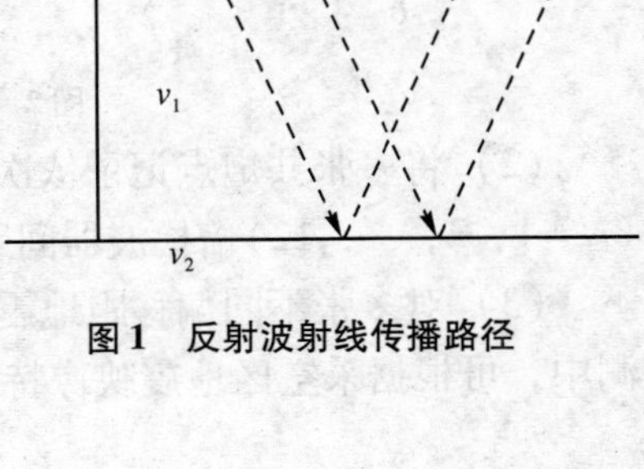

图1　反射波射线传播路径

1.1　反射波在地震映像波形图上的反映

地质模型如图 1 所示。图中表示了当偏移距为 L 时，O_1和 O_2点激发，S_1和 S_2点接收的反射波传播路径，界面水平时，反射点在激发点和接收点中点下的界面上，反射波的传播时间与界面深度有关。反射波时距方程为

$$T=\frac{\sqrt{4z^2+L^2}}{v_1} \tag{1}$$

如图 1 所示，当界面水平时，每次激发的反射波传播时间不变，反射点的位置正好在记录点上，当界面深度发生变化时，反射波的传播时间会发生变化，如在断层两侧表现为突变；如果是倾斜界面，反射点的位置会偏离记录点向界面的上倾方向移动。同样可以根据反射波同相轴的变化情况定性推断界面的起伏情况。

1.2 地震映像方法的特点

地震映像方法具有如下特点[3]。

(1) 地震映像法数据采集速度较快，野外工作方便。

(2) 地震映像法在资料解释中可以利用多种波的信息，有效波不仅可以是反射波，还可以是折射波、面波、绕射波，或同时有 2 种或 3 种波，能够反映地下地质条件的变化。

(3) 在探测目的较单一、只需研究横向地质情况变化的情况下，地震映像法效果较好，而探测目的层较多时，不易确定最佳偏移距。

(4) 由于每个记录都采用了相同的偏移距，地震记录上的时间变化主要为地下地质异常体的反映，这给资料解释带来极大的方便，可直接对资料进行数字解释，如数字滤波、时频分析、相关分析等。

2 地震映像法的工作方法及特点

地震映像法具有数据采集速度较快、野外工作方便等优点，但用一种固定的偏移距(最佳偏移距)工作，只对某一特定深度的地质体反应灵敏，当探测目的层较多时，探测效果不好。

为解决该问题，本文设计了基于多次覆盖观测系统的地震映像法，工作流程如下。

(1) 按图 2 所示将检波器等间距布置在测线上，震源点距第一个检波器的距离与检波器间的距离相等(如 2m)；覆盖前 12 个检波器得到测线上第一张共炮点记录；移动震源至第一个检波器，覆盖第 2 ~ 13 检波器得到测线上第二张共炮点记录；依次进行，当覆盖到第 13 ~ 24 检波器后滚动导线，直到整条测线完成。测线上得到多张共炮点记录。

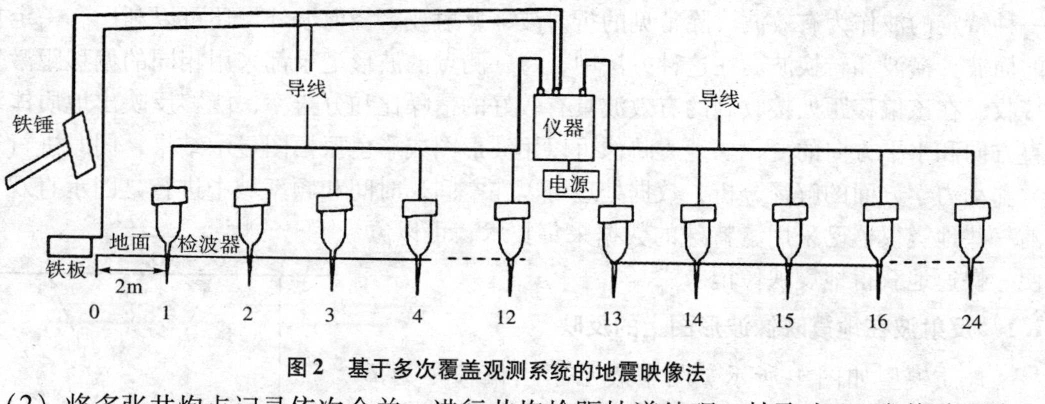

图 2 基于多次覆盖观测系统的地震映像法

(2) 将多张共炮点记录依次合并，进行共炮检距抽道处理，抽取出 12 张偏移距为 N ($N=1, 2, \cdots, 12$)倍检波器间距的地震映像记录。

(3) 对多张不同偏移距地震映像记录进行滤波等处理，进行地质解释。如在采空区探测中，可根据采空区地震映像特性，选择最佳偏移距的地震映像记录进行采空区圈定。

由基于多次覆盖观测系统地震映像法的工作方法可见，该方法的检波器布设、震源布设等野外实物工作量，与传统地震映像法相比完全相同，不增加野外工作量，只增加了室内抽道处理的中间过程。但却得到了多张不同偏移距地震映像记录，解决了传统地震映像法不易确定最佳偏移距的技术难题，提高了方法的探测效果。

3 应用实例

由于民采等历史原因，在弓长岭露天铁矿露天采场下形成了众多情况不明的采空区，影响矿山安全生产。由于采空区埋深变化很大，不存在一个固定的最佳偏移距，限制了地震映像法的探测效果。据此本文用基于多次覆盖观测系统地震映像法进行了探测。使用仪器为SE2404EP型综合工程地震仪，检波器距2m，用仪器自带的多次覆盖观测系统进行数据采集，经抽道等处理后形成的不同偏移距的地震映像图如图3所示。

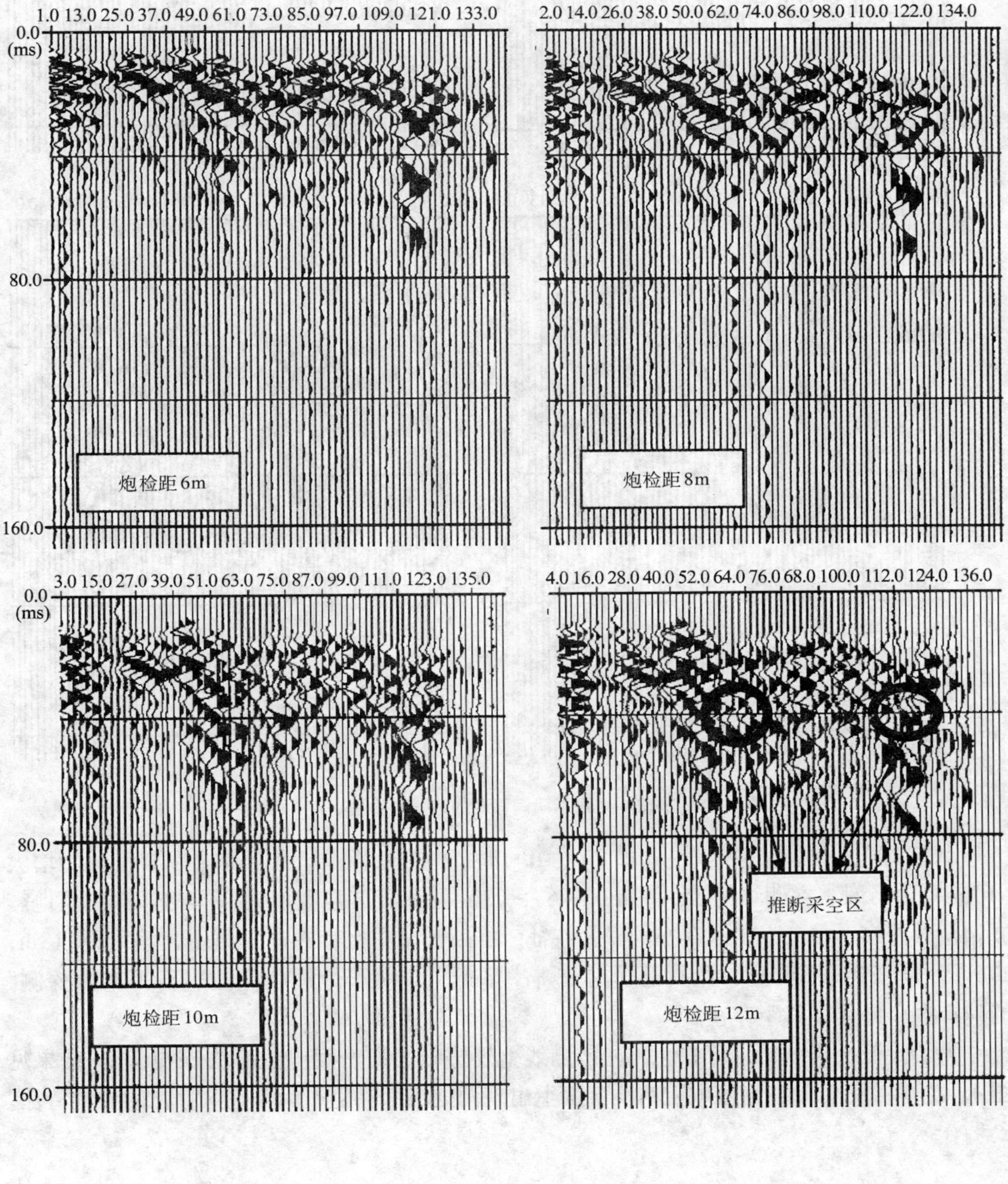

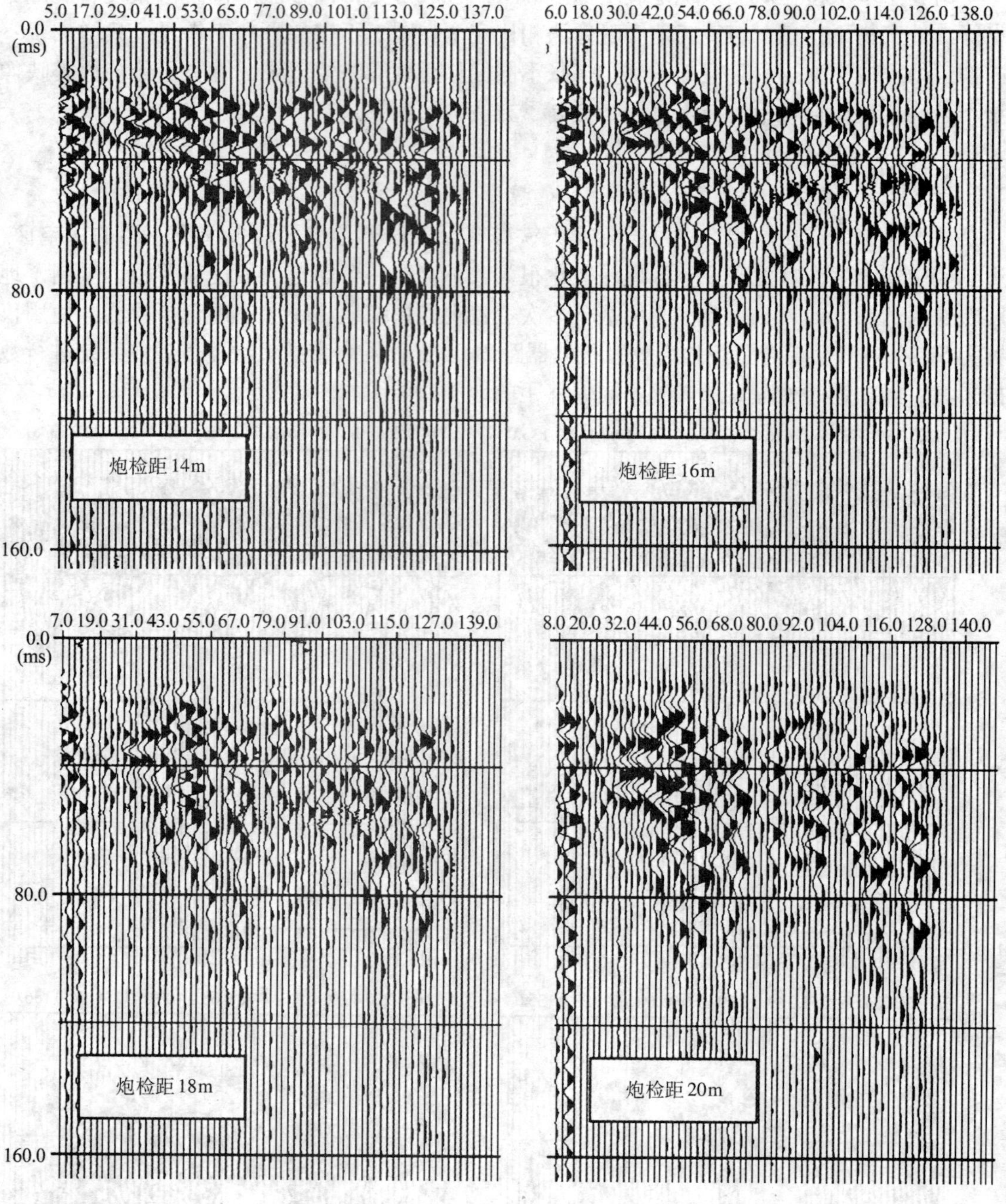

图 3　某线不同偏移距的地震映像图

由图 3 可见，当偏移距较小(如 2m，4m)时，地震映像图上无异常显示；偏移距增大(10m，12m)时，在测线的 55 ~ 60m，106 ~ 122m 处地震波强度增大，同相轴弯曲及地震波相位数增多，具备采空区存在的异常特征，推断为采空区存在[4]；再增大偏移距(18m，20m)，异常变得不明显，尤其是横向分辨率降低。说明了地震映像法进行采空区探测，的确有一个最佳偏移距存在。

为了验证探测结果的可靠性，在该测线上还进行了高密度电阻率法探测[5-6]，结果见图 4。由图 4 可见，高密度电阻率法剖面上出现两处局部高阻，为采空区存在的异常特征。

探测结果与地震映像法的结果吻合，表明了探测结果的可靠性。后经钻探工程验证两空区存在，顶部埋深在12m左右。

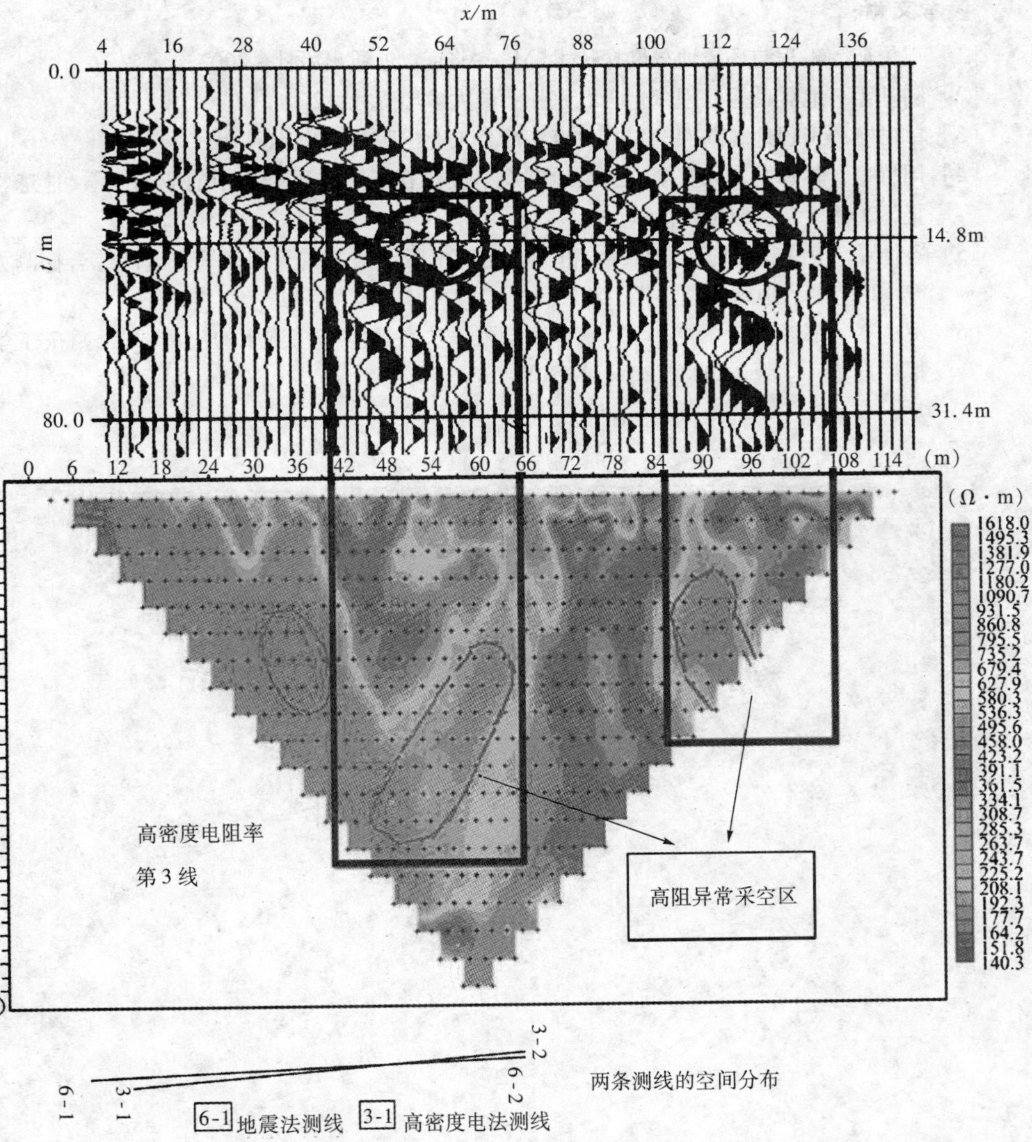

图4 地震映像法与高密度电阻率法探测结果对比图

4 结 论

（1）地震映像法进行采空区探测，的确有一个最佳偏移距存在，最佳偏移距的大小与采空区的埋深、形态、围岩性质等因素有关。

（2）在采空区探测中，采空区的埋深、形态等参数变化很大。对不同埋深的采空区，有不同的最佳偏移距。传统的地震映像法用一种固定的偏移距(最佳偏移距)工作，只对某一特定深度的采空区反应灵敏，影响探测效果。

（3）基于多次覆盖观测系统的地震映像法，在不增加野外工作量的前提下可得到多条不同偏移距的地震映像记录，实现对不同埋深的采空区的探测，提高方法的探测效果，是一种值得推广的地震映像法工作方法。

参考文献：

[1] 王俊茹．工程与环境地震勘探技术[M]．北京：地质出版社，2002.
[2] 陆基孟．地震勘探原理[M]．北京：石油大学出版社，2001.
[3] 单琳娜．工程地震勘探[M]．北京：冶金工业出版社，2006.
[4] 周竹生，蒋婵君，郭有刚．浅层地震反射波法在隧道工程勘探中的应用[J]．地球物理学报，2008（5）：516-518.
[5] 门业凯，王恩德，杨义彪，等．基于高密度电阻率法的露天铁矿采空区的综合探测方法研究［J］．工程地球物理学报，2010，7（2）：164-168.
[6] 罗有春，邹俊，王怀坤，等．高密度电阻率法在防空洞探测中的应用[J]．重庆工学院学报：自然科学版，2008，22（2）：128-130.

地下水对岩土工程的危害

郭 帅 朱彦辉 薄 萍 杨海平 刘志山 王 冲

（中冶沈勘工程技术有限公司，沈阳，110016）

摘 要：本文讨论了地下水对岩土工程的危害，总结了与地下水活动有关的工程地质现象，并给出了相应的指导性处理方案。

关键词：地下水；黏结力；潜蚀；上层滞水；饱和软化；稳定性

1 地下水对岩土工程的危害

1.1 地下水及其对工程的影响

地下水赋存和运动于岩土的空隙中，空隙的多少、大小、连通的程度及分布规律，决定着地下水的赋存、分布和运动特点。

按水在岩石空隙中的存在形式，地下水可分为气态水、吸着水、薄膜水、毛细水、重力水和固态水。以上各种形态的水，在土层中的分布具有一定的规律。当进行挖孔桩造孔时，就可以看到下述情况：开始挖孔时，土层是干的，但实际上是存在气态水、吸着水、薄膜水的。薄膜水对黏性土的力学性质影响很大，但对孔壁的稳定性影响不大。

再向下挖时，土层的颜色就会发暗，有潮湿的感觉，但孔中却没有水。这说明已挖到毛细水带，它对于孔壁的稳定性已构成威胁。毛细水对土的湿度、稠度和稳定性影响明显，它可使部分土体达到饱和软化，削弱了土的稳定性。毛细水所受的拉应力传到毛细管壁上，并产生毛细管压力。这个压力对于砂土来说，压密土体并增加了其黏结力和内摩擦力，因而在某种程度上稳定性增强了。当地下水往上升时，毛细管水的弯液面和毛细管力消失，同时毛细水转变为重力水，使土的黏结力、承载力及稳定性降低。

再向下挖到某一深度，水就开始流入或渗入孔中，并逐渐形成一个地下水面，这就是重力水，在重力水面以上，土层的空隙未被水填充饱和，称为包气带，以下则称为饱水带。毛细带实际为二者的过渡带，在包气带中，也可存在过路的重力水和悬挂的毛细水。

地下水按埋藏条件可分为上层滞水、潜水和承压水。上层滞水含水层是潜水含水层的特殊情况，它是包气带中的重力水。上层滞水埋藏较浅，在雨季时分布广泛，因此它对工程的危害性最大。

维持土稳定性的主要因素是土的黏结力和内摩擦力，密度大的土黏结力和内摩擦力大，则稳定性好。土浸水后降低了黏结力和内摩擦力，降低了土的稳定性。对于土密度小、压缩性高、饱和的松散土，如粉砂、细砂(包括部分粉土)，当机械振动或地震荷载重复作用时，会产生液化，由于结构物的荷重作用和地下水的下降，会促使砂性土下沉。基坑开挖时产生管涌现象，可以说地下水是破坏土的稳定性的主要因素。

地下水对工程的设计方案、施工方法与工期都有密切关系。如果对地下水处理不当可能造成不良后果，甚至发生重大工程事故。因此对工程的设计、施工应考虑下列问题。

（1）基础埋置深度：通常设计基础埋置深度应小于地下水位深度。当基础底面与地下水位之间为粉砂或黏性土时，在寒冷地区地下水位深度低于冻结深度的距离小于 1.5 ~ 2.0m 时，则冬季可能因毛细水上升而使地基冻胀顶起基础导致墙体开裂。

（2）地下室防水：当地下室常年或雨季处在地下水位以下时，必须做好防水层，否则会造成地下室积水而无法使用。

（3）空心结构物浮起问题：当水池、油罐等空心结构物的埋置深度超过地下水位较大时，结构物浮起，因此必须向水池、油罐内注水，以此来平衡地下水的浮力。

（4）地基塌陷：如果在地基下部不深处的地下水位以上有空洞（溶裂、溶洞、古墓等）时，则在建筑物附近的地面必须做好防渗层，防止渗入水造成地基潜蚀坍塌。如杨家杖子钼矿混合井井口房地基土被地表渗入水带入下部的溶洞中，从而发生大坍塌坑，造成全矿停产的特大事故。

（5）地下水位变化：当地下水位在地基持力层中升高时，则将黏性土软化，湿陷性黄土产生严重沉陷，膨胀土地基吸水膨胀破坏了地基的稳定性。

（6）承压水冲破地基：有承压水的地区，如基槽挖除承压水上面部分隔水层时，则承压水可能冲破隔水层，造成大量涌水而浸泡基槽，破坏地基的稳定性。

（7）滑坡：在山坡上的建筑物，如果有形成滑坡的条件存在，必须做好防渗层和挡土墙；防止渗入水和地下水的作用，造成滑坡毁坏建筑物。

（8）地下水的侵蚀性：当地下水中含有大量硫酸离子、游离碳酸、较高浓度（pH 值）的氢离子等，对基础混凝土和钢筋有侵蚀性，会降低建筑物的使用寿命，必须采取防腐蚀措施。

（9）上层滞水：在地基影响深度以上的地层中，若有形成上层滞水的条件存在，应考虑地下水对工程的影响。

（10）施工排水：当地下水位很高时，基础深度大于地下水位深度时，基槽开挖与基础施工必须进行排水。如排水不好或雨季施工大量地下水和雨水流入基槽，降低了承载力而造成工程隐患。

1.2 地下水是破坏地基稳定性的主要因素

土的湿度愈大，它的结构和物理力学性质愈容易改变，并且愈加快破坏它的稳定性。松散的砂尤其是细粒砂，受地下水的强烈浸湿会发生流动。土体变形的发生和稳定性的破坏，主要原因是地下水的作用。水使土饱和而土的密度降低、变软、液化、黏结力和内摩擦力减少，把土变成塑性状态至流动状态使土粒移动，大大减小了土的强度和承载力。

地下水对于细粒土（小于细砂颗粒的土）、粉状土和裂隙泥沙、淤泥、黑土等稳定性的影响。这些土的渗透性很小，水容量很大，被水浸湿后成为软土、流土，大大降低或完全破坏黏结力和内摩擦力，完全丧失土的稳定性。

土的水容量愈大、密度愈小，则它的稠度愈将剧烈地改变，而稳定性愈容易被破坏。含黏性土的细砂，当孔隙度为50%时，浸水时其容重从 1.33t/m^3 增至 1.83tm^3。

黏土在干硬的状态下，其特点是密实的，具有显著的承载力。浸水后，它的稠度急剧改变，从而成为软土。被水填充而完全饱和的黏土，对断裂应力和压应力的极限强度几乎等于零（见表1）。

表 1 地下水对地基土稳定性的影响

土的状态	断裂应力/(kg/cm^2)	压应力/(kg/cm^2)
干黏土	2.5~2.9	6.7~8.5
塑性状态黏土	0.2~0.3	0.4~0.5

当黏土的湿度小于15%时，还有显著的抗压性，湿度为30%~40%时，黏土易变形。当黏土浸湿到塑性状态再继续浸湿，土的结构将被破坏。结构破坏的土空隙性增大，增强了浸湿强度，容易造成土的液化和分解。黏土、亚黏土中含的黏土和胶体颗粒愈多，愈具有较大的可塑性，则黏土结构愈受破坏，愈易液化和分解。

土浸湿增加了土的密度，因而滑动面上的压力加大，使剪应力增加，造成土体移动。土的受力愈大、土的透水性愈小，则土所受的动水压力愈大，动水压力将对土的结构产生破坏作用，使土结构遭到破坏，其黏结力和内摩擦力大大降低，土体失去了稳定性。黏结力大的土抗剪切、抗断裂和抗冲刷的能力强，对增加土的稳定性和承载力有很大影响，土的密实度大则黏结力大。黏土在低含水率下，黏结力大于内摩擦力，因为含水率低水膜张力大，能增加黏结力。含水率大使黏性土膨胀，因而土的空隙增大，水膜张力消失，毛细管压力减少，而造成黏结力减小，稳定性降低。

砂土中含有黏土的混合物时，产生黏结力(仅在低的温度下)；淤泥及粉砂具有很小的黏结力，在浸水时很容易流动；黄土仅在垂直方向有很大的黏结力，在水平方向有石灰质膜，水的渗透受阻，黄土由于石灰的胶结在干时有很大的黏结力。

除了黏结力之外，土的内摩擦力对于土的稳定性发生重大的影响，尤其是粗粒土的稳定性主要靠其摩擦力。颗粒不均匀、表面粗糙有棱角的和密实度大的土内摩擦力大，浸水后土体变松散降低内摩擦力。砂类土地基承载力见表2。

表 2 砂类土地基承载力 t/m^2

土名	湿度	密实度		
		密实	中密	稍密
砾砂、粗砂	与湿度无关	55	40	20
中砂	与湿度无关	45	35	15
细砂	水上	35	25	10
	水下	30	20	
粉砂	水上	30	20	
	水下	20	10	

浅层土受地下水位升降和降雨渗入的影响，反复浸湿和冻胀，加之受土层的压力水和空隙发育，其黏结力和内摩擦力较低，稳定性较差。地形低洼、地表土松散的地段，水容易渗入地下浸湿土层，落夹层易被水浸湿，如果黏性土与砂土成为落互层，上部是强透水性的土，落互层很容易被水浸湿，其稳定性很差，不能作为天然地基。

土的空隙性不仅与土的组成成分、结构及颗粒形状有关，而且与其成因及形成年代有密切关系。不同年代和不同成因的黏土，其物理力学性质与承载力不同(见表3和表4)。

表3 Q_4 的冲(洪)积黏性土地基基本承载力 t/m²

e \ I_U	0	0.1	0.2	0.3	0.4	0.5	0.6	0.7	0.8	0.9	1.0
0.5	45	44	43	42	40	38	35	31	27		
0.6	42	41	40	38	36	34	31	28	25	21	
0.7	40	37	35	33	31	29	27	24	22	19	16
0.8	38	33	30	28	26	24	23	21	18	16	14
0.9	32	28	26	24	22	21	19	18	17	14	12
1.0		23	22	21	19	17	16	15	14	12	
1.1			16	15	14	13	12	11	10		

表4 不同成因的黏土物理指标

土类		含水量 W	孔隙比 e	液性指数 I_L	液限 W_U	塑性指数 I_P	承载力 /(t/m²)	压缩模量 E_s/MPa	黏聚力 C/kPa	内摩擦角 φ/(°)
老黏性土		15~25	0.6~0.9	<0.8	25~40	10~18	30~80	>150	0.4~1.0	22~30
一般黏性土		15~30	0.55~1.0	0~1.0	25~45	5~20	10~45	40~150	0.1~0.5	15~22
新近黏性土		24~36	0.7~1.2	0.25~1.2	30~45	6~12	8~14	20~75	0.1~0.2	7~15
淤泥或淤泥质土	沿海							10~50		
	内陆	36~70	1.0~2.0	大于1	36~70	10~25	5~11	20~50	0.05~0.15	4~10
	山区							10~60		

粗粒土(中砂、粗砂、砾砂、圆砂、卵石)透水性强、内摩擦力大、强度大、稳定性好。并在水的作用下影响不大(见表5)。透水性强的土稳定性好，水的作用影响很小；透水性弱的土稳定性差，水的作用影响很大；密实的土稳定性好，水的作用影响小；松散的土稳定性差，水的作用影响大。

表5 粗、细粒土物理指标比较

指标土类	空隙	孔隙度	水容量	透水性	内摩擦角	含水量	孔隙比	黏聚力	承载力
细粒土	小	大	大	小	小	大	大	大	小
粗粒土	大	小	小	大	大	小	小	小	大

地下水位变化对土稳定性的影响：当地下水位下降时，土颗粒间失去支撑，土被压密，并且毛细管力的作用也有利于土的压密，毛细管力随着土的干燥程度而增大。地下水位下降，松散土会得到较大程度的压密，因此排水起到压密的作用。地下水位下降，土发生压密和变干，此时空隙中的水膜强烈地弯曲，因此水的张力增加，而土粒受到附加压缩应力，黏聚力和内摩擦角增大，则土的承载力和稳定性增强。

当水在细粒物质组成的微小孔隙中运动时，不仅由于水与孔隙壁的摩擦阻力影响难于通过，而且还由于细小颗粒吸附了相当厚的一层黏度很大的结合水水膜，这种水膜几乎占满了整个孔隙，在水力坡度较小时，水是很难通过的，只有当水力坡度大于该土的起始水力坡度时，水才能够通过。因此，在水容性大的土中排水是很困难的。

当地下水位上升时，细粒土的密实度、内摩擦力和黏结力减小，因此减小了土的稳定性。压力水对土的稳定性影响很大，在水头作用下，地下水使土强烈浸湿，变松软，促使土流动，严重地破坏了土的稳定性。在挖基坑时，常因压力水头作用发生流沙、管涌等现象，给施工带来了极大的困难。

冻土的稳定性：土中含水在寒冷的冬季冻结成冻土，在寒冷空气的影响下，冻土受压缩发生温度压缩裂缝，冻土融化时，使土的空隙度增大，由于寒流袭击，土与外界空气的温度差很大，地下水很快蒸发到近地表外的土层中冻结，增加了冻土的含水量。含水量愈大，冻胀所产生的裂缝愈严重，反复的冻融加强了冻胀现象，使土中含水量达到过饱和状态，土的结构完全遭到破坏。

黏性土的浸湿膨胀：黏性土浸湿发生膨胀使土变松软，降低了土的稳定性，膨胀的土干燥时收缩，产生各方面的裂缝，雨水渗入地下在冻裂和胀裂中运动，形成了黏性土中的裂隙水。

地下水的化学作用：在碱性水的作用下，黏性土变成塑性甚至流动状态，碱性水溶解胶体化合物。在酸性水的作用下，不易溶解的盐分变为易溶解的盐分。城市工业与生活废水中含有大量的酸、碱成分，城市废水渗入地下，对土层中固体颗粒发生化学反应，加强了化学破坏作用。地下水溶解并带走土层中的盐分，使土的空隙性增大，降低了土的稳定性。如土中含大量的钙质，被氢离子浓度(pH 值)较低的地下水溶解，大大地增加了土的空隙性，若土中含钠，则减小了土的空隙性。

土体中的化学作用，使动植物的残骸变成腐殖质，雨水溶解腐殖质渗入土中，削弱了土的稳定性，土中盐分的溶解流失，使土的密实度、内摩擦力和黏结力减小。

土和地下水的化学成分对建筑材料发生侵蚀破坏作用是很强烈的，侵蚀性的地下水对于钢筋、铁管有强烈的破坏作用。苏家屯有一个拔井管的队伍，他们拔出许多井管，大部分成为废铁。

1.3 与地下水活动有关的工程地质现象

(1) 潜　蚀

潜蚀作用的过程，首先是地下水将岩土中的可溶盐分溶解，使岩土变为松散，增大了土的空隙性和透水性，加大了渗透水流的速度，冲走细粒形成水流的通道，进而扩大通道，粗粒沉落使地表塌陷。

潜蚀可显著地改变岩土的空隙使土体移动，在地表形成洼陷、漏斗、坍塌坑和裂缝，使建筑物遭到严重破坏，甚至无法修复。如杨家杖子钼矿区，潜蚀坍塌坑分布普遍，几乎每年雨季都有潜蚀坍塌坑出现，主要分布于小河床中。该矿区一混合井井口房基础下 1965 年出现过一个坍塌坑，造成全矿停产两个多月。

防治发生潜蚀坍塌的措施：地表排水，修防渗层防止地表水渗入地下，或在巷道中水流出口外修反滤层阻止细粒流失。

(2) 流　沙

在地下水的渗透压力作用下，砂、粉质黏土、淤泥和粉土等都可能形成流沙。这种流沙常在开挖基坑时发生，其原因是水力坡大，动水压力超过砂粒重量，使砂粒处于悬浮状态而引起的，无渗水压力作用也可形成流沙。这是因为砂体结构受到破坏而突然发生的，由于砂的结构十分松散，其孔隙度高于某一临界值，并处于饱和水的状态，只要受到微小的扰动或振动，其结构即遭到破坏形成流沙。

流沙对建筑工程破坏性很大，轻者给施工带来很大的麻烦，重者破坏整个地区的建筑物。防治流沙的措施：主要是冻结法、砂化法、疏干法和电化学法。

2 上层滞水

2.1 上层滞水的形成

上层滞水是包气带的重力水，埋藏变化大，受大气降水和人工排水的影响很大，工程建筑常遇到上层滞水，对工程危害性很大。

上层滞水是降雨和人工排水，向地下渗透过程中受阻而形成的暂时留滞的地下水，其形成条件为：

① 下部岩土的透水性减小；

② 上部有足够的渗入水补给。

不管在什么地层中，只要有上述两条存在，就能形成上层滞水。

（1）透镜体上的上层滞水：图1所示砂层中有黏土透镜体，渗透水流遇到不透水的黏土透镜体，而滞留形成上层滞水。图2所示渗透水流在粗砂层中向下渗透，遇到细砂透镜体，渗透水流速大大减小，渗透水流留滞而形成的上层滞水。

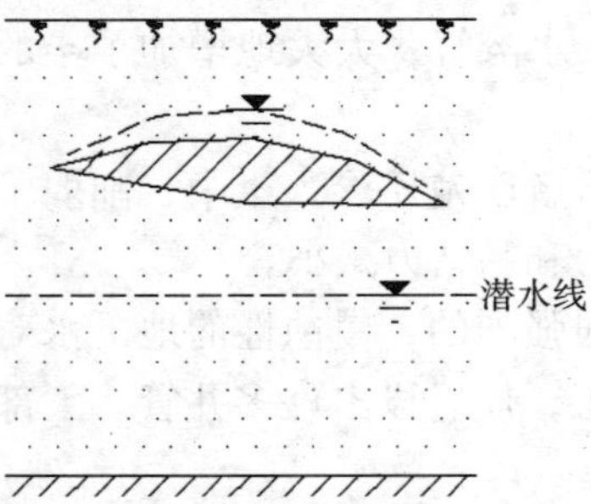

图1　透境体的上层滞水(a)

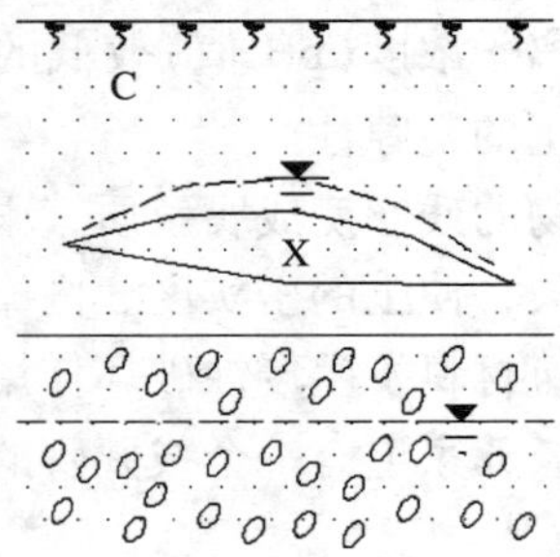

图2　透境体的上层滞水(b)

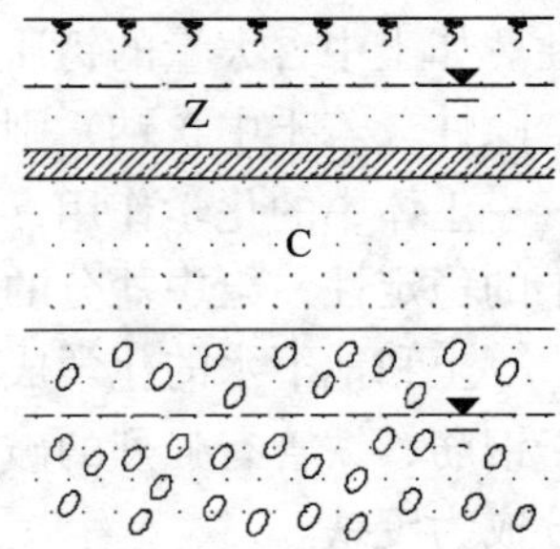

图3　弱透水性夹层上的上层滞水

（2）图3所示渗透水流在中砂层中向下渗透，遇到弱透水的亚黏土夹层，其流速突然减小，一部分留滞在上面形成上层滞水。

（3）图4所示渗透水流透过杂填土，在砾砂层中向下渗流，遇到细砂层渗透速度突然减小，在细砂层上形成上层滞水，以后通过细砂层越流补给潜水。

（4）图5中黏土层上部的胀裂、冻裂比较发育，渗透水流沿裂隙下流，遇到塑性状态的黏土(承压水强烈的浸湿造成的)，形成裂隙性的上层滞水。这种上层滞水，可能流量较大，留滞时间较长。

在黏土层中无裂隙也可能形成上层滞水，因为风干的黏土有一定的透水性，渗透水流浸湿土层需要一段时间，当土层被全浸湿后不再向下渗透，在这段时间渗入的水形成上层滞水，这种上层滞水水量很小，不久即会被蒸发掉而消失。

（5）图6为黄土层中的上层滞水：黄土为大孔土，垂直方向透水性较强，渗水沿大孔向下流到一定深度，由于水的聚积浸湿黄土，破坏了大孔土的结构，使透水性大大减小，而在上部形成上层滞水。它存在时间较短，隔一段时间，地下水就会溶解黄土中的石灰质而产生湿陷，上层滞水带逐渐上移，最终变成湿陷凹地，上层滞水消失。

（6）岩性相同密实度不同也能形成上层滞水(见图7)。在粗砂层中，上部松散下部密

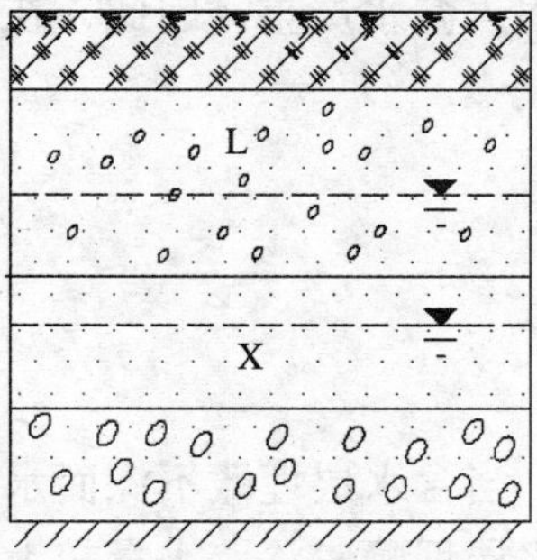

图4　弱透水层的上层滞水

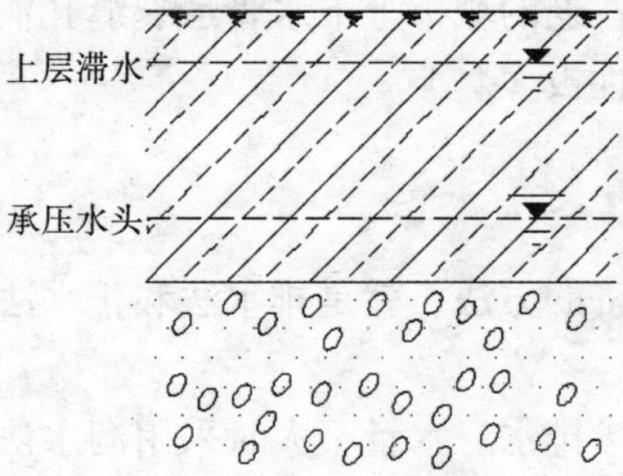

图5　黏土层中的上层滞水

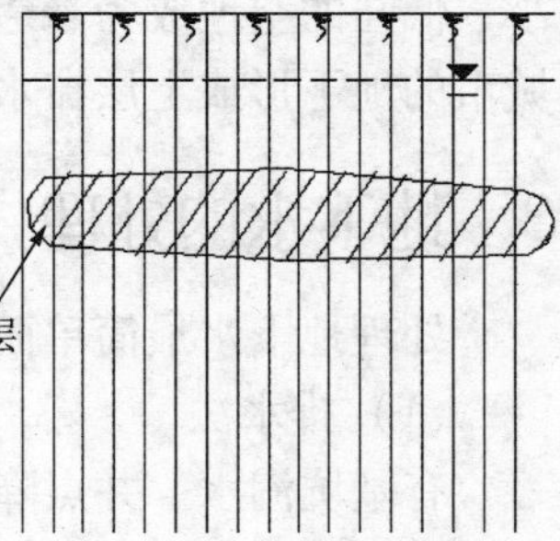

图6　黄土层中的上层滞水

实，上部透水性比下部大(参见表2)，因而，渗透水流留滞在密实粗砂层上部，形成上层滞水。

(7) 图8所示松散的杂填土的下部为轻亚黏土，杂填土透水性较大，下部亚黏土层透水较小，因而在轻亚黏土层上形成上层滞水。

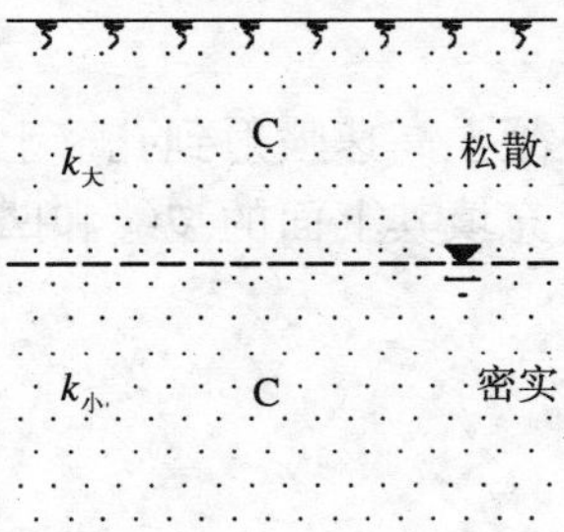

图7　同岩性不同密实度形成的上层滞水

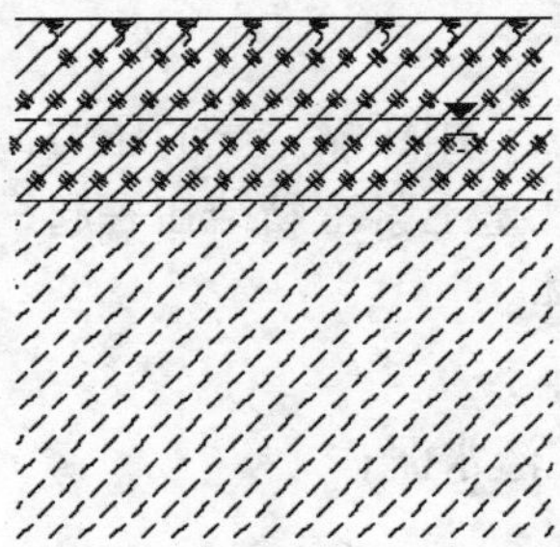

图8　人工土中的上层滞水

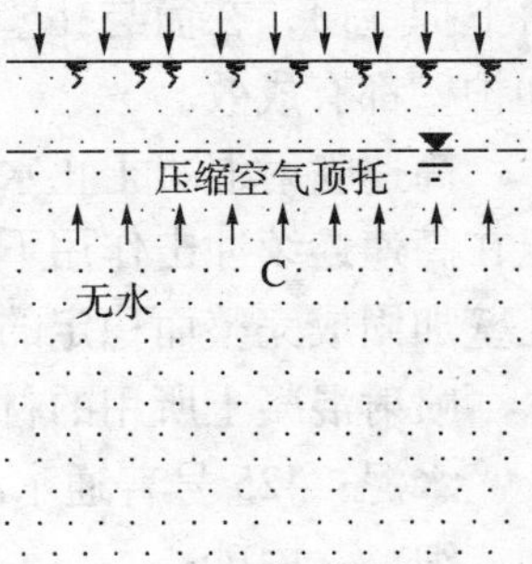

图9　压缩空气顶托形成的上层滞水

(8) 图9所示压缩空气顶托形成的上层滞水：这种上层滞水只能在连续降雨时发生，雨水向下渗透压缩土中的空气，土中空气逐渐压实，渗透水流速度逐渐减小，达到一定程度，压缩空气的压力大于水的渗透压力，顶托水流下渗而形成一时性的上层滞水。

2.2　上层滞水的勘察

地下水对工程的危害性很大，工程地质勘察必须摸清地下水情况，不但在钻探时要进行观测孔中水位，还要进行下列调查工作。

(1) 气象调查：多年月平均降水量，最大降水和连续降水的时间、降水强度、湿度、气温、气压和蒸发量等。

(2) 水文调查：工作区附近的河流、沟渠、池塘的分布及水位、水深和流量等。

(3) 对积水、渗水地段的调查：

① 地表面：灌溉面积分布、各时期灌水量等，建筑基坑、取土坑、堆料场、废物堆积场地及垃圾场等，了解它们的位置、大小、所处地形、地表岩性和堆放时间等。一般这些场所由于长期荷载作用，地形低洼积水，是降雨融雪渗透的地段。

② 地下部分：地下暗沟、暗井、上下水管道、防空洞、古墓、古渗水坑等的分布、使用时间、地形高低和漏水积水情况等。

了解上述情况后，结合工程地质勘察报告，综合分析上层滞水的存在和形成的可能性。建筑工程多在城市，城市的特点是人多、房多、路多、降雨面积大、汇水渗透面积小、低洼的空地成为渗透地段，古老的城市上下水管道裂缝孔洞多，漏水严重。因此，在城市的地下形成上层滞水的可能性极大。

3 地下水的处理

处理地下水最简单而又最经济的方法，就是排水法和止水法。

（1）排水法

有基坑淘水、井点降水和电渗排水。水量不大时采用淘水法；当含水层埋藏不深而水量较大时，对小工程单井排水，对大工程应布置井点系统；在含水层埋藏较深、水量较大时，可用深井点排水，排水能使土压密增加其稳定性。

（2）止水法

止水法就是把地下水止住，不让它渗入到基坑中来。选择止水法同时应考虑护壁，最简单而经济的止水法是黏土球止水法。把黏土用水和成可塑状态，制成黏土球，边挖掘边向出水的孔隙壁塞黏土球。如果含水层岩性松散、水量较大时，直接用黏土球止不住水，可下护壁筒，在筒与孔壁间隙中填黏土球，并用木棍捣实。这种方法虽然简单，但对止水和护壁都有成效。

高速喷射混凝土止水护壁法：用压缩空气的压力，将混凝土高速喷射到孔壁上，混凝土在高速连续冲击作用下，与孔壁土紧密黏结在一起，并能充填其上面的裂缝和凹坑，把孔壁加固成完整而稳定的结构体。

喷射混凝土所用的材料如下：

水泥：425 号普通水泥或矿渣水泥；

细料：中砂；

粗料：最大直径为 2.5～3.0cm 的砾石；

速凝剂：红星一型，掺入量为 2.5%～3%

混凝土配合比：水泥：砂：砾石为 1：2：2.5 或 1：2：2。

掺入速凝剂后，停放的时间不应超过半小时。喷射厚度与基坑形状大小及岩性和有无地下水有关。孔壁岩性稳定性很差的和有地下水且水量较大的喷射厚度不能小于 10cm；孔壁岩性稳定和地下水量很小的喷射厚度为 5～10cm。为防止冲刷已喷射的护膜，应采取由上而下的喷射程序。

这种止水护壁方法适应性较强，对于各种直径、深度、孔壁岩性都适用。即使是地质条件不良（有流沙、淤泥）地段或雨季施工、涌水量不大于 16L/s 等情况，只要坑壁稍有自承时间，均可以采取喷护法开挖。

如何综合划分地基土液化等级的探讨

孙建德　岳　帅　吴铁映

（中冶沈勘工程技术有限公司，沈阳，110016）

摘　要：当同一场地的各钻孔液化指数 I_{lE} 处于不同液化等级区间时，《建筑抗震设计规范》中没有明确地规定划分地基土的液化等级。本文针对此种情况，整理了目前常见的处理方法，并探讨了各种处理方法的适用性。

关键词：地基土液化；液化指数；地基土液化等级

1　前　言

地震液化是由液化土层的土的颗粒组成、密度、埋藏条件、地下水位、沉积环境和应力历史等内因及地震动的轻度、频谱特征和持续时间等外因综合作用的结果。《建筑抗震设计规范》(GB50011—2010)中规定，采用标准贯入试验的方法按点计算是否液化，按孔判别液化等级。

对存在液化砂土层、粉土层的地基，应探明各液化土层的深度和厚度，按式 $I_{lE} = \sum_{i=1}^{n}\left[1 - \frac{N_i}{N_{cri}}\right] d_i W_i$ 计算每个钻孔的液化指数，并按表1综合划分地基的液化等级。然后根据建筑物抗震设防类别及地基的液化等级采取相应的抗液化措施。

表1　液化等级与液化指数的对应关系表

液化等级	轻 微	中 等	严 重
液化指数 I_{lE}	$0 < I_{lE} \leqslant 6$	$6 < I_{lE} \leqslant 18$	$I_{lE} > 18$

但是，若同一场地按孔判别的液化等级不一致，如何“综合划分”地基的液化等级？本文针对此种情况，整理了常见的处理方法，并探讨各种处理方法的适用性。

2　工程中遇到的情况及常见处理方法

实际勘察工作中，同一场地计算出的各钻孔液化指数 I_{lE} 往往不在同一个液化等级区间范围内。例如，I_{lE} 值介于 3.0～10.0，根据表1，对应的液化等级为轻微—中等。珊在讨论此类情况下应如何综合划分地基的液化等级。

调查各地区的岩土工程勘察技术报告书，此类情况的处理方法主要有以下5种：

（1）采用各钻孔的液化指数 I_{lE} 的算术平均值，划分地基的液化等级。

（2）“从严原则”，直接采用较严重的液化等级作为场地地基的液化等级。

（3）“少数服从多数”，单孔液化指数 I_{lE} 所对应的液化等级在总液化孔中所占比例大，即为该场地的液化等级。

(4) 根据各钻孔的液化指数 I_{lE}，对应不同 I_{lE} 液化等级，于场地中划分出不同液化等级的区域。

(5) 考虑到不同等级的液化点对工程安全影响程度不同，分别赋予不同的权重值，对各液化点的液化指数进行加权平均，算得液化指数加权平均值，评价场地的液化等级。

3 各种处理方法的适用性

(1) 按各钻孔的 I_{lE} 平均值所对应的液化等级来评价整个场地的液化等级时，对于 I_{lE} 值偏小的勘探点所控制的区域，提高了液化等级，造成了不必要的浪费；对于 I_{lE} 偏大的勘探点所控制的区域，降低了液化等级，可能导致建筑物不安全。

另一方面，液化判别是按点计算是否液化。按孔判别液化等级的方法是一种经验的估计方法。所以液化指数是一种趋势分析结果，对其进行加减处理或统计计算是不适宜的。

(2) 对于较大范围的勘察场地，按“从严原则”采用相对严重程度的液化等级作为场地地基的液化等级，对液化等级相对轻微的区域，势必造成一定程度上不必要的浪费。

但若场地范围较小，或同一建筑物覆盖不同液化等级区域，采用相对严重程度的液化等级作为地基液化等级是适宜的。将同一建筑物划分到两个不同程度的液化区域里，对抗液化措施的选择会造成困惑。

(3)“少数服从多数”原则。如有的报告书中已综合评价场地为中等液化，后面却加一句“局部严重液化”，严重的区域是哪里？设计部门如何选用抗液化措施？结论含糊不明。

(4) 按液化指数 I_{lE} 分区域时，由于钻孔有间距，若相邻两钻孔的 I_{lE} 值所对应的液化等级不同，划分区域时，分界线的位置如何确定呢？也就是说，这条区域界限是模糊的。若将同一建筑物划分到不同液化等级的区域里，应如何采用抗液化措施？

对较大的场地划分液化等级区域时，应兼顾单幢建筑物地基液化等级的一致性，单幢建筑物可划分到相对液化程度较严重的区域里。这样既反映了整个场地液化土层平面分布的规律性，又不会对单幢建筑物抗液化措施的选择造成困惑。

对较小的场地或只有几幢建筑物，无必要划分区域，除非同一场地属于不同地貌单元。

(5) 根据安全影响程度赋予权重值，对各液化点进行加权平均。此“权重值”由谁赋予，怎样决定，无据可循。勘察单位、设计单位、建设单位、审查机构若对此各执己见，则会纠缠不清。

4 结 论

液化是一个宏观现象，综合评价场地的液化等级时，除了要考虑液化指数外，还必须考虑很多无法量化但对场地液化严重程度有重要影响的因素。例如，液化土层的产状、液化土层上覆土层的性质与厚度、液化土层在平面上分布是否有序等，这些因素虽然无法定量，也不能直接影响液化指数 I_{lE}，但对液化的危害程度与工程措施的选择有重要的影响。目前各种液化判别方法都是经验方法，都有一定的局限性和模糊性。所以，场地液化的“综合判别”应该是由岩土工程师根据场地的具体情况作出具体判断，在规范中给出一个模式化的综合评价方法并不现实。

对于液化土层在平面上分布呈现一定规律性，且范围比较大的场地，结合具体地质条件，按液化指数分区是一种办法。但要兼顾单幢建筑物地基液化等级的一致性。

深层隐伏断裂带平面位置调查方法

郎俊彪　孙建德　王首昊

（中冶沈勘工程技术有限公司，沈阳；110016）

摘　要：建筑场地内存在发震断裂时，建筑物应避让断裂带，或对断裂的工程影响进行评价。因此，准确查出隐伏断裂带的平面出露位置，可以对建筑用地进行合理的规划利用。对深层隐伏的断裂带采用直接观察的方法将涉及土方、降水、基坑支护等多方面工作，耗资巨大，且不现实。本文通过抚顺某小区断裂带边缘线平面出露位置调查的工程实例，介绍了一种经济、可行的深层隐伏断裂带平面位置的调查方法。

关键词：深层隐伏断裂；平面出露；调查方法

1　前　言

建筑场地内存在发震断裂时，建筑物应避让断裂带，或对断裂的工程影响进行评价。能否准确查出断裂带的平面出露位置，直接关系到整个建筑场地的规划方案及对土地的合理利用，对经济效益会产生巨大的影响。

浅层出露断裂带的平面位置可通过槽探之类的方法直接观察。若直接观察深层隐伏断裂带的平面位置，则需要考虑开挖的可行性、地下水的影响、对周边环境的影响等多方面因素，可能耗费大量资源，不切实际。本文通过抚顺某小区断裂带边缘线平面出露位置调查的工程实例，介绍了一种经济、可行的深层隐伏断裂带平面位置的调查方法。

2　工程概况

抚顺市区域性断裂带F1A于某拟建小区北侧沿东西方向贯穿，且地方相关部门要求建筑物的基础不应置于F1A断裂带之上，致使小区的规划工作无法开展。为此，开发公司委托相关单位对小区范围内断裂带F1A的上、下盘边缘线出露位置进行调查。

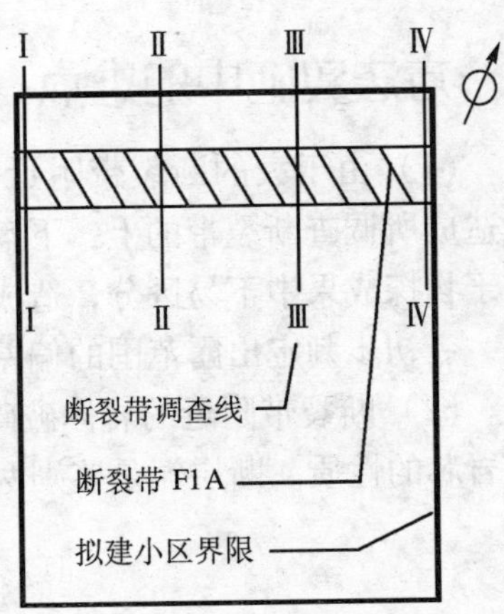

图1　断裂带调查线布置

该场地位于抚顺市市区，受人群活动影响较大，上部第四纪覆盖层厚度为10～12m。F1A断裂为压扭性断裂，是浑河断裂主干断裂之一，走向80°～85°，倾向北西，倾角38°～78°；其上盘为太古代混合花岗岩，下盘为白垩纪龙凤坎组沉积岩类地层。在场地范围内，F1A断裂带南侧尚存在两条东西走向的F1-1和F1-2小型次生断裂带（见图1）。

3 调查方法

采用物探与钻探结合的方法。由于物探方法受干扰因素较多，所以用物探方法查明断裂带的平面出露范围精确度不能满足要求。而如果直接采用钻探方式进行查证又可能属于无的放矢，浪费很多钻孔，扩大成本。用物探成果指导钻探，用钻探来完善物探成果，两者相辅相成，使问题得以成功解决。

（1）根据地质灾害危险性评估报告中提出的断裂带 F1A 的大致平面出露范围，于场地北侧布置 4 条断裂带调查线 Ⅰ，Ⅱ，Ⅲ，Ⅳ，调查线与断裂带的走向近于垂直（见图 1）。

（2）于各断裂带调查线上分别布置联合剖面及电测深剖面线各一条，两条物探线的长度及物探点间距以能满足勘测深度及范围为准。综合两种物探方法所得结果，先初步查出隐伏断裂带的平面出露范围。

（3）由于 F1A 断裂带的上盘为混合花岗岩，下盘为沉积岩类，上下盘的岩石类别明显不同，采用钻探的方法取样，直观地观察断裂带的分界线，并进一步验证物探成果，提高勘察的精确度。

根据物探所查明的断裂带平面分布范围，布设钻孔，按由北（断层上盘）向南的顺序（断层下盘）进行钻探。钻孔间距、钻孔深度及钻孔数量根据现场情况确定。

（4）根据断裂带边缘调查理想情况示意图（见图 2），每条调查线的理想情况为：1 号钻孔依次揭露断裂带的上盘、破碎带、下盘，根据 F1A 断裂的产状，推算断裂带的出露位置；2 号钻孔布于断裂带出露位置，依次揭露破碎带、下盘；3 号钻孔揭露断裂带下盘。然后根据所要求的勘察精度，于 3 个钻孔之间适当地增加勘探点，即可满足要求。

（5）依次将 4 条调查线中查明的上、下盘边缘线出露位置分别连线，即为断裂带 F1A 于深层出露的平面范围。

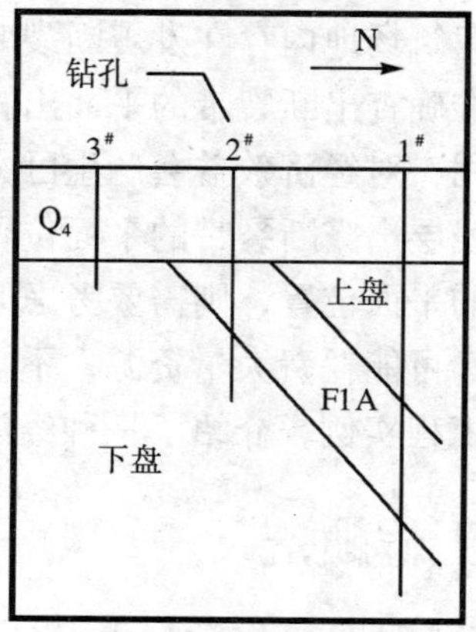

图 2 断裂带边缘调查理想情况

4 方法实施中的难点

（1）由于大的断裂带附近往往存在次生断裂带，可能造成所调查断裂带的上、下盘岩石破碎程度严重，从而导致严重破碎的岩体与断层破碎带于物探成果中不易区分，造成干扰。所以采用两种不同的物探方法，综合分析，去伪存真，令初步判定出露范围的偏差尽量减小，以更好地指导钻探查证。

（2）断裂带附近的岩体破碎严重，钻探时，易于将断裂带与破碎岩体混淆。应仔细判别岩芯的性质。断层泥是鉴别两者的最主要特征之一。

城市地质灾害剖析及沈阳地质灾害防治

于 丹 于均园 张海洋

（沈阳建筑大学土木工程学院，沈阳，110000）

摘 要：本文对城市地质灾害类型进行了划分，阐述了城市地质灾害的概念、我国城市地质灾害的基本特征和分类，剖析了沈阳地区城市地质灾害的基本类型，提出了城市地质灾害的防治建议。

关键字：城市地质灾害；特征和分类；剖析；防治

1 城市地质灾害剖析

1.1 城市地质灾害的概念

地质灾害是指由于地质作用(自然的、人为的或综合的)使地质环境产生突变或渐进破坏，造成人类生命财产损失的现象或事件。而城市地质灾害是指发生在城市区域内的、自然或人为的、对城市居民造成生命财产威胁的地质灾害。

要有效防治城市地质灾害的发生，最大限度地减少地质灾害带来的损失，就必须正确地进行防灾减灾的决策。抓住城市地质灾害的基本特征和主要类型，有针对性地开展城市地质灾害的防治，既可达到减灾和保护地质环境的目的，又可为城市建设提供有利的条件和安全保障。

1.2 我国城市地质灾害的基本特征和类型

1.2.1 基本特征

我国城市地质灾害的形成具有特殊的区域性规律，沿海地区城市的地质灾害以海侵、海蚀为主；平原地区城市的地质灾害表现为地下水漏斗引起的地质灾害；山区城市的地质灾害以崩塌、滑坡、泥石流等山地地质灾害集中而突出；矿业城市的地质灾害为地面沉降、地裂缝、岩溶塌陷等。

城市所处的地质环境及地质灾害形成的基本规律，决定了城市地质灾害具有综合叠加性，一座城市往往存在多种地质灾害，城市地质灾害一般首先服从于区域性规律，同时又反映城市自身特点。

城市是一个综合区域，反映地质环境各个要素构成的综合特征，不同的地质环境对应着不同的地质灾害。城市地质灾害的主要灾种为该城市地质灾害的主灾性。城市所处地质地貌环境决定了不同的主要灾种的发生。

（1）内陆平原城市的主灾性。平原区是中国城市主要的集中区域之一，该区域的城市地质灾害主要为地震灾害、地面沉降、岩溶塌陷、地裂缝等。

（2）山区城市的主灾性。山区城市的地质灾害主要为崩塌、滑坡、泥石流等。此外，局部地区水土流失严重，在高纬度、高海拔地区的城市尚存在冻土灾害，位于地壳稳定性较差、构造发育区域的城市要考虑地震危险。

（3）沿海城市的主灾性。沿海城市的地质灾害除了有内陆平原城市的一些地质灾害外，还包括海水入侵、港口淤积、盐渍化及海浪、潮汐等地质应力对海岸带岩土体的改造破坏等。

（4）矿业城市的主灾性。该类城市大多数是伴随矿产资源开发而发展起来的，因此不可避免地形成地下采空区，采空塌陷便成为矿业城市存在最普遍的地质灾害类型。此外，地表塌陷、废矿渣堆载及环境污染、滑坡、泥石流等也是该类城市普遍存在的地质灾害。

1.2.2 基本类型

城市地质灾害主要指以地质应力作用而引起的自然灾害，它主要包括两个基本条件：致灾的动力条件，即因地质动力作用形成的灾害事件；致灾的后果条件，即对人类生命财产和生存条件、生存环境产生损毁的地质事件。

地质灾害是在其形成的地质地貌等自然条件下，在各种动力(包括内、外动力)的推动作用下成灾的。按动力地质学的标准，我国的城市地质灾害可分为内动力地质作用的城市地质灾害和外动力地质作用的城市地质灾害两种类型，如图1所示。

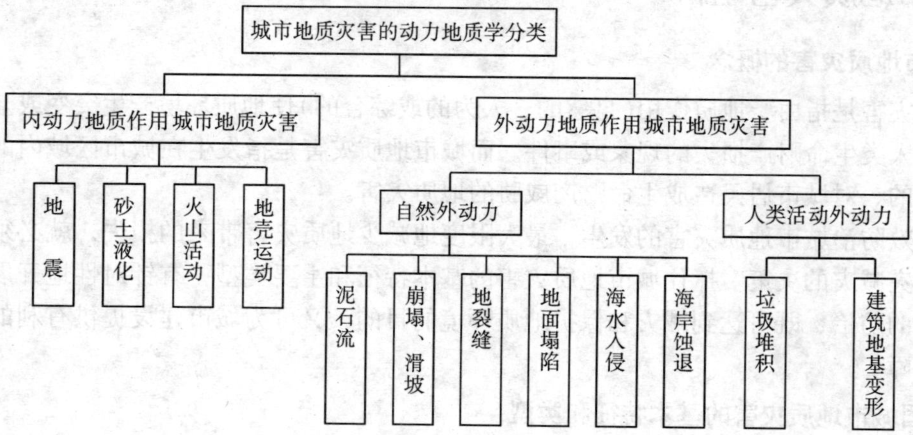

图1 城市地质灾害的动力地质学作用分类

按地质环境变化速度分类，城市地质灾害可大致分成突发性城市地质灾害和渐变性城市地质灾害两大类，如图2所示。

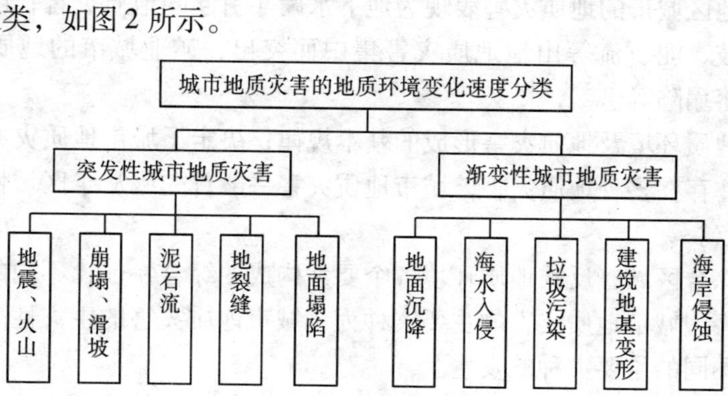

图2 城市地质灾害的地质环境变化速度分类

根据地质灾害发生区的地理或地貌特征，可分为山区地质灾害、平原地质灾害、沿海地区地质灾害、矿业区地质灾害等。

1.2.3 沈阳城市地质灾害基本类型剖析

沈阳城市地质灾害属于沈阳城市灾害的一部分。据辽宁省地质环境监测总站《沈阳市地质灾害调查与区划报告》(2005年)的调查结果显示，沈阳80%以上地区不易发生自然动力地质灾害。沈阳城区的地质环境总体是比较好的，仅沈北、沈南两个采煤区曾发生过地面塌陷，不过，其面积仅占沈阳整个地质灾害控制区的不足1‰。沈阳属于内陆平原城市，归纳沈阳城市地质灾害有以下几种类型。

(1) 地震灾害

在众多的地质灾害中，对城市威胁最大的莫过于地震。据测算，一次里氏7级左右的地震发生在城市或其周边地区，就足以摧毁整个城市。

在地震活动带划分上，沈阳城区位于华北地震区，郯庐断裂带北段。郯庐断裂带在本区主要表现的较大断裂：① 浑河断裂；② 伊兰—伊通断裂；③ 营口—佟二堡断裂；④ 辽中—二界沟断裂；⑤ 台安—大洼断裂。

城区处于郯庐断裂带北段的营口—沈阳亚段与沈阳—开原亚段的相交接部位，营口—沈阳段差异运动不明显，地震活动水平低；沈阳—开原段有较弱的差异升降运动，现今微震活动频繁。在区域地震危险性分析上，根据沈阳市基岩地震动分析结果，沈阳市计算烈度为6.58度，属于中国地震烈度区划中7度区的范畴。

区域上仍潜存着孕育地震活动的地质构造环境，特别是经过市区西部的沈西断裂（郯庐断裂）或南东侧的浑河断裂，是仍有活动迹象的基底断裂，它们往往制约着两侧地壳的抬升和沉降。据史料记载，1765年在沈阳曾发生过里氏5.5级破坏性地震，2003年3月30日19时许在沈阳满堂乡辛家沟发生了里氏4.3地震，说明沈阳市区地块有着一定的地质构造活动性。

1765年至今，沈阳仅发生过5次地震，属于弱震少震区。虽然地震发生次数不多，还处于弱震少震区，但沈阳仍被列为地震重点监测城市，主要是因为我国东部地区最大的活动断裂带——郯庐断裂带——从沈阳市区穿过，尤其是在市区三环以内，共有12条长度大于6公里的隐伏断裂，当地壳运动产生的能量积蓄到一定程度时，就会发生地震。

(2) 洪水灾害

查阅史料，关于沈阳洪灾的最早记载为公元237年(魏明帝景初元年)。新中国成立后至20世纪60年代中期，辽宁省处于丰水期，有70%的年份发生水灾，发生特大洪水6次；60年代中期至80年代初期，辽宁经历了长达近20年的枯水期，虽然发生洪水8次，但多数都是一般洪水，无特大洪水，局部大洪水也仅有3次；80年代初期开始，辽宁开始转入丰水期，水灾年数增多，约占这期间年数的40%，而且特大洪水发生3次。

1995年7月下旬至8月中旬汛期，辽宁省遭受历史罕见的特大暴雨袭击，全省平均雨量508毫米，比同期多年平均降雨量多43.1%，其中沈阳地区多64%。最大降雨量：浑河流域救兵站24小时降雨量475毫米，超过五百年一遇标准，三日降雨量679毫米，达到千年一遇标准；太子河流域歪头山站24小时降雨量393毫米，超过五百年一遇标准，三日降雨量489毫米，达到千年一遇标准。辽河、浑河、太子河三条大河百年来第一次同时发生大洪水；浑河出现有资料记载以来历史最大洪水；大伙房水库发生第一非常溢洪道、清河水库溢洪道、柴河水库溢洪道建成后几十年以来第一次泄洪；辽河盘山闸、浑河浑河闸首次超过或通过设计泄洪流量。大量中小河流漫堤决口，泛滥成灾。

近年来，全国洪水灾害泛滥，辽宁也不同程度地受到影响。2012 年入汛以来，辽宁省降雨频繁，全省平均降雨较多年均值偏多 1 倍以上。从气象预测、历史间隔、发生频率等方面综合分析，继 2010 年和 2011 年之后，再次发生洪涝灾害的可能性较大，且灾害发生时间可能较常年提前。所以，重视洪水灾害，提前做好应对的准备是非常必要的。

（3）地下水位下降及污染灾害

对地下水资源的采补失调和严重过量开采，使沈阳市中心城区形成了较大面积的地下水超采漏斗，由西部和东部两大超采区组成。2001 年，沈阳市地下水水位呈下降趋势，到 2005 年，全市枯水期超采漏斗分布面积有所缩小，丰水期地下水超采漏斗分布面积有所增大。

研究表明，人类的活动直接或间接干扰着地下水，成为现今控制地下水环境演化的主导力量。沈阳地铁工程的建设不可避免地影响着本就脆弱的沈阳地下水环境，尤其是改变了区域地下水径流。在城市地铁建设过程中，如何处理好地下水是一大难题。地下水对隧道的整体稳定、隧道底的隆起稳定、隧道管涌、流沙以及承压水对隧道底部的突涌等都产生一定的影响。地铁施工不同于一般的开挖工程，一是地铁线路绝大部分埋深在地下水位以下，点多、线长、施工时间长；二是地铁线路大部分在建筑物林立、地下管线密集的繁华地区，在施工过程中必须处理好与交通、占地的关系，严格控制地面沉降，确保周围地面及建筑（构筑）物与各种管线的安全；另外还要系统分析大面积长期的降水等施工过程对地下水资源和周围环境的影响及其控制措施。

沈阳地铁工程一号线和二号线车站主要设在金融、商贸、文化娱乐中心地带或交通繁忙的交叉路口附近，每个车站都处于沈阳市区繁华地段，施工区域狭窄，周围环境对地铁施工影响的要求高。同时，地铁车站埋层较深，地铁工程底板埋深总体在 11 ~ 17m，个别站埋深 23m。土质为第四纪冲积层，且地下水位较高。因此，在地铁施工和基坑开挖中地下水对施工影响的作用不容忽视。沈阳地铁施工降水的含水层岩性为砂土、圆砾，地铁施工降水沉降较小，不会引起地面沉降。但沈阳地铁施工中，局部地段基坑开挖时，基坑内、周边地下水位存在一定的水头差，在动水压力作用下，基坑土会发生流（土）失、潜蚀现象，导致土体结构松动和破坏，引起基坑坍塌，对周围环境造成危害。

20 世纪 80 年代以来，沈阳市城市建设规模和发展速度一直受水资源匮乏问题的困扰，影响了全市国民经济的发展。目前，沈阳市人均水资源占有量仅为 $338m^3$，是全国人均水资源占有量的 14.29%，是世界人均水资源占有量的 0.028%，已被列为全国严重缺水城市之一。因此，地下水资源量的多少、未来变化趋势如何，能否满足城市发展建设的需要，一直是沈阳市各级领导及有关部门十分关注的问题。

（4）开挖工程灾害

在城市建设与工矿企业建设中，在促进了国民经济发展的同时，也导致了一系列的工程地质灾害问题。例如：地铁开挖引起的隧道塌方或沉降；软土地层引起的建筑物不均匀沉降；深基坑开挖引起的漏水和管涌等。

沈阳地区基坑的破坏一般以变形破坏为主，基坑破坏存在相似内在的共同性，如基坑变形破坏，有其发生、发展、成熟（破坏）的动态生成规律，其蠕变速率在滑动过程中是由小到大发展，在缓慢发展之后，变形将进入加速发展阶段，直至破坏。在破坏前，基坑变形会有一个明显的变形加速过程，到破坏时，变形速率非常大，某处破坏之后变形又趋于新的稳定。但同时又有新的破坏在产生。

就沈阳地区的地层来看，沈阳城区底部第四纪更新世上（Q_3^{2al-pl}）土层埋深在 25 ~ 50m，为⑨砾砂（Q_3^{2al-pl}）和⑩圆砾（Q_3^{2al-pl}）呈亚圆形—圆形，坚硬，充填物为混粒砂及少量黏性土，主要为冰川沉积物。目前针对该层土的物理力学性研究较少。随着沈阳城市建设规模的不断扩大，地铁工程的深度将越来越深，对该层土的特殊性质应开展深入的研究。降水引起的地表沉降受地质条件、降水工艺、降水深度及降水时间等多种因素的影响。

地铁施工中的人工降水，会改变原来的工程地质条件和水文地质条件，使土层的应力场发生变化，受影响的范围远比地铁净空的范围大得多。在此范围内地下水位下降，土层发生位移，相邻建筑物和地下市政设施产生附加变形，而且这种局部范围的地面变形会影响附近的地下水管道、电缆、煤气管道的安全，以及附近道路交通的正常运行等，其危害是不可估量的。而地下水向地铁坑道涌水的环境效应不仅表现在施工阶段，还会表现在运营阶段。

以沈阳地铁一号线青年大街站为例，车站上方的大西路为城市交通主干道，交通流量非常大。车站为浅埋地下站，总长 192. 7m，宽 17. 3m；采用明挖顺作法施工；基坑开挖深度 18m，降水深度达 12. 25m，降水影响半径可达 180m，形成范围较大的降落漏斗，地面最大沉降达到 7. 9mm，从而引起地面及周边建筑物的不均匀沉降。

沈阳城区的地质环境总体是比较好的，80% 以上的地区不易发生自然动力地质灾害。沈阳城市重大工程及地下空间开发引起的环境地质灾害，已经超过自然作用引发灾害的损失，地下工程开挖建设成为沈阳城市地质灾害的最重要诱因。

2 城市地质灾害防治建议

城市人口密集、工程建设繁忙、工厂林立，是地质灾害频率高、分布广、损失重的地区。防治城市地质灾害的任务十分艰巨和繁重。减轻地质灾害系统工程主要包括监测、预报、防灾、救灾和援建，并且不同阶段有不同的内容。因此，采取各种有效措施，防治城市地质灾害，是一项迫在眉睫的工作，满足城市协调可持续发展的要求、谋求人与自然和谐共生已成为城市减灾、增强保障能力的关键。提出城市地质灾害防治措施和建议如下。

（1）加强对城市地质灾害的综合研究

城市地质灾害的防治是一个复杂的系统工程，它包括政府部门管理职能、抗灾救灾预案的制定、城市地质灾害的评估、人员素质的提高、减灾措施论证、城市最佳位置的选择、灾害应急反应计划等方面，因此，应加强对城市地质灾害链、灾害群、灾害机理、灾害区划、灾害评估及灾害预警系统的综合研究。建立城市地质灾害信息系统，为国家、地区和部门减灾提供综合灾害信息，组织多部门多学科开展灾害的系统科学研究，共同协作攻关，解决城市地质灾害的难点。

（2）建立健全的减灾法规和规章

我国虽已颁布有关减少和制止人们不当行为作用于自然环境的法律和法规，并取得明显的效果，但却没有关于减灾的法律，城市地质灾害的危害还未引起人们高度重视。为此，应加强城市公民的法制教育，特别是各级领导干部更要重视法规的学习，提高以法制灾、以法保城的意识，主管部门要做到“有法可依，有法必依，执法必严，违法必究”，维护法律的严肃性。同时各级人大和职能部门要加快《城市地质灾害防治法》的制订工作，把城市地质灾害防治纳入法制轨道，保护城市人民的安全，促进国民经济的发展。

（3）制定城市灾害防治目标及地质环境保护规划

城市地质灾害防治规划的总体目标是：建立和完善地质灾害防治法规体系和地质灾害监督管理体系，全面查清市区地质灾害分布与危害程度，逐步健全地质监测预报和群测群防网络，调动各方面的积极性，加大地质灾害治理力度，使地质灾害的隐患得到及时消除，进一步规范矿山开采行为，有效地控制地面沉降，保护城市在无灾或尽可能少灾的地质环境下实现经济与社会的可持续发展。规划以改善生态环境、提高人民生活质量为目的，以环城森林、历史文化、旅游与用地结构调整相结合为原则，建立城市绿色生态网络。

（4）加强防灾工程建设

开展包括城市绿化、水土流失治理、防洪、防震等在内的城市防灾工程。同时还要采取综合措施，加强水资源管理。治理“三废”污染，推行垃圾无公害处理，加大垃圾袋装推广的力度，加快完善排水网络，发展城市煤气化和集中供热，改进道路交通建设、垃圾变废为宝(如发电、炼油、加工有机肥等)处理装置，不断提高城市防灾保护能力。

（5）推动减灾工作的社会化

社会既是承灾体，也是减灾体。减灾需要全社会上下共同努力，把城市减灾工作当成一项重要的社会事业。尽快建立减灾基金，除国家财政部分投入外，还接受社会各界捐款。减灾工作要大力发展保险事业，国家建立政策性保险公司，同时对商业性保险公司经营灾害保险业务的采取自愿政策，根据我国的财力情况，采取联合共保的办法，共同发展灾害保险，国家要从整体、经济利益出发，在财政上优先照顾灾害保险的发展。同时，在税收政策方面扶持灾害保险业务的发展，推动防治灾害走向社会化，将减灾纳入各行各业的行动计划，把减灾责任分解和落到单位和个人。

（6）加强城市灾害防治的科学管理

加强城市规划前期勘察及城市工程地质环境的预测预报与地质灾害的综合性防治技术，开发低质量环境及有灾害背景城市的综合性防治技术，建立低质量环境及有灾害背景城市的灾害防治地理信息系统与决策支持系统（DSS），做好城市规划前期地质灾害与土地利用的工程控制新技术，最大限度地降低和缓减城市地质灾害造成的损失，保证城市规划与地质环境取得最大限度的协调一致。

3 结 论

研究城市地质灾害，应将地质灾害的发生、发展和防治放在城市防灾体系建立和完善这个大背景下考察。灾害是经济和社会发展的大敌，减灾就是负向增值。因此，城市地质灾害的研究是一项立足于当今而面向未来的基础性工作，它对于我国经济和社会的发展，对于可持续发展战略的实施具有十分重要的意义和深远的影响。

制订科学的、切实可行的防灾、减灾措施，研究分析城市地质灾害的种类、成因、发展规律、危害程度、成灾区域，减灾措施与环境治理相结合，兴利避害相结合，综合减灾措施与主攻大灾相结合，就可真正起到有效的防灾、减灾效果。地质灾害既有其产生、发展过程，又相互作用、相互影响，要全面控制和妥善解决这些地质灾害，保持城市健康和可持续发展。

参考文献：

[1]方鸿琪，杨闽中．城市地质灾害的预测与防治方法[J]．中国地质灾害与防治学报，1990(1)．
[2]方鸿琪，杨闽中．城市工程地质环境分析原理[M]．北京：中国建筑出版社，1999．
[3]刘起霞，李清波．环境工程地质[M]．郑州：黄河水利出版社，2001．
[4]孙培善．城市地质工作概论[M]．北京：地质出版社，2004．
[5]刘剑平．环境地质与工程[M]．北京：地质出版社，2003．

电渗排水室内试验分析

朱作为[1]　修彦吉[2]　王宁伟[2]　张　雷[2]

（1. 丹东万达广场有限公司，丹东，118000　2. 沈阳建筑大学，沈阳，110168）

摘　要：在室内试验箱中进行电渗排水试验，通过观测电流、排水量、电势分布和含水量对电渗排水的影响进行研究。结果表明：电渗能显著减少阳极附近土体含水量，在一定的通电时间内，阴极附近土体含水量变化不大。同时，研究表明：电源输出的电压越大，排水速率越快；阳极接触电阻的大小和电渗时间长短成正比，阴极的接触电阻波动不大；在电渗后期，能量消耗急剧增加，并且存在突变点。因此，可以通过能耗系数曲线来控制电渗时间，减小能量消耗。

关键词：电渗；能量消耗；电渗透系数

1　引　言

电渗法是一种利用电能对土体进行加固的地基处理方法，即在直流电的作用下，土体会发生包括电渗和电泳在内的电动效应[1]。电渗是指吸附着极性水分子的阳离子，在电场作用下移向阴极，而阳极附近土体则可以逐渐被疏干[2]，使土体的抗剪强度明显得到提高，从而改善土体的力学性质。

近些年来，国内外学者对电渗法进行了一定的研究，研究内容主要包括电极材料、电极间距、间歇通电、盐浓度对电渗的影响等。

在同一含水量条件下，如果只改变输出电压，是否会对电渗的效果和排水效率有影响？对此开展研究具有一定的实际意义。作者在两个相同的试验箱中进行不同输出电压下的电渗排水实验，并从电渗排水量、排水速率、电流、能耗系数、电渗透系数和电势分布等方面进行分析和对比。

2　试验方案

图 1 所示为试验的装置布置图。试验由试验箱、直流电源、电极、电测针、量筒、电压表和电流表等组成。电测针主要是用于量测土体中的电势，量筒用于量测电渗排出的水量。

试验箱的长 × 宽 × 高为 25cm × 16.5cm × 15cm，阳极采用 $\phi8$ 钢筋、阴极为 $\phi12$ 薄壁钢管，阳极和阴极的距离均为 20cm，阴极管上均匀布有小孔，水沿着阴极排入量筒中。为了测量土体中的电势分布，在土体中插入 4 根直径为 1.5mm 的铜线作电势测针，测针（V1 ~ V4）分布如图 2 所示。

为了研究电压对电渗排水量的影响，在两个试验箱中同时进行两组试验，一组试验输入电压 44V（简称 T1 试验），另一组输入电压为 33V（简称 T2 试验）。

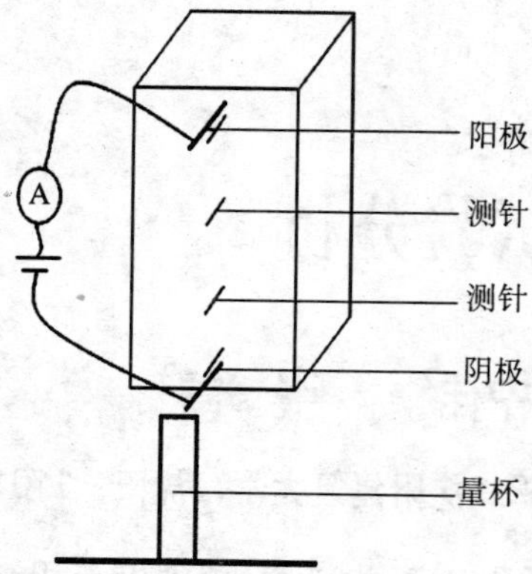

图1 试验装置图

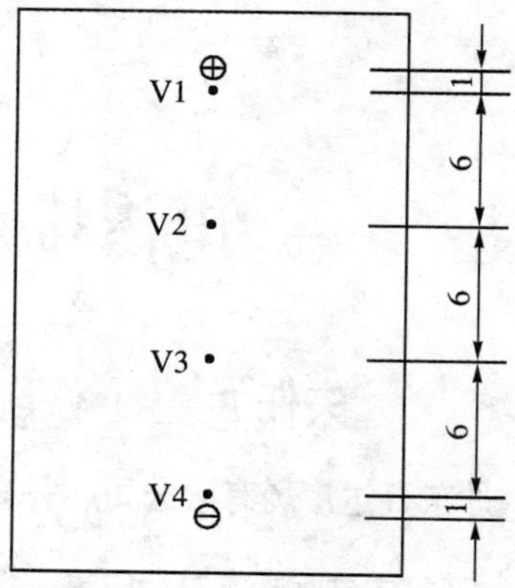

图2 电势测针装置平面图

本试验选用重塑黏土作为试样，土样取自沈阳市浑南新区，塑限为22%，液限为52%，土粒相对密度为2.74，孔隙比为1.52。

试验步骤如下：

（1）将土样烘干、碾碎和过筛，加入适量的水配制成含水量为39%的重塑土；

（2）为了使土样含水量均匀，将配置好的土样静置24h；

（3）通电，并定时记录电流、电势和排水量。

3 结果和分析

3.1 排水量和排水速率

图3给出了电渗排水量和通电时间的关系曲线，电压越大排水速率越快，且随着通电时间的增长，排水速率在不断地减慢。T1和T2的前半段，排水量与通电时间具有良好的线性关系，T1和T2中在通电14h后出现了拐点，排水速率开始减慢。从图中可以看出电渗排水过程大致分为3个阶段，分别为线性排水阶段、曲线衰减阶段和不排水阶段。图4表明，T1在开始的时候，土体的排水速率最快；随着时间的增长，排水速率越来越慢，当电渗排水进行到一定阶段，土体不排水。

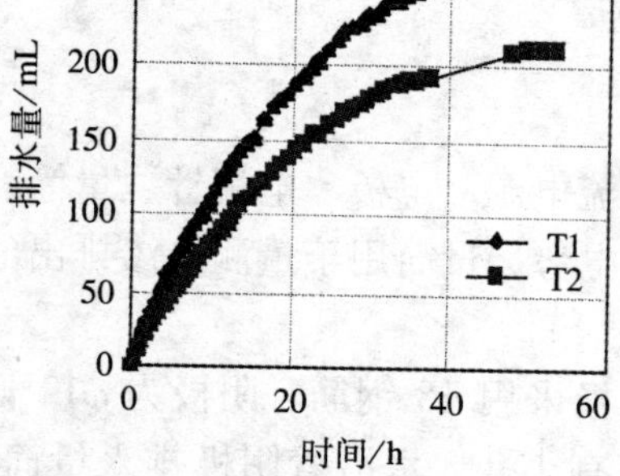

图3 排水曲线

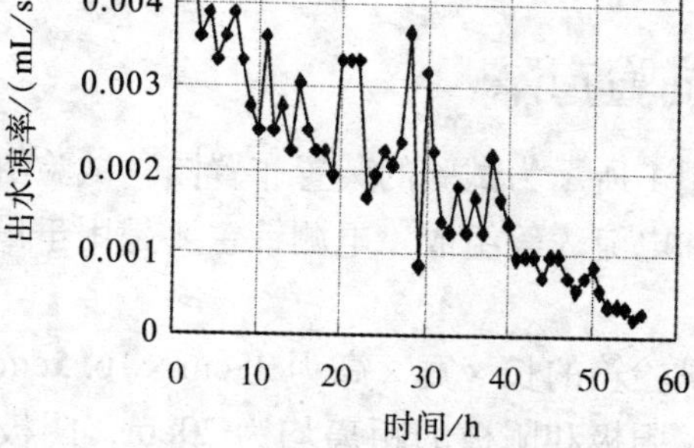

图4 T1出水速率曲线

试验结束后，T1阳极附近土体含水量降为19.5%，阴极附近土体含水量为32.7%；T2阳极附近土体含水量降为21.2%，阴极附近土体含水量为34.3%。

3.2 电流和能量消耗

图5显示了电渗过程中电流的变化，电流随着时间的增长而减小。说明土体的总电阻在增加。为了研究电渗的效率，本文引入能耗系数 C，它表示每排出1mL水所要消耗的电能，计算公式如下：

$$C=\frac{\int_{t_1}^{t_2} UI_t\,\mathrm{d}t}{Q_{t_1-t_2}} \tag{1}$$

式中：I_t——t 时刻土体中的电流；

U——电源输入电压；

$Q_{t_1-t_2}$——t_1 时刻到 t_2 时刻排出的水量。

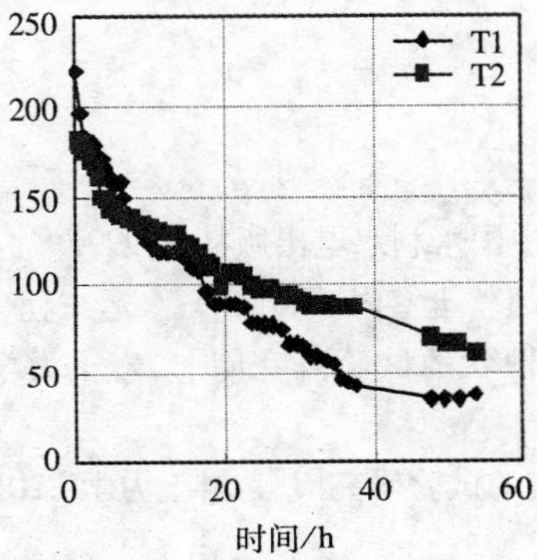

图5 T1和T2的电流变化曲线

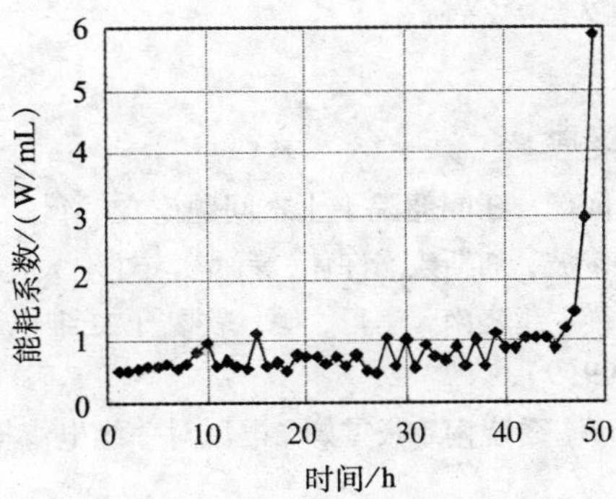

图6 T1能耗系数曲线

图6是用式(1)计算出来的电渗能耗系数和通电时间的关系曲线。从图6可知，通电45h后，能量消耗系数突然增大，继续通电就不经济了。此时，电渗排水量260mL，占总排水量的95.6%，能量消耗占总能量消耗的81.4%。

3.3 电势和接触电阻

图7是T1的电势分布，电势的不均匀分布是由于含水量的不均匀分布导致的电阻不均匀[3]。土体的电阻很复杂，为了便于分析问题，作者将电极与土体的接触存在着的电阻称为接触电阻。分为阳极接触电阻，即阳极至V1电阻；阴极接触电阻，即阴极至V4电阻。由于电测针与阳、阴极之间距离较近，可以忽略其中土体的电阻，图8是T1和T2的接触电阻的变化曲线。

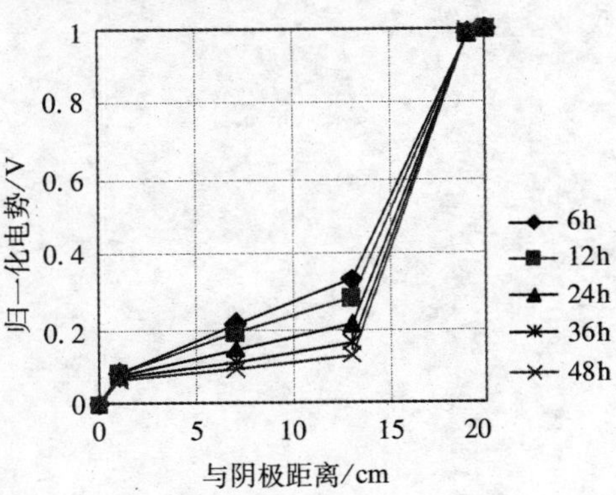

图7 T1的电势分布

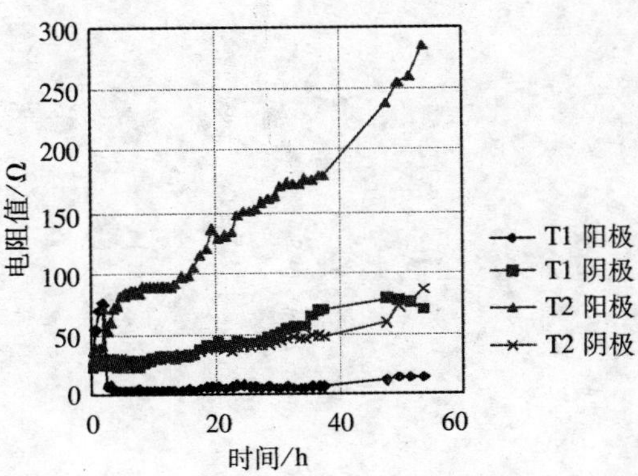

图8 T1和T2接触电阻变化曲线

4 结 论

本文利用自制的试验装置，进行了不同输出电压下室内电渗排水试验，并得出以下结论。

（1）输入的电压越大，电渗的排水速率越快，电极接触电阻的存在使实际用于电渗的电压小于电源的输出电压，在通电时间内阳极接触电阻波动明显，而阴极接触电阻几乎不变。

（2）电渗能减少阳极附近土体含水量，阴极附近土体含水量变化不大。阳极有腐蚀现象，且和土体紧密粘连在一起，阴极未发现有腐蚀现象。

（3）在电渗的后期，排水速率很慢，能量消耗急剧增加。因此，可以通过控制时间来提高电渗的经济效益。

参考文献：

[1]汪闻韶. 汪闻韶院士土木问题论文[M]. 北京：中国水利水电出版社，1999.

[2]汪俊波，刘斯宏，许伟，等. 渗法处理大连大窖湾超软土室内试验[J]. 水运工程，2010(1).

[3]李瑛，龚晓南，焦丹，等. 软黏土二维电渗固结性状的试验研究[J]. 岩土力学工程学报，2009(9).

[4]李瑛，龚晓南，张雪婵. 电压对一维电渗排水影响的试验研究[J]. 岩土力学，2011(3).

花岗岩球状风化形成机理与工程性质

姜海灏

（东北岩土工程勘察总公司，沈阳，110000）

摘 要：花岗岩球状风化在工程勘察及施工中容易被误判，给工程建设造成不利的影响。本文结合鞍钢鲅鱼圈钢铁项目施工及中心堡勘察结果，对其形成的机理与工程性质谈一点认识。

关键词：花岗岩球状风化；形成机理；化学作用

1 概 述

花岗岩球状风化是花岗岩地段一种比较突出的不良地质现象，是特殊地质环境下形成的产物，它与岩石的矿物成分、结构构造、气候环境、风化作用类型等有关。如果不能充分地了解其分布特点，在工程勘察及施工中就容易误判为中等风化基岩，给工程建设造成不利的影响。本文就鞍钢鲅鱼圈钢铁项目桩基施工和中心堡小区岩土工程勘察出现的现象，对其形成的机理与工程性质进行分析。

2 花岗岩球形风化形成机理

（1）花岗岩的矿物特征影响机制

花岗岩矿物成分及其含量制约着风化的进程。在热液生成过程中，由于花岗岩不同矿物的结晶温度不同，引起造岩矿物成分含量的差异。花岗岩的主要造成岩矿物中抗风化能力由大到小的次序为钙长石、钠长石、黑云母、钾长石、石英。花岗岩中抗风化能力强的矿物含量越大，岩石就越难风化，这样就形成了花岗岩矿物含量不同的差异风化。

（2）花岗岩岩体的结构、构造特征影响机制

花岗岩岩体在不同的地质应力作用下形成不同方向的断裂构造及节理裂隙，这些节理裂隙的发育程度不同亦影响风化作用。节理裂隙破坏了花岗岩岩体的完整性和连续性，增强了水溶液在岩体中的渗透能力，加速了花岗岩的风化，而且节理裂隙密集区往往风化最强烈，造成了花岗岩岩体结构构造上的差异风化。

（3）环境特征影响机制

辽东半岛为暖温带大陆性季风气候区，四季分明，降水充沛，地下水位浅，有利于分解作用的进行。岩石的风化过程不但参与了矿物分解的化学反应，而且水量的多少和运动状况还涉及部分风化产物的淋失与运移。在这种暖湿气候的长期影响下，花岗岩风化作用不断向纵深发展，化学风化作用进行得比较彻底，矿物中的钙、镁、钾、钠等元素全部析出，硅也大量迁移，水溶液呈酸性，使硅酸盐、铝硅酸盐矿物分解形成高岭土、蒙脱石等黏土矿物。风化层逐渐加厚。

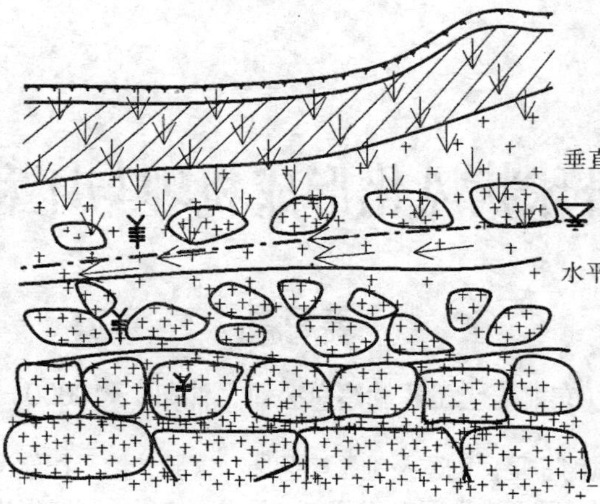

图1 花岗岩风化剖面图

(4) 差异风化及球状风化的形成

花岗岩风化首先在构造节理裂隙向深处发展，节理裂隙的增多使矿物的比表面逐步增大，加强与水、氧、二氧化碳和生物接触，促进分解作用。这一过程由地表向深处逐渐推进而减弱。在不同的深度，由于岩性、地下水特性和物理、化学特征的差异，使花岗岩在不同深度所受的风化作用程度不同，形成多层具有不同组分和结构特点的风化层，构成具有多层结构的风化剖面。但这种多层结构是原地风化造成的，层与层之间的界面并不是一个明显的界面。在岩体风化过程中，水的运移是在花岗岩岩体的构造裂隙的控制下进行的。大气降水到地表，部分水体通过蒸发、地表径流排泻，部分水体渗入地下并在一定深度下形成地下水，由地下径流运移排泻。在水体垂直渗透和地下径流排泻过程中，水中的氧、二氧化碳及酸性介质与花岗岩表面进行较为彻底的化学作用。矿物中的钙、镁、钾、钠等元素析出，硅元素也大量迁移，在垂直渗透段将花岗岩岩体近于竖向风化剥蚀，在地下水径流段将花岗岩岩体近于不平风化剥蚀。对于一个花岗岩岩体由外向内风化程度逐渐减弱就形成了残存于花岗岩全风化之中的球状风化。

3 花岗岩球状风化的特征

由于花岗岩在自然界中的矿物组成、结构构造，岩体的节理裂隙发育情况及所处地形、气候、地下水作用等因素的不同，以及与不同抗风化能力的岩石共生在一起，使花岗岩中普遍存在差异风化的现象。东北岩土工程勘探总公司的勘察及桩基施工地质资料表明，基底存在微风化及球状风化发育情况(见表1)，这两点者增加了工程勘察设计、施工的难度。由于差异风化对工程建设影响较大。若在工程建设前将球状风化(差异风化)误判为中风化或微风化，将危及工程安全。

(1) 花岗岩微风化起伏与球状风化的区别

在风化剖面中，球状风化一般分布在全风化的中上部，风化等级突变。而中微风化起伏在剖面中不存在等级突变，或即使存在突变也不存在风化等级倒转现象。在中心堡小区勘察和鞍钢鲅鱼圈钢铁项目1号高炉及制氧机旋挖桩施工中，球状风化花岗岩一般较完整，岩芯呈圆柱状，岩块无裂隙发育迹象。而起伏微风化岩石中一般较破碎，岩芯呈碎块状，岩块有裂隙发育迹象。

表 1　球状风化情况一览表　m

地点及桩孔号	球状风化深度	全风化深度	强风化深度	中风化深度	地貌单元
中心堡小区 ZK18	20.5～23.1	19.5～24.3	24.3～25.5	25.5～26.7	山前冲积平原
中心堡小区 ZK18	20.9～22.3	19.6～24.2	24.2～25.7	25.7～29.3	山前冲积平原
鲅鱼圈 1 号高炉桩 23	8.3～9.5	7.9～10.3	10.3～11.6	11.6～13.5	山前坡积裙
鲅鱼圈 1 号高炉桩 23	8.1～9.1	7.8～10.6	10.6～12.9	12.9～14.2	山前坡积裙
鲅鱼圈制氧机桩 35	16.5～17.9	15.8～18.9	18.9～21.3	21.3～24.6	山前坡积裙
鲅鱼圈制氧机桩 66	16.3～17.7	15.3～18.6	18.6～20.7	20.7～23.8	山前坡积裙

（2）球状风化的鉴别

在工程勘察中对球状风化除钻探揭露外尚无更理想的手段，因此应加强对钻探过程、岩芯的观察及对场地进行地质分析，才能更有效地对球状风化进行更好的鉴别。

花岗岩岩体与角闪岩交接部位，球状风化发育由于抗风化能力不一致的岩石共生所引起，球状风化与全风化的母岩特征截然不同。在鲅鱼圈钢铁项目的 1 号高炉和制氧机基础桩基工程中的部分桩孔揭露的就是这种情况。

在断裂构造带附近的蚀变花岗岩带，球状风化裂隙不发育，岩芯呈柱状，钻上来的岩块无裂隙发育迹象，而附近钻孔的微风化裂隙发育，岩芯呈碎块，钻上来的岩芯或岩块有裂隙发育迹象。

球状风化发育地段地下水坡降比较大，大气降水垂直渗透后，在球状风化下形成地下径流，如丘陵区的山前坡积裙，河流阶地成为地下水丰富而活跃的部位。中心堡小区出现这类球状风化。

球状风化中抗风化能力强的矿物所占的比重大，石英结晶良好，呈粗—伟晶结构，岩芯表面光滑，无裂隙。

在勘察过程中，当遇到上述情况时，应加强钻探过程的观察。一旦遇到风化等级突变的岩块，可根据相邻钻孔的风化层厚度、顶面标高进行分析，综合作出判断。必要时继续加深钻孔，以探明球状风化的厚度，尽量避免设计时将桩基放在球状风化上。

4　花岗岩球状风化的工程影响

由上述花岗岩球状风化形成机制和特征分析可知：花岗岩风化程度由上而下呈渐变过程，各层的物理力学性质在水平方向上较均匀。而花岗岩球状风化的发育将其均匀性破坏。同时也会给勘察设计、基础施工带来一系列的问题。

（1）球状风化对桩基的影响

球状风化与中、微风化的岩质极为相似，在勘察阶段若未能加以鉴别，就会将其视为微风化界面，在设计时桩基采用嵌岩桩，将球状风化作为持力层，而球状风化周围为全风化或强风化软弱层，其承载力不足将造成桩基发生较大的沉降，威胁上部构筑物的安全。

（2）球状风化对浅基础的影响

在浅部球状风化发育地段采用天然浅基础，若将部分基础直接置于球状风化之上将引起基础的不均匀沉降。

（3）处理方法

在球状风化上若采用桩基础，端承桩不能将球状风化作为桩端持力层，应以下伏稳定的中、微风化作为桩端持力层；摩擦桩球状风化所在的风化带作为持力层，施工中桩底遇球状风化时，则桩底承载力应按所处风化带承载力计算，不能按球状风化的岩石等级确定。采用天然浅地基局部可以清除，若球状风化面积过大可铺设褥垫层进行调整，避免局部直接接触球状风化产生沉降不均。

5 结束语

花岗岩球状风化在工程建设中虽很少见，在个体工程中也只是偶见于几个孔或几根桩，但极易造成误判，给构筑物造成不应有的危害。因此，在勘察设计中要认真对待，仔细鉴别。有时，球状风化因勘察孔间距较大不易揭露，在基础施工中遇见也要与周围岩性情况认真分析、对比，并合理处理，尽量避免和减少球状风化对基础的危害。

参考文献：

[1] 李建强. 花岗岩球状风化综合勘察技术研究[J]. 铁道建筑，2008（10）.

[2] 彭尧. 孤石花岗岩残积土层中挖孔桩设计评述与改进[J]. 福建工程学院学报，2003（2）.

[3] 陈晓明. 广东沿海地区花岗岩风化剖面及其差异风化现象的特征分析[J]. 广东公路交通，2003（1）.

[4] 常士骠，张苏民. 工程地质手册[M]. 4版. 北京：中国建筑工业出版社，2007.

关于本溪"发震断裂"的讨论

方 森[1] 方明东[2]

（1. 本溪市建设工程勘察设计审查中心，本溪，117000
2. 辽宁省地质工程勘察研究院，本溪，117000）

摘 要： 根据多年工程实践经验，本文通过对相关资料的整理、分析，结合工程证据，讨论了通过本溪市区的太子河断裂和工字楼断裂的属性，提出此二断裂为非全新活动断裂，而不是"发震断裂"。

关键词： 非全新活动断裂；全新活动断裂；发震断裂；热释光年龄测定；电子自旋共振法（ESR 法）

1 前 言

本溪市区处于郯庐地震带的东北边缘，长期以来，应按何标准进行抗震设防的问题一直困扰着相关工程技术人员。1991 年，应本溪市政府的请求，辽宁省地震局为本溪市制定了城市总体规划和抗震防灾区划，确定了通过本溪市区的两条断裂构造——工字楼断裂和太子河断裂——为"发震断裂"，因此，抗震设防烈度由 6 度提高到 7 度，并由国家地震局发文批准。

随着科学技术的进步和发展，以及人们对自然科学认识的不断提高，通过近几年的工程实践，对于横贯本溪市区的两条"发震断裂"有了新的认识，本文对此加以阐述。

2 本溪市区的断裂构造体系

通过本溪市区的两条断裂构造归属为濒太平洋断裂体系，西起东鞍山，经本溪寒岭、本溪市、偏岭，东至新宾马圈子，呈北东向展布，全长约 120km，隶属郯庐断裂带东部南缘，被称为寒岭—偏岭岩石圈断裂。该断裂构造切割白垩系及更老的地层和岩石，挤压作用强烈，构造透镜体发育。断裂南盘向东滑动，北盘向西滑动，属压—压扭性断裂。本区的两条断裂——工字楼断裂和太子河断裂——仅为其中的两个分支，分于本溪北台，合于本溪牛心台。

3 断裂构造特征

3.1 太子河断裂

太子河断裂北起本溪市偏岭，向南西经下卧龙、大峪沟、张家街、千金沟、北台孤字子、安平、望宝寨一直延伸到鞍山南，全长 115km。是由下卧龙—代家堡子断裂、本溪—望宝寨断裂、望宝寨—首山等断裂和所夹地块组成的一个规模较大的断裂带。总体走向北东 40°~60°，倾向不定，倾角 56°~85°。破碎带宽 1~50m，主要由挤压片理、透镜体、糜棱岩、断层泥和角砾岩组成。该断裂形成于加里东运动之后，在印支运动、燕山运动和喜山运动中都有活动发展。其主要表现是：断裂带错切了太古界、震旦系地层和混合岩，控制拼错切了古生界和中生界地层，在局部使古生界、中生界地层沿断裂呈线性分布。断裂带既有逆冲性质，又有反扭和正断裂性质。太子河断裂在地形地貌上表现为：多从山体鞍部穿过，总体上呈线性地貌特征，但断裂两侧没有形成明显的差异地形。断裂两侧河流二级阶地有变形，但高度差异不大。在太子河断裂上发现多个露头点，现将各点所观察到的地质特征简述如下：在偏岭—小市的公路上见破碎带宽约 3m(见图 1)，主要由挤压片理、扁豆体、断层泥组成，断面倾向北西，倾角 85°。上盘太古代混合岩的内部有一组倾向南东，倾角 40°~50°的小裂面发育；下盘为灰岩，岩性较为完整，岩层倾向南西，倾角 40°，太古代混合岩逆冲于灰岩之上。野外观察未见断裂错切上覆第四系。经采集断层泥作热释光年龄测定，其最后一次活动时间为(16.21±1.22) 万年。

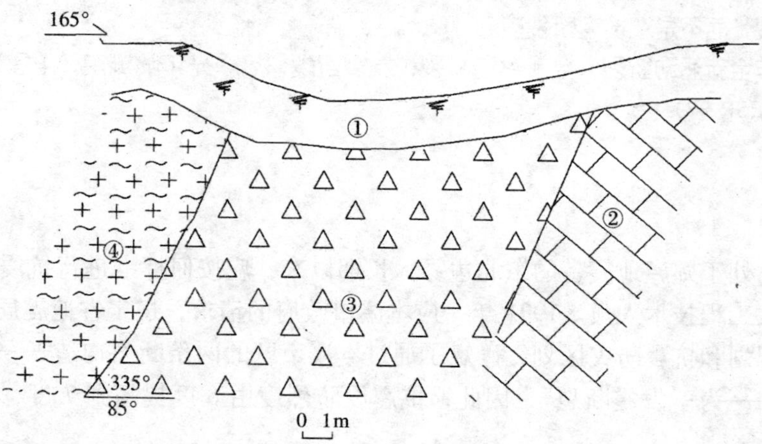

①—表土层；②—灰岩；③—破碎带；④—混合岩

图 1 太子河断裂剖面图(偏岭)

在大峪沟—张家街的鞍部公路上，见 25m 宽断裂破碎带，由东、西两支和安山岩组成，西支宽 10m，由挤压片理、透镜体和断层泥组成，次级破裂面发育，在主断层面上见有明显的近水平和斜冲擦痕，水平擦痕所示为反扭性质，斜冲擦痕所示为上盘下落的正断性质，断裂倾向北西，倾角为 85°，断裂上盘为砂页岩，下盘为 10m 宽的安山岩。安山岩南侧为 4m 宽的东支断裂，主要由紫红色断层泥和灰白色灰岩透镜体组成，断面倾向南东，倾角为 65°，太古界混合岩逆冲于白垩纪安山岩之上。在西支断裂上盘见一条宽 0.5m，倾向南面，倾角为 60°的挤压片理带，这是张家街—技校北西向的分枝断裂，用锐角法则判断，南东盘向北东扭动，北西盘向南西扭动，为压扭性断裂。在该点上既见有反扭性质，又见有逆冲和正断的性质，说明该断裂曾有过多次活动。在该点采集断层泥做热释光年龄测定，时代为(16.45±1.23)万年，属中更新世(见图 2)。

3.2 工字楼断裂

该断裂在本溪市工字楼与水塔山之间，5 路公共汽车消防站北侧 10m 处可以见到，向南西一直延至原氧气厂一带。1985 年在彩屯矿三水平勘探时，在Ⅷ号剖面 ZK143 孔 446.02m 处，也见到该断裂。向北东在明山粮库一带，银亿小区通过。该断裂在卧龙与太

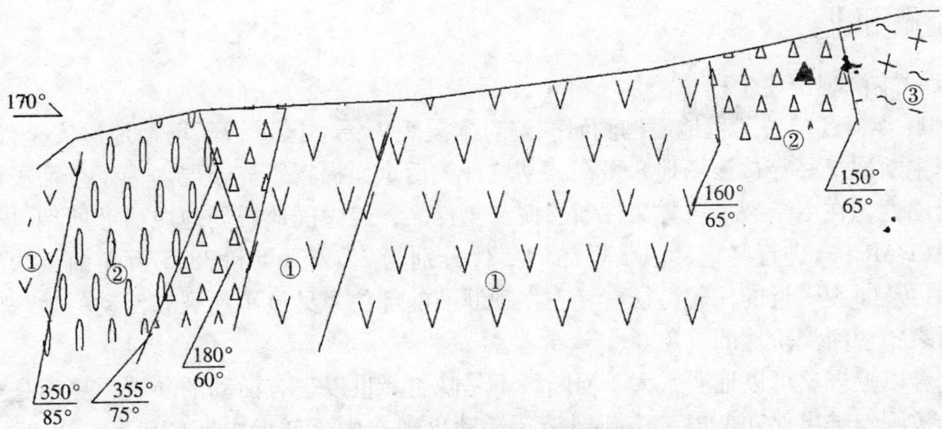

①—安山岩；②—破碎带；③—混合岩；▲—采样位置

图2　太子河断裂素描图(张家街—大峪沟鞍部)

子河断裂相合于一条，总长约30km。该断裂只在消防站发现有一个出露点，是挖地基才发现的，一般都被房屋所掩盖。在该点见破碎带发育于在紫色砂页岩与灰绿色砾岩之间，主断面宽约10.5m，倾向南东，倾角71°，带内挤压片理、透镜体和断层泥发育。在主断裂面附近见有牵引褶曲，判断为上盘下落的正断层。在破碎带内见数条强烈挤压带，主要由灰色、灰黑色、黄褐色片理和断层泥组成，一般宽1～5cm，产状与主断面一致。上盘围岩为灰绿色砾岩，砾岩产状165°∠23°。在公路南侧，也就是距此点约20m处见薄层紫色页岩露头。下盘围岩为紫色砂、页岩。在距主断面约2m处，在砂岩与页岩间有两条宽0.5～5cm挤压片理和断层泥带，断面平直如刀切，产状与主断面基本一致，在断面上见有近水平擦痕，由擦痕所示为南东盘向南西扭动。该断裂在消防交通岗新新家园施工开挖、富佳广场施工开挖、明山粮库施工开挖及银亿家园B座施工开挖均有见过。工作中在此断裂上采集断层泥样品作年龄测定，其结果是：主断面底板断层泥的热释光年龄为(12.45±0.99)万年，电子自旋共振测得结果(13.08±3.92)万年；主断面顶板断层泥的电子自旋共振测得结果(10.56±3.17)万年。靠顶板的一条强烈挤压条带采集断层泥做电子自旋共振，测得结果(14.00±4.22)万年。工字楼断裂的素描图如图3所示。

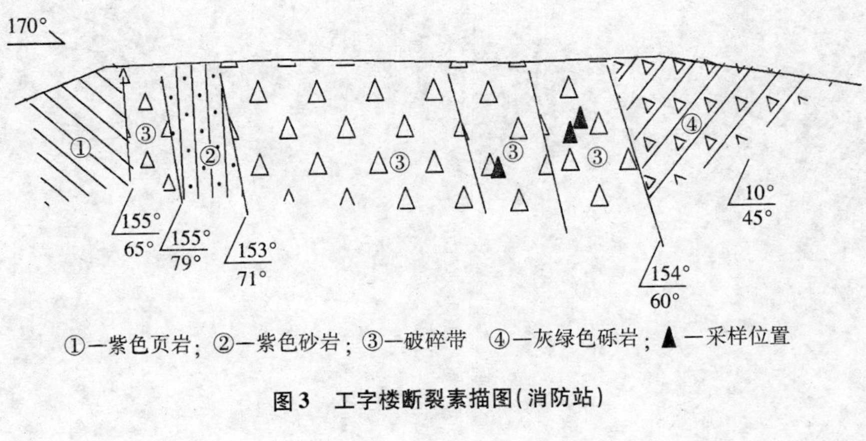

①—紫色页岩；②—紫色砂岩；③—破碎带　④—灰绿色砾岩；▲—采样位置

图3　工字楼断裂素描图(消防站)

4 工程证据

（1）本溪观山悦工程

2009 年，辽宁省工程地震勘测研究院对本溪观山悦小区进行了场地地震安全性评价。太子河主断裂正好穿过该场地 8 号楼，基坑开挖后全面揭露了该断层。为了全面了解该断裂的活动性，在主断裂上采集 2 件断层泥测年样品，经中国地震局地质研究所用电子自旋共振法(EAR 法)进行鉴定，两个样品的年代分别为 35. 2 万年和 38. 5 万年前，均属中更新世。再从断裂附近的地貌特征看，在发现断裂的部位未见显示断裂有活动的地貌，也未见到断裂错切河流阶地的现象。

综合以上现象可以证明，太子河断裂不是晚更新世以来有活动的断裂，更不是全新世断裂。按测年结果保守考虑，该断裂最新活动出现在中更新世中期(35 万 ~38 万年前)，只是一条中更新世有活动的断裂，而非全新世断裂，更不是发震断裂。

（2）本溪恒大绿洲工程

2011 年，辽宁地震科技有限公司对本溪恒大绿洲一期工程场地进行了地震安全性评价，穿过该场地有两条断裂，走向均近北北东，断裂 1 倾向东南，倾角约 70°；断裂 2 倾向西北，倾角 65° ~90°。从区域构造关系看，笔者认为该断裂为寒岭—偏岭岩石圈断裂牛心台段的一部分或其分支。为了确定断裂 2 的活动性，专门进行了地质地貌和断层泥样品采集，从地貌上看，断裂 2 延伸到山区，地貌上没有显示，断层泥样品经中国地震局地质所地震动力学国家重点实验室用 ESR 法确定，其年龄为 70. 8 万 ~81. 0 万年，表明断裂 2 为早—中更新世断裂，而非全新世活动断裂，更不是发震断裂。

5 结 论

综上所述，经过本溪市区的两条断裂——太子河断裂及工字楼断裂，为非全新活动断裂，更不是“发震断裂”。该结论对本溪工程建设的抗震设防工作有着指导性意义，根据现行建筑抗震设计规范，可忽略断裂错切对地面建筑的影响。

西丰安民至开原金沟子高速公路工程地质特征

段铁英

（辽宁大通公路工程有限公司，沈阳，110179）

摘　要：根据线路工程特征及线路设计要求，本文在充分收集查明沿线区域地质、工程地质、水文地质、环境与灾害地质相关资料的基础上，对线路区工程地质条件进行了概略性描述，为选择构造物结构和基础类型提供了必要的地质依据。

关键词：高速公路；工程地质条件；不良地质；桥涵；挖方段

1　工程概况

西丰安民（吉辽界）至开原金沟子高速公路线路区位于辽宁省北部地区，线路起点位于西丰县安民镇（东经124°58′05″，北纬42°57′52″），终点为开原市金沟子镇（东经124°01′20″，北纬42°37′32″），线路自东向西走向与寇河流向基本一致，终点与沈阳至四平高速公路相接，线路全长86.884公里，该路段地处辽北与辽东接壤的剥蚀低山、丘陵区，地质构造、岩性复杂，线路主要沿寇河流域纵穿，地表河流冲积地貌发育。

2　地质概况

2.1　地形地貌

线位带地貌类型以丘陵及河流冲洪积阶地为主，自东向西走向与寇河流向基本一致，地势总体东高西低，绝对标高在100～400m，丘顶多呈浑圆馒头状；山间谷地呈树枝状分布在河流两侧。

根据区内地貌形态及成因类型将工作区进一步划分为3个地貌单元及3个次级地貌单元，主要为山前冲洪积河谷平原地貌，次为低山丘陵地貌，局部为波状剥蚀微丘地貌区。

（1）山前冲洪积河谷平原地貌区

该地貌单元广泛分布在线路工作区内，根据其地貌形态及成因类型可以进一步细化为三个次级地貌单元。

① 山前冲洪积斜坡地貌区。河谷两侧分布坡洪积扇裙，位于山麓、丘前，呈扇状、裙带状，规模大小不一，地势稍有起伏，个别地段地势较大，地形坡度5°～15°，局部可达20°，冲沟切割强烈，其前缘常被河流切割成陡坎，堆积有厚度不等的坡洪积粉质黏土等黏性土，局部含有碎石、角砾混黏性土层，多呈透镜体状。

② 冲洪积阶地地貌区。分布于寇河两岸的丘陵区，呈树枝状、羽状分布于各水系的支流或上游，宽度多为200～1000m，绝对标高150～300m，主要由坡洪积物组成，其厚度一般多为5～10m，中下游横剖面呈U形，上游呈V形。

③ 河床漫滩地貌区。分布于主河床及其两侧，呈树枝状、羽状，遍及整个设计带，一般宽 5 ~ 10m，最宽处 400m，由粗砂和砾卵石组成。

广泛分布于线路工作区内，为常年有水河流或间歇性河流冲洪积作用形成，地势较平坦，地形坡度一般小于 5°，堆积物多为冲积、冲洪积形成的粉质黏土、粉土、砂砾石、砾卵石等，厚度不均，多小于 10m。

（2）低山丘陵地貌区

主要分布在工作区寇河两侧，为丘陵区，绝对标高在 200 ~ 400m，山势较缓，地形坡度 15° ~ 20°，切割深度 50 ~ 100m，山脊多呈串珠状、波状，山顶呈浑圆状。组成岩性复杂，主要有下元古界黑云角闪斜长变粒岩、斜长角闪岩，下古生界浅粒岩、变粒岩，中生代白垩纪砂岩、泥岩夹砾岩、凝灰质流纹岩、安山岩、凝灰岩及华力西期侵入岩——英安岩、二长花岗岩等，表层风化强烈，植被较发育。

（3）波状剥蚀微丘地貌区

工作区内主要分布在 K74 + 310 至终点的多数区域内，风化剥蚀形成，绝对标高 100 ~ 140m，线路区一般低于 200 m，相对标高 30 ~ 50m，多为浑圆馒头状，地势起伏不大，自然坡度 15° ~ 25°，岩性主要为白垩系砂岩、泥岩、泥质砂岩，局部夹有砾岩等。

2.2 气象水文

线位区属北温带大陆性气候，属半干旱、半湿润大陆性季风气候区，冬冷夏热，春秋两季多风。年平均气温 5.2 ~ 7.0℃，极端最高气温 36.1 ~ 36.6℃，极端最低气温 -41.7 ~ -36.3℃，年平均降水量 660.6 ~ 684.4mm，年平均蒸发量 1384.5 ~ 1636.5mm。全年无霜期 130 ~ 150 天，从 11 月中旬至翌年 4 月为冰冻期，冻结深度东西差异不大，最大冻土深度 1.35 ~ 1.40m。

线路区内水系主要为寇河及其支流，寇河为常年性河流，属辽河水系。径流畅通，植被良好，水势上涨缓慢，较少泛滥成灾。流水下切作用较强，河床松散层较发育，而河水中携砂量较高，侵蚀性较强。

3 区域工程地质条件

3.1 地质概况

设计带主要分布下元古界、古生界奥陶系、中生界白垩系地层，侵入岩主要为燕山晚期以及华力西晚期；山间谷地、冲积、冲洪积及坡洪积平原区、山前坡洪积斜地区以及各河流的河床漫滩区，主要以第四系冲积、冲洪积和坡洪积地层为主。地层由老至新分述如下。

（1）下元古界（P_1^t）

主要岩性为黑云角闪斜长变粒岩、斜长角闪岩及黑云片岩，分布于线路 K68 + 700—K74 + 310 处。

（2）古生界奥陶系(O)

烧锅屯组（Os）：主要岩性为变粒岩、浅粒岩为主，局部二长花岗岩、安山质凝灰岩、页岩，分布于线路 K0 + 000—K10 + 500 处；黄顶子组(Oh)：主要岩性为板岩、大理岩、片岩，分布于线路 K27 + 200—K27 + 800 处。

（3）华力西晚期($\eta\gamma_4^3$)

主要岩性以二长花岗岩为主，分布于线路 K10 + 500—K19 + 800、K31 + 500—K55 + 000 处。

(4) 燕山晚期侵入($\lambda\eta_5^3$)

主要岩性为花岗岩类、次为闪长岩，分布于线路 K55 + 000—K74 + 310 处。

(5) 中生界白垩系

① 泉头组(K_1^q)：以砂岩、粉砂岩、泥岩、泥质粉砂岩夹砾岩为主，分布于线路 K74 + 310—线路终点。

② 安民组(K_1^a)：以流纹岩及流纹质凝灰岩、安山岩、安山质凝灰岩为主，分布于线路 K19 + 800—K31 + 500 处。

(6) 新生界第四纪(Q)

呈条带状广泛分布于山间谷地、冲积、冲洪积及坡洪积平原区、山前坡洪积斜地区以及各河流的河床漫滩区。

① 全新统中统(Q_3^2)：以山间洼地中有小面积的湖沼相堆积的黑色草炭土以及淤泥质土为主，厚约 0.5 ~ 3.2m，以及山前平原零星分布的小面积淤泥质黏性土，埋藏浅，厚度薄。

② 全新统冲洪积物(Q_4^{al-pl})：多为黏性土、含黏性土角砾、砾卵(碎)石层，粒径多在 3 ~ 20mm，大者可达 40mm，其结构较松散，由石英岩、花岗岩、混合岩类、变质岩类等岩石组成，磨圆分选较差，组成河床及漫滩。厚 2.0 ~ 10.0m。

③ 全新统冲积物($Q^{al}4$)：主要为黄、灰褐、灰黑色含砾（碎）石粉质黏土或含粉质黏土砾(碎)石层，结构较疏松，具有大孔隙。

④ 全新统坡洪积物(Q_4^{pl-dl})：主要粉质黏土含砾（碎）石，结构较紧密，具有可塑性，分布零散，面积较小，厚 0.5 ~ 3.0m。

3.2 水文地质条件

线路通过区地貌主要有丘陵和河流冲洪阶地。大气降水入渗为主要补给方式，其次为河流入渗补给；排泄方式以地下水径流、河水排泄及人工开采排泄为主。按岩土体赋水条件和含水介质的不同，线路通过区主要为第四系松散岩类孔隙水、碎屑岩类裂隙孔隙水和基岩裂隙水 3 种类型。

3.3 区域地质构造

设计带位于阴山东西向复杂构造带的东延部位与新华夏系第二个巨型隆起带即长白山脉南段的交接地带，由于工作区内在地史上经历了多次构造变动，因而地质构造复杂。

设计带内断裂构造主要表现为深部断裂及浅部断裂，深部断裂是根据区域地质推断的，基本上可与浅部断裂相对应，浅部断裂受深部断裂控制。设计带内深部断裂仅有一条：昌图—新宾深部断裂带，为近期不活动的构造，对构造物和设计线路没有影响。而浅部断裂多受深部断裂的控制，设计线附近均为深厚第四纪地层所覆盖。由于均为不活动构造，对设计线路和构造物没有影响。

(1) 构造单元及其基本特征

设计带主要位于吉黑褶皱系(Ⅱ)一级构造单元上，线路末端进入中朝准地台(Ⅰ)一级构造单元上，进一步可划分为两个级别的构造单元，西丰至开原高速公路构造单元划分表和设计带构造分区见表 1。

表1 构造单元划分表

一级	二级	三级	四级
中朝准地台Ⅰ	胶辽台隆	铁岭—靖宇台拱$Ⅰ_1^1$	李家台断凹$Ⅰ_1^{1-3}$
吉黑褶皱系Ⅱ	张广才岭优地槽褶皱带$Ⅱ_1$		

（2）活动断裂、地震

据历史记载，线路左右各50km范围内共发生有感地震4次之多，均为2.0～3.9级。1975年2月4日的海城地震曾使本区受到一定的影响。由于本区段基岩出露广泛，新华夏系断裂不甚发育，推测本区发生强烈破坏性地震的可能性不大，对线路路基稳定性影响也不大。

据中华人民共和国国家标准《建筑抗震设计规范》（GB50011—2001），设计区抗震设防烈度为6度，设计基本地震加速度小于0.05g。

（3）不良地质现象及特殊岩土

不良地质现象如下。

① 岩土体滑塌、碎落、碎屑岩类顺层滑坡、崩塌——设计带岩石复杂，构造发育，岩体节理、裂隙发育，易产生滑塌、崩塌现象；碎屑岩、火山碎屑岩夹有凝灰岩、砂泥岩等软弱地层，浸水后强度降低，容易产生顺层滑坡、崩塌。

② 砂土液化。本测区地震基本烈度为Ⅵ度，可不考虑砂土液化和软弱土震陷问题。

特殊岩土如下。

① 极软岩。在设计带内K23+350—K24+500和K74+310—线路终点段落内下伏基岩主要为砂岩、泥岩以及泥质砂岩夹砾岩，属于泥质胶结的极软岩，层理结构明显。该岩石具有遇水软化、干后龟裂的特性，对高速公路的建设具有一定的影响。

② 软土。设计带内局部山间洼地与平原洼地发育有小面积的湖沼相堆积，其中含有草炭土、淤泥质土层等软弱土层，埋藏较浅，为0.9～6.1m；厚度薄，一般厚0.8～3.5m，临近山体厚度不均。由于淤泥、淤泥质土(软弱土)的分布范围较小，埋深较浅，厚度薄，对路基和桥墩危害较小，建议对一般路基挖除或换填处理，对小桥涵和桥头路基预压或复合地基处理即可。

4 工程地质分区

根据设计带地形、地貌、岩土体类型及工程地质特征、水文地质条件，可划分为三大工程地质区：山前冲洪积平原区(Ⅰ)、低山丘陵工程地质区(Ⅱ)、波状剥蚀微丘区(Ⅲ)。山前冲洪积平原区(Ⅰ)进一步划分为山前冲洪积斜坡地貌区($Ⅰ_1$)、冲洪积阶地区($Ⅰ_2$)和河床漫滩区($Ⅰ_3$)，其特征分述如下。

（1）山前冲洪积斜坡地貌区($Ⅰ_1$)

位于线路设计带山麓坡角、山前地段，属于山前坡洪积扇地貌，岩性为冲洪积、坡洪积含砂(砾)粉质黏土、角砾、碎(卵)石，中密状，下覆基岩。

区内地下水水量中等—贫乏，属第四系孔隙潜水，地下水埋深一般为6.0～9.0m，受大气降水和地表径流补给，水质较好，总体适宜公路工程建设。

（2）冲洪积阶地区($Ⅰ_2$)

位于线路设计带山间河谷，呈树枝状或羽状分布，属河流冲积、冲洪积河谷平原地貌。岩性主要为冲洪积粉质黏土、粉土，砂砾石、砾卵石、粉土含砾(碎)石或粉质黏土含砾(碎)石等，该类土体由上至下，固结度逐渐增强，属较稳定土类。区内地下水较丰富，地下水埋深一般为0.5～4.0m，受大气降水和地表径流补给，水质较好，总体适宜高速公路建设。

(3) 河床漫滩区(I_3)

设计带内主要为寇河及其支流流域，属于河床滚动形成的河流侵蚀堆积地貌，包括河床、河漫滩以及河流蛇曲作用形成的牛轭湖，宽度一般为几十米至几百米不等，岩性一般为砂、砾、卵碎石或夹黏性土的砾卵石，结构松散，压缩性高。

区内地下水水量非常丰富，属第四系孔隙水，水位很浅，一般小于2.0m，受大气降水和地表径流的补给，水质好，总体适宜高速公路的建设。

(4) 低山丘陵工程地质区(Ⅱ)

位于线路区两侧，工程地质条件属基本稳定地区，其工程地质特征如下：山体多为塔状、尖顶状、馒头状，坡角一般20°～35°，局部可达50°以上，整个地势为东高西低，线路起点处高程在400m左右，随着线路的延伸，地势呈降低之势。沟谷较发育，横断面呈V形及U形，大部分为坚硬、较坚硬岩石，一般可满足公路建设对工程地质条件的要求。

(5) 波状剥蚀微丘区(Ⅲ)

主要分布在K74+310至线路终点的区域内，为剥蚀微丘区，绝对高程小于200m，地形坡度一般小于15°，地形呈连绵低缓的浑圆馒头状，地面纵断线呈波浪状，为风化剥蚀形成。上覆第四纪覆盖层3～18m不等，以黏性土为主，下伏基岩为白垩系砂岩、泥岩、泥质粉砂岩等。该类岩体为泥质胶结，胶结性不好，层理发育，质地较软或软硬相间，浸水后软化呈泥状，强度很低。

5 桥位及挖方段工程地质评述

(1) 桥 涵

线路区拟建桥涵分别位于河流(山前)冲洪积平原区、波状准平原区、低山丘陵区，各路段地基土层相对稳定，性能较好的桩基持力层主要为：① 河流(山前)冲洪积平原区选择硬塑黏性土或密实砂土。② 波状准平原区、低山丘陵区选择强风化或弱风化基岩；浅部地基土能满足其强度及变形要求时，可作为一般小桥涵浅基础持力层，浅部地基土无法满足其强度及变形要求时，应作适当处理后才可作浅基础持力层。

(2) 挖方段

线路区挖方段基本位于低山丘陵区、山前坡洪积斜地区，表层覆盖地层基本为黏性土、碎石土，下伏地层为基岩，挖方段基本为岩质边坡，开挖应注意防止边坡碎落、崩塌；在一些断裂经过地带及岩性接触带，由于岩石节理、裂隙较发育和岩体(流纹岩、凝灰质流纹岩、砂泥岩)成分的不均匀性及软质岩遇水软化崩解的特性，容易造成开挖后边坡失稳而形成滑塌、崩塌等灾害，宜考虑修筑护坡或支挡结构。

土石等级的选择、挖方边坡坡率应根据挖方深度满足边坡稳定计算后确定，挖方边坡坡率的选择与护坡方法密切相关。

6 结 论

线路区基本位于低山丘陵区、山前坡洪积斜地区、河流(山前)冲洪积平原区、波状准平原区，主要沿寇河流域纵穿，地表河流冲积地貌发育。设计带主要分布下元古界、古生界奥陶系、中生界白垩系地层，侵入岩主要为燕山晚期以及华力西晚期；山间谷地、冲积、冲洪积及坡洪积平原区、山前坡洪积斜地区以及各河流的河床漫滩区，主要以第四系冲积、冲洪积和坡洪积地层为主，各路段地基土层相对稳定。设计带区域地质构造在地史上经历了多次构造变动，地质构造复杂，但近期未见明显的活动迹象，对线路及构造物影响较小。

总体来说，线路区工程地质条件较好，适宜高速公路建设。

浅谈地质灾害评估报告编写的重点

钟靖涛　刘升传　廖　勇

（沈阳市勘察测绘研究院，沈阳，110004）

摘　要：本文通过实践经验总结，结合国土资源部及省国土资源厅下发的相关文件，简要地分析了地质灾害危险性评估报告中的评估级别和评估范围的确定等关键问题。

关键词：地质灾害危险性评估；评估级别；评估范围

1　概　述

近年来，我国地质灾害事故频发。复杂的自然地理、地质条件，频繁发生的地震活动和极端气候，以及人类活动对地质环境的扰动达到前所未有的程度，是导致我国地质环境脆弱、地质灾害多发的主要原因。因此，地质灾害评估工作对于社会的可持续发展，对于提高经济效益、社会效益、环境效益就显得尤为重要。如何编写好地质灾害评估报告？笔者从实际工作出发，主要从“评估工作级别的确定和评估范围的确定”这两方面来探讨地质灾害评估报告的编写重点。

2　评估工作级别的确定

《国土资源部关于加强地质灾害危险性评估工作的通知》（国土资发〔2004〕69 号）中已经明确规定：“地质灾害危险性评估工作分级进行。评估工作级别按建设项目的重要性和地质环境条件的复杂程度分为三级。具体分级标准和评估技术要求见《地质灾害危险性评估技术要求（试行）》。”由国土资源部下发的文件中得知，评估工作级别的确定由建设项目的重要性和地质环境条件的复杂程度两大要素来控制。下面以表格的形式来表示评估工作级别的划分原则，详见表 1。

表 1　　地质灾害评估级别划分表

复杂程度 / 项目重要性	地质环境条件复杂	地质环境条件中等	地质环境条件简单
重要建设项目	一 级	一 级	一 级
较重要建设项目	一 级	二 级	三 级
一般建设项目	二 级	三 级	三 级

2.1　建设项目的重要性

由表 1 可知，建设项目的重要性对评估工作级别的确定起着决定性作用，无论地质环境条件复杂与否，只要是重要建设项目，评估工作的级别均为一级。建设项目的重要性如何划分，各个省区的执行标准略有不同，但大体方向一致。主要从建设项目的占地面积、性质、投资额等方面来界定。

重要建设项目具体包括：开发区建设、城镇新区建设、城区改(建)造(面积≥$20hm^2$)、城市道路≥10km、放射性设施、军事设施、核电设施、二级(含)以上公路、铁路及附属设施、机场及附属设施、年输油能力≥600×10^4t或长度≥120km的输油管、年输气能力≥$2.5\times10^8m^3$或长度≥120km的输气管；大型水利工程(库容≥1亿m^3)、电力工程(单机容量≥300MW或规划容量≥800MW的火力发电厂、装机容量≥200MW的水力发电厂、≥500kV的变电站)、港口码头(船坞规模≥5万吨级、重要港口的主要建筑物)、尾矿库、排土(渣)场(坝高≥100m或库容≥100万m^3)、垃圾处理场(建设规模Ⅰ类)；高层建筑(楼层≥20)、高度≥100m的高耸构筑物、座位≥1500人的大型影剧院(礼堂)、座位≥5000人的体育场馆、可容纳1000人及以上的其他娱乐场所(馆)、建筑用地面积≥$5000m^2$的商场、床位≥300的医院(疗养院)、在校人数≥2000人的学校；高度≥20m的填方挡墙(路堤)及土体挖方挡墙、高度≥30m的岩体挖方挡墙。以上未包括的建设项目类型或上述建设项目难以界定的，项目投资额≥5000万元。

较重要建设项目具体包括：城区改(建)造($20hm^2$>面积≥$5hm^2$)、10km>城市道路≥5km、新建村庄、三级(含)以下公路、年输油能力<600×10^4t且长度<120km的输油管、年输气能力<$2.5\times10^8m^3$且长度<120km的输气管；中型水利工程(1亿m^3>库容≥1000万m^3)、电力工程(300MW>单机容量≥30MW或800MW>规划容量≥80MW的火力发电厂、200MW>装机容量≥20MW的水力发电厂、500kV>变电站≥220kV)、港口码头(5万吨级>船坞规模≥5千吨级、重要港口的一般建筑物或一般港口的主要建筑物)、尾矿库、排土(渣)场(除重要和一般以外的)、垃圾处理场(建设规模Ⅱ及Ⅲ类)；中层建筑(20层>楼层≥8层)、100m>高度≥30m的高耸构筑物、1500人>座位≥500人的影剧院(礼堂)、5000人>座位≥1000人的体育场馆、可容纳500人至1000人的其他娱乐场所(馆)、$5000m^2$>建筑用地面积≥$1000m^2$的商场、300>床位≥100的医院(疗养院)、2000>在校人数≥1000人的学校；20m>高度≥10m的填方挡墙(路堤)及土体挖方挡墙、30m>高度≥20m的岩体挖方挡墙。以上未包括的建设项目类型或上述建设项目难以界定的，5000万元>项目投资额≥3000万元。

一般建设项目具体包括：城区改(建)造(面积<$5hm^2$)、城市道路<5km；小型水利工程(库容<1000万m^3)、电力工程(单机容量<30MW或规划容量<80MW的火力发电厂、装机容量<20MW的水力发电厂、变电站<220kV)、港口码头(船坞规模<5千吨级、其他港口的附属建筑物)、尾矿库、排土(渣)场(坝高<60m且库容<10万m^3)、垃圾处理场(建设规模Ⅳ类)；低层建筑(楼层<8层)、高度<30m的高耸构筑物、座位<500人的影剧院(礼堂)、座位<1000人的体育场馆、可容纳500人以下的其他娱乐场所(馆)、建筑用地面积<$1000m^2$的商场、床位<100的医院(疗养院)、在校人数<1000人的学校；高度<10m的填方挡墙(路堤)及土体挖方挡墙、高度<20m的岩体挖方挡墙。以上未包括的建设项目类型或上述建设项目难以界定的，项目投资额<3000万元。

值得注意的是，在实际地质灾害评估工作中，人们往往习惯以建设项目的占地面积或者投资额等单一要素来划分建设项目的重要性类别，不善于进行综合性判断。首先，项目的占地面积大小不是绝对的划分标准，比如大于$20hm^2$的沉陷区复垦改造，由于没有任何设施建设，也只能属于一般建设项目。其次，建设项目的高层建筑和高耸构筑物容易被忽略，多数是由于项目的可行性研究报告没有包含或者陈诉模糊。最后，项目的投资额必须在其他的分类标准难以界定的情况下，才能用于建设项目重要性的划分，其作为补充的分类标准位于最后。

2.2 地质环境条件的复杂程度

地质环境条件的复杂程度是划分评估工作级别的另一大要素。项目负责人通过资料收集整理、现场踏勘、GPS 勘测、工程钻探、槽探等技术手段来实现相关信息的收集。大致可从 5 个方面来分析，即地质灾害发育程度、地形地貌、地质构造、破坏地质环境的人类工程活动、工程地质及水文地质条件。具体划分见表 2。

表 2 地质环境条件复杂程度分类表

地质环境条件复杂	地质环境条件中等	地质环境条件简单
地质灾害发育	地质灾害较发育	地质灾害一般不发育
地形与地貌类型复杂，平均坡度≥30°，有两种以上地貌类型。相对高差大，评估区海拔高差≥60m	地形较简单，地貌类型简单，30°>坡度≥15°，有两种地貌类型。相对高差中等，60m>评估区海拔高差≥30m	地形简单，地貌类型单一，坡度<15°，相对高差小，评估区海拔高差<30m
地质构造复杂，断裂构造近期有活动，有断层泥，规模大。岩性岩相复杂变化大，层面(层理、劈理、片里)、节理、裂隙为张开型且发育，岩层产状变化大，岩土体工程地质性质不良，岩石风化强烈，岩溶发育	地质构造较复杂，断裂构造近一万年内无活动，破碎带硬质岩石未胶结或胶结差，规模中等。岩性岩相不稳定，层面(层理、劈理、片里)、节理、裂隙闭合且较发育，岩层产状变化中等，岩土体工程地质性质较差，岩石风化强烈，岩溶较发育	地质构造简单，破碎带硬质岩石胶结，规模小。岩性单一，岩石较完整，岩层产状稳定，岩土体工程地质性质良好，岩石风化程度低，岩溶不发育
工程水文地质条件不良，有可塑性土及淤泥层，承载力<200kPa	工程水文地质条件较差，有软弱夹层，500kPa>承载力≥200kPa	工程水文地质条件良好，单一岩性，承载力≥500kPa
破坏地质环境的人类工程活动强烈。土质边坡高度≥20m，岩质边坡高度≥30m，洞顶围岩厚度<1 倍洞跨。矿山多次重复开采	破坏地质环境的人类工程活动较强烈。10m≤土质边坡高度<20m，15m≤岩质边坡高度<30m，3 倍洞跨>洞顶围岩厚度≥1 倍洞跨。矿山重复开采	破坏地质环境的人类工程活动一般。土质边坡高度<10m，岩质边坡高度<15m，洞顶围岩厚度≥3 倍洞跨。矿山无重复开采

注：上述 5 项条件中，有一条符合复杂条件者即划为复杂类型。

3 评估范围的确定

《地质灾害危险性评估技术要求(试行)》第 5.1 条规定："地质灾害危险性评估范围，不能局限于建设用地和规划用地面积内，应视建设和规划项目的特点、地质环境条件和地质灾害种类予以确定。"第 5.2 条规定："若危险性仅限于用地面积内，则按用地范围进行评估。"笔者仅对第 5.1 条进行简单分析。

(1) 崩塌、滑坡地质灾害评估范围的确定

崩塌、滑坡的评估范围应以第一斜坡带为限。一方面，应查明坡体构造面的发育特征，即所有发育的节理、裂隙、岩层面、断层等构造面的延伸方向，倾向和倾角大小及规模、发育密度等；另一方面，应查明结构面的相互关系、组合形式、交切特点、贯通情况

及它们能否将或已将坡体切割，并与母体（山体）分离。最后，综合分析调查结果，那些相互交切、组合，可能或已经将坡体切割与其母体分离的构造面，就是崩塌体的边界面。

（2）泥石流地质灾害的评估范围确定

泥石流必须以完整的沟道流域面积为评估范围，泥石流的评估范围应以地形地质图为索引，通过实地调查确定其形成区、流通区和堆积区三部分，即为完整的沟道流域面积。

（3）地面塌陷和地面沉降地质灾害评估范围的确定

地面塌陷和地面沉降的评估范围应与初步推测的可能范围一致；地裂缝应与初步推测可能延展、影响的范围一致。

（4）强震区评估范围的确定

建设工程和规划区位于强震区，工程场地内分布有可能产生明显位错或构造性地裂的全新活动断裂或发震断裂，评估范围应尽可能把邻近地区活动断裂的一些特殊构造部位（不同方向的活动断裂的交汇部位、活动断裂的拐弯段、强烈活动部位、端点及断面上不平滑处等）包括其中。

（5）重要的线路工程建设项目

评估范围一般应以相对线路两侧扩展500～1000m为限。

水撼砂工艺在市政管道工程中的应用

石 雷[1] 刘振华[2] 王述红[1] 宋天宇[1]

(1. 东北大学资源与土木学院，沈阳，110819

2. 中建五局土木工程有限公司，长沙，410004)

摘　要：路面沟槽回填后，路面出现不同程度的沉降一直以来都是广大技术人员普遍关注和研究探讨的一个难题。本文结合鲅鱼圈市政输配水管线工程地层和施工条件，具体论述了水撼砂工艺的优点、施工步骤和施工要点，可为类似回填工程提供参考。

关键词：市政管线；回填；水撼砂

1 引　言

近年来，城市发展速度越来越快，市政管线工程也随之增多。市政管道是城市的“血脉”，是城市发展的基础，是改善人民生活水平的基本保障，所以建设科学完善的市政管线网络是十分必要的。但伴随着市政管线的施工，一些问题逐渐出现。如沟槽回填后，路面出现裂缝或不均匀的沉降。

沟槽回填土不均匀沉降导致路面横向贯通开裂并伴随产生沉陷是公路工程中常见的道路病害之一[1-2]。路面下沉不仅会对管线的正常使用产生威胁，而且还会严重影响车辆行驶。本文结合鲅鱼圈市政输配水工程阐述一种可以改善回填土压实度的回填工艺。

2 工程概况

本工程为营口市鲅鱼圈区大伙房输水配套工程（BT 项目），配水管道工程 DN600—DN1100mm 的城市配水管网 19.6km。管线工程按逆水流方向(末端至起端)分成 A 段、B 段、C 段及 D 段。其中 A 段为青龙山大街段(红海河南 600m 至鱼跃龙腾广场北 500m)，B 段为青龙山大街至水厂段(鱼跃龙腾广场北 500m 至水厂，途经青龙山大街、沙河大街、北一路及平安大街至水厂)，C 段为平安大街段(黄河路至北一路段)，D 段为平安大街段(滨湖南路至北一路段)。

施工地段位于青龙山大街非机动车道，平安大街、沙河大街、北一路干道一侧，交通便利。

管道铺设段地形多为低山地带，地势起伏较小，多为亚黏土结构，有部分岩石、淤泥基础，地面标高为 15 ~ 26m，管线经过地段地层较为复杂。地下水多属上层滞水，地下水含量并不丰富。仅在局部地段有地表水径流区水量偏大。

3 回填方案选择

掘路修复和沟槽回填工程是市政道路建设的重要组成部分[3]，所以选择科学的回填工艺就显得尤为重要。沟槽回填的工艺有如下几种。

（1）碾压法

碾压法是利用机械滚轮的压力压实土壤，使之达到所需的密实度，碾压机械有光面碾（压路机）、羊足碾和气胎碾。光面碾对砂土、黏性土匀可压实；羊足碾需要较大的牵引力，且只宜压实黏性土。其优点是施工工艺简单，可以保证压实度，干密度能达到1.55 g/cm^{3}以上。

（2）夯实法

夯实法是利用夯锤自由下落的冲击力来夯实土壤，用于小面积回填。

（3）振动压实法

振动压实法是将振动压实机放在土层表面，借助振动机械使压实机械振动，土颗粒在振动力的作用下发生相对位移而达到紧密状态。如使用振动碾进行碾压，可使土受振动和碾压两种作用，碾压效率高，适用于大面积填方工程。

（4）水撼砂法

水撼砂工艺一般常用在房屋建筑工程施工中[4]。松散的中粗砂由大小不一的砂粒堆积而成，期间有空隙，靠着它们之间的摩擦力形成一个整体，在水流的作用下，砂粒受到浮力后，改变了原来的受力体系，部分砂粒不再稳定，从而随着水流运动，填充到了空隙里面。砂粒受到水流作用的同时还受到振捣的作用，砂粒不断调整自己的位置，直到稳定，从而使压实度达到最大值。相比于其他几种回填方案，水撼砂工艺在沟槽回填中的优点是：① 施工成本低；② 噪声污染低；③ 振捣全面，不存在死角；④ 能得到很高的干密度，能达到1.75g/cm^3 以上。

沟槽回填引起的路面沉降和裂缝可以分为两类：一类是由于回填土本身不均匀沉降引起的裂缝；另一类是由于沟槽回填土沟槽边一侧为老路基，一侧为回填土，沉降存在差异引起的裂缝[5]。回填土与老路基沉降量不同主要是因为两者的压实度不同，老路基经过很长时间的沉降后，压实度已经达到极点，但回填土的压实度与老路基的压实度存在一定差距，回填土的沉降自然会大于老路基，结果就是在回填土与老路基的结合处出现沉降差，导致裂缝的出现。

综上可见，如何在施工过程中提高回填土的压实度就显得尤为重要，由于水撼式干密度值高于碾压式，施工成本又低，相对于碾压法噪声小，结合现场实际情况，本工程选取水撼砂回填工艺。

4 水撼砂工艺施工过程

4.1 水撼砂施工步骤

根据工程现场情况，开槽后选取合适的间距分段使用，间距一般50m左右，主要考虑现场交通、施工工期、水撼砂工艺循环水的利用，具体根据现场作适当调整。开槽达到设计深度后，首先检验沟槽底部承载力是否满足要求（一般达到100kPa），如不满足，需要采取换填处置管道地基，确保管基承载力。以上准备工作做完后，按照如下步骤施工。

（1）检验槽底基面是否平整，待平整后，选用级配合理、含泥量极小的中粗砂，采用机械运输、人工回填、平整。

（2）利用吊车，准确定位，将球墨铸铁管放置在底层回填砂上面。

（3）选用级配合理、含泥量极小的中粗砂，采用机械运输、人工回填，回填一定厚度的砂，然后向沟槽内注入适量清水，水位控制在略高于砂面层。

（4）待水注好后，采取插入式振捣器按对角线不超过一定的间距依次进行插入振捣。

（5）进行密实度检测，采用灌砂法。如果密实度达到90%，进行下一步；如未达到90%，继续振捣，再采用灌砂法检测，直至密实度达到90%为止。

（6）对步骤(3)—步骤(5)循环进行，直到最后一坯砂的砂面层距路面50cm时不再继续回填中粗砂。此时开泵抽排水，排水使用平板式振捣器纵横交错振捣密实，直到水干为止。

（7）做路面结构，道路恢复交通。

沟槽回填完工后的结构示意如图1所示。

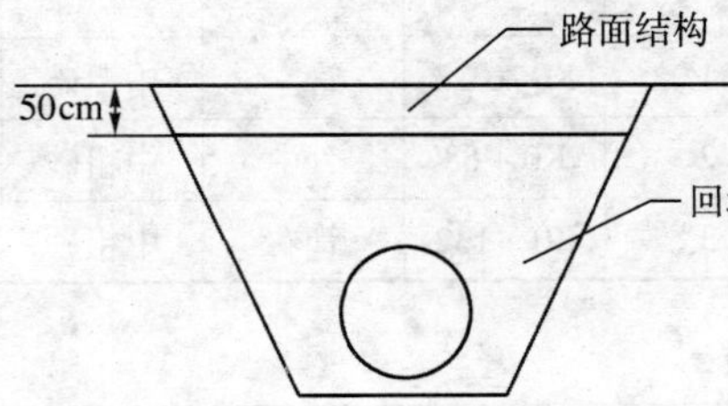

图1　沟槽回填完工后结构示意

4.2　注意事项

施工质量对于工程质量起着决定性作用，所以为了保证回填土的质量，必须注意以下几点：

（1）保障分段相邻处的压实度，避免遗漏振捣的现象发生；

（2）人工回填土时，要有沟槽两侧对称运入槽内，不得直接回填在管道上，以免损伤管线；

（3）现场施工一定要按照施工工序和施工要求进行，保证施工质量；

（4）地基承载力满足设计要求；

（5）回填的中粗砂级配良好，满足设计要求。

5　工程实例

鲅鱼圈输配水管道沟槽回填工程严格按照施工要求，严格选择级配良好的中粗砂，设备选用ZX50型插入式振捣器和ZB11型平板振捣器。采取分段回填、振捣，待每一坯砂振捣密实后进行压实度检测，以便对水撼砂工艺的实际应用效果进行评价。

本工程沟槽深3m，垫层厚20cm，每一坯砂厚20cm。在每一坯砂充水振捣后，都要进行密实度检测，采用灌砂法[6]。只有密实度达到90%才能进行下一坯砂的回填振捣。本文列出第一层、第六层和第十二层的压实度监测数据，其中每层选取3个点(见表1～表3)。

表1　第一层灌砂法检测结果

编号	桩号	轴距	土壤种类	压实度检测				
				湿密度/(g/cm^3)	含水量/%	实测干密度/(g/cm^3)	最大干密度/(g/cm^3)	压实度/%
1	K0+067	管左	中粗砂	2.21	8.9	2.03	2.10	96.8
2	K0+118	管中	中粗砂	2.31	12.9	2.05	2.10	97.6
3	K0+164	管右	中粗砂	2.21	10.2	2.01	2.10	95.6

表2 第六层灌砂法检测结果

编号	桩号	轴距	土壤种类	压实度检测				
				湿密度/(g/cm^3)	含水量/%	实测干密度/(g/cm^3)	最大干密度/(g/cm^3)	压实度/%
1	K0+023	管左	中粗砂	2.29	13.9	2.01	2.10	95.7
2	K0+68	管中	中粗砂	2.30	12.0	2.06	2.10	97.9
3	K0+132	管右	中粗砂	2.18	9.4	2.00	2.10	95.0

表3 第十二层灌砂法检测结果

编号	桩号	轴距	土壤种类	压实度检测				
				湿密度/(g/cm^3)	含水量/%	实测干密度/(g/cm^3)	最大干密度/(g/cm^3)	压实度/%
1	K0+025	管左	中粗砂	2.31	13.8	2.03	2.10	96.7
2	K0+114	管中	中粗砂	2.26	12.0	2.02	2.10	96.2
3	K0+153	管右	中粗砂	2.21	10.0	2.01	2.10	95.7

灌砂法检测结果表明，水撼砂回填土密实度全部达到90%，能够满足设计要求，且密实度达到了很高的标准，可以有效地减少回填土的后期沉降。

6 结论

本文根据沟槽回填沉降引起的路面破坏这一病害现象进行了深入的研究，提出了将水撼砂引入沟槽回填的施工工艺，并且具体介绍了水撼砂回填工艺的施工步骤和注意事项。通过在鲅鱼圈市政输配水管线工程中的实际应用，实际效果证明水撼砂回填工艺可以解决回填土压实度不足引起的不均匀沉降问题，从而保障道路的完整性。水撼砂回填工艺不仅减少了回填土的后期沉降，而且具有施工工艺简单、施工快捷、经济效益好等优点，对指导类似回填工程施工具有一定的意义。

参考文献：

[1] 王振贵. 公路路面沉降处治平顺度问题技术研究[J]. 国防交通工程与技术，2009(4)：29-30，54.
[2] 张璐. 浅谈市政道路沥青路面病害的防治措施[J]. 山西建筑，2011(1)：117-118.
[3] 管旭日. 市政道路掘路修复工程的常见病害与对策[J]. 中国市政工程，2010(4)：8-10.
[4] 范林眼. "水撼砂"法施工是解决桥头跳车问题的一种好方法[J]. 内蒙古公路与运输，2010(4)：9-10.
[5] 江龙庆. 土工格网在沟槽回填土中的应用[J]. 安徽建筑，2003(6)：84.
[6] 罗小芳. 浅谈灌砂法在路基压实度检测中的应用[J]. 西部探矿工程，2006(9)：244-245.

黏性土地区煤矸石砂石桩的应用研究

解 磊 王于丹

（沈阳建筑大学，沈阳，110168）

摘 要：本文在自燃煤矸石的较大吸水率和较高的压碎值的基础上，初步提出用自燃煤矸石完全代替或部分代替碎石作为碎石桩的主要原料，探索煤矸石桩在理论上的可行性。

关键词：软弱黏土；自燃煤矸石桩；吸水率

1 引 言

煤矸石(Coal Gangue)是煤层形成过程中与煤伴生或共生的一种岩石，随着煤矿的开采而成为煤炭生产中的副产品。随着煤炭生产的发展，煤矸石的产量与日俱增，是目前我国最大的固体废弃物，占全国工业废料的20%以上，大部分作为工业固体废弃物混杂堆积。大量的煤矸石堆积在地表，形成了煤矸石山，侵占了大片农田，同时在自然条件下通过水源、空气污染了环境，造成煤矿周边地区或流域的环境问题。

常年自燃的煤矸石山，每平方米燃烧面积将向大气排出CO10.8g，SO_2 6.5g，H_2S 和 NO_x 2g。除此以外，煤矸石自燃还会产生许多严重危害环境的多环芳烃类有机污染物，如苯并芘、二苯并蒽、苯并荧蒽、二苯并荧蒽等。它们以气体形式或吸附于微细粉尘烟尘排入大气，加剧大气污染。特别是苯并芘，其具有极强的致癌性。为了减少自燃煤矸石对环境的危害，应当充分利用这些废弃矿物，这样既节省成本又能保护环境。对堆积的煤矸石进行利用不仅能够减少建筑材料的费用，而且环境上的效益是有深远影响的。

2 煤矸石的研究现状

煤矸石在很多领域上的研究已经取得较大的成果。在国外，美、法、英、俄等国主要通过对煤的高度纯化和净化，将煤矸石作为二次资源综合利用，提高了煤炭企业的经济效益，同时较好地保护了环境，获得了一定的社会效益。在国内，将煤矸石作为燃料、建筑材料制品的原材料、筑路和填充材料等也已经取得了成果。

自然形成的煤矸石强度不高，遇到空气和阳光以及风雨，很快就解理了，出现自然粉化现象，矸石碎块表面层层剥落，形成柱状、板状、方块状碎块。随着时间的延长，形成了比较均匀、细小的颗粒状。从现场情况看，所有矸石及岩巷掘进岩都属于这种沉积岩，都有不断地自然粉化解理的特点。自燃煤矸石作为粗骨料制作混凝土已经取得较大的成果，自燃煤矸石作为砂石的替代品是可以推广的。本文选用的煤矸石是在自然堆放状态下能够自燃的煤矸石。

有研究结果表明，由于阜新高德自燃煤矸石粗集料与C40砂浆基体的强度和弹性模量相互匹配，虽然其自身强度远不及天然碎石，但因充分发挥了集料和基体的协调作用，可配制出性能优良的C40混凝土，且早期强度发展得更理想。上述研究结果显示了煤矸石粗集料混凝土的强度远超过地基用混凝土强度，实验显示，加大煤矸石的含量后对煤矸石粗集料混凝土的强度影响较小，该实验结果为研究煤矸石桩提供了研究基础，为煤矸石桩的前期研究打下基础。目前煤矸石应用在地基处理上已经有较多的应用，根据已有的研究现状，本文提出煤矸石新的研究方向，即利用煤矸石的吸水性较高的性能将自燃煤矸石应用在软弱黏性土砂石桩中。

3 自燃煤矸石代替碎石的优点

表1为自燃煤矸石的物理及力学指标。

表1 阜新高德矿混合自燃煤矸石主要物理及力学指标

针片状含量 /%	密　度 /(g/cm³)	捣实密度 /(kg/m³)	回填土击实试验/%	吸水率 /%	干密度 /(kg/m³)	空隙率 /%
7.85	2.63	1550	16.56	9	2077	22

石子的物理力学性质，混凝土中骨料的卵石或碎石应密实坚固，要求表观密度在2.5~3.15g/cm³，孔隙率不大于47%，针对于卵石，它的压碎值最大为16%。将碎石与自燃煤矸石的物理指标相比较，以上的物理指标与矸石的物理指标相接近。因此在物理指标上，煤矸石有代替碎石的潜能。

本文选用的自燃煤矸石是阜新高德矿的煤矸石。该煤矸石的吸水率为9%，相比碎石的吸水率高很多，所以在沼泽地等湿陷性土地的地方吸水率大的煤矸石必然比吸水率小的碎石有更大的优势。煤矸石的压碎值是16%~22%，相当大的压碎值使煤矸石代替碎石作为桩的原材料的可行性大为提高。但是煤矸石与碎石相比脆性更为明显，为了安全性和可靠性建议在煤矸石桩中加入韧性较好的纤维增加煤矸石桩的整体性或做成钢筋笼将煤矸石桩进行包裹加强煤矸石的整体强度。

此外，自燃煤矸石表面粗糙多孔，第一，水泥水化产物能够部分渗入煤矸石表面孔中，增加了煤矸石与界面的啮合摩擦力，这种机械作用大大增加了两者之间的黏附力；第二，自燃煤矸石的吸水微泵作用使得煤矸石附近处于局部低水灰比状态，因此减少或避免了煤矸石下部由于内分层作用而形成的水囊，避免了界面处的富集和定向排列，提高了煤矸石与水泥石的界面黏结力；第三，自燃煤矸石经过自燃表面具有一定的活性，且破碎过程中表面黏附有自燃煤矸石粉，它们能与水泥砂浆中的$Ca(OH)_2$发生化学反应，活性结合作用达到了界面增强的效果；第四，自燃煤矸石与基体的强度和弹性模量相互匹配，变形协调作用对煤矸石桩混凝土强度的提高是有利的 。

除此之外，针对自燃煤矸石的物理性质做了初步的观察实验，实验表明自燃煤矸石具有相当的硬度且在风雨条件下不解理。

本文提议将煤矸石作为桩材料的主要出发点在于煤矸石有较好的吸水性，且具有一定的强度，能满足作为桩基材料的基本要求。首先，煤矸石桩的整体性好，地基的整体性也将大大提高，也使地基的固结时间大大缩短。其次，煤矸石的密度小，质轻，煤矸石对下层土体的附加应力也较小，沉降也大大减小，为保证原状土体创造了良好的条件。

根据砂井作用，可以论证煤矸石在土体中引起的效用如下。

在含水量较大的软弱土层中，排水是主要问题，砂石桩能够形成砂井进行排水，但是由于砂石的吸水率较低，不能较多地排出土质中的水，只能被动地使水向砂井中渗流，从而提高旁边土的地基承载力。本文选用的自燃煤矸石，其吸水率达到了9%，除了被动接受排水外，它本身的性质决定该煤矸石桩能够主动吸水，因此主动吸水和被动排水相结合，排水效果更好，被动吸水使得周边土的含水量加倍降低，地基承载力就会提高更多，土体质量改善得越完全，地基处理越趋于完全。而且煤矸石的吸水率大，使得土体的固结速度加快，为工程等待固结节省了时间，为缩短基础工期提供了保障。煤矸石为固体矿物废弃物，如果被重新利用，符合我国现阶段的绿色环保施工的理念。除了以上几点，自燃煤矸石的采用可以降低地基处理的经济成本。

4 结论与展望

综上所述，通过煤矸石的物理化学性质分析，理论上煤矸石桩可以代替碎石，而且煤矸石质量较轻，对于沼泽地可以减轻桩基础的重量。煤矸石代替砂石的优点多于砂石，是可以利用的材料。煤矸石如果能利用起来，既节省成本又保护环境，是一项好的研究项目。煤矸石作为桩基础的可行性和优势较为显著，是值得推广使用的。

强夯法处理湿陷性黄土地基的应用研究

陆法潭[1] 赵中华[2] 孙志民[3] 温华兴[4]

(1. 中冶沈勘工程技术有限公司，沈阳，110016
2. 沈阳建筑大学城市建设学院，沈阳，110167
3. 中国市政工程东北设计研究总院，长春，130021
4. 沈阳建筑大学土木工程学院，沈阳，110168)

摘要：根据朝阳地区某工程实践，分析了强夯法处理湿陷性黄土地基的效果，确定了最小单点夯击次数。

关键词：强夯法；湿陷性黄土；夯击能；湿陷系数

1 前 言

《湿陷性黄土地区建筑规范》(GB50025—2004) 首次将辽宁阜新、朝阳地区列入黄土边缘地区。我国黄土的研究主要集中在西部地区，对于辽西地区的涉及比较少，针对黄土地区的工程建设在我省尚无成熟的经验，其物理力学性质研究对我省的工程建设有着重要的意义。本文通过对朝阳地区强夯法处理湿陷性黄土地基的应用研究，主要对强夯法夯击能及夯击次数与夯击效果进行探讨，希望能对工程实践有所帮助。

2 场地条件

工程地处半干旱半湿润大陆性气候带，年平均降雨量487mm，降雨期主要在6—8月。场地位于黄土状亚粘土地区。根据地质勘察和试验结果进行统计，黄土状亚粘土厚度一般为4～12m，局部可达20m。具有表层土质、垂直裂隙及大孔隙发育等黄土特征，且含有水平条带状碎石或砾石，应多为次生黄土成因。在地貌上表现为天然边坡陡立、V形冲沟发育等特点。该地区黄土状亚粘土多具有Ⅰ—Ⅱ级非自重湿陷性，局部具自重湿陷性。

3 强夯法处理效果分析

该工程强夯法施工方案：强夯夯击点按间距4m的梅花形布置；锤重10.36t，落距9.6m，单击夯击能为1000kN·m。试验分为600，800，1000，1200，1600，2000kN·m共6种夯击能。每次夯击都在表面取4点，测量并记录。用水准仪观测夯击点沉降量，最后两击平均下沉量小于5cm即停止夯击。下面以夯击能1000kN·m为例说明其变化规律：

(1) 击数与夯沉量的关系

强夯试验包括单点夯击次数6击、8击、10击三组试验。

从图1和图2对比各点测量的夯沉量情况看，总夯沉量随夯击次数的增加而增加，夯击次数多，累计夯沉量大。单点夯沉量随夯击次数的增加而减少。

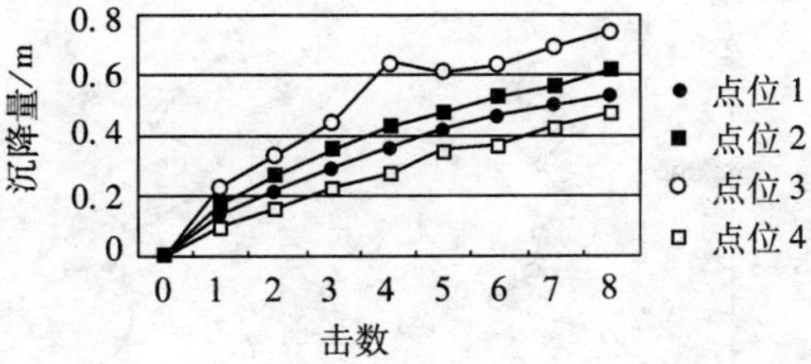

(a) 8 击

图 1 击数为 8 击时夯击量曲线

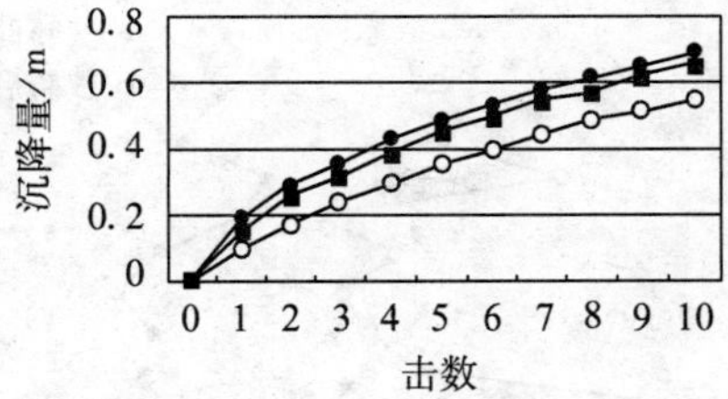

(b) 10 击

图 2 击数为 10 击时夯击量曲线

从单击夯沉量来说，第一击夯沉量最大，第二、三、四、五击夯沉量逐渐减少，至第六击夯沉量减少至 5cm 以下，第七、八、九、十击夯沉量继续减少，平均第八击、第九击、第十击的单击夯沉量分别为 3.9，3.9 和 3.8 ㎝。

按照规范《湿陷性黄土地区建筑规范》(GB50025—2004)，满足强夯地基处理需达到最后两击沉降量小于 5 ㎝的要求，夯击能为 1000kN · m 强夯的最小单点夯击次数应为 7 击，鉴于试验与实际施工的区别，建议最小单点夯击次数采用 8 击。

(2) 各物理力学指标与击数的关系

① 干密度的对比。由图 3 可以看出，6m 深范围内的土体的干密度均有了不同程度的提高，3 ~ 4m 深范围内干密度提高程度尤为显著。当击数为 10 击时，处理效果最为明显，而且干密度沿深度变化比较均匀，从上到下逐渐减小；当击数为 6 击时，干密度沿深度的变化规律不及 10 击时明显，其影响深度在 6m 之上。

② 孔隙比的对比。由图 4 可知，6m 深度范围内，土体的孔隙比均有所减小。当击数为 10 击时，处理效果最为明显，孔隙比沿深度变化比较均匀，由夯前的 0.8 左右减小至夯后的 0.5 ~ 0.65。当击数为 8 击时，孔隙比沿深度变化规律不及 10 击时明显，其影响深度在 6m 以上。

③ 压缩模量的对比。由图 5 可以看出，除了几个异常点外，6m 深度范围内夯后压缩模量较夯前均有较大程度的提高，当击数为 8 击时，处理效果最为明显，处理前的压缩模量只有 5.3 ~ 9MPa，而处理后大都是在 10MPa 以上。

④ 湿陷系数的对比。由图 6 可以看出，当击数为 6 击时，6m 深范围内，夯后土体的湿陷系数有明显的减小，但大都是大于 0.015，不能满足消除湿陷性的要求；当击数为 8 击时，夯后土体的湿陷系数大都小于 0.015，处理的效果明显，能消除湿陷性。

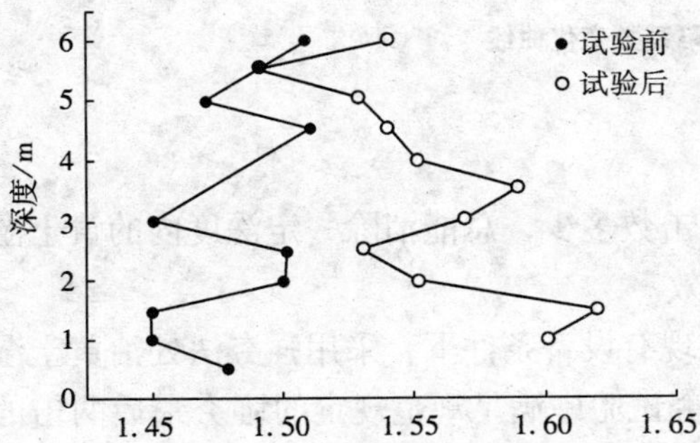

(a) 6 击

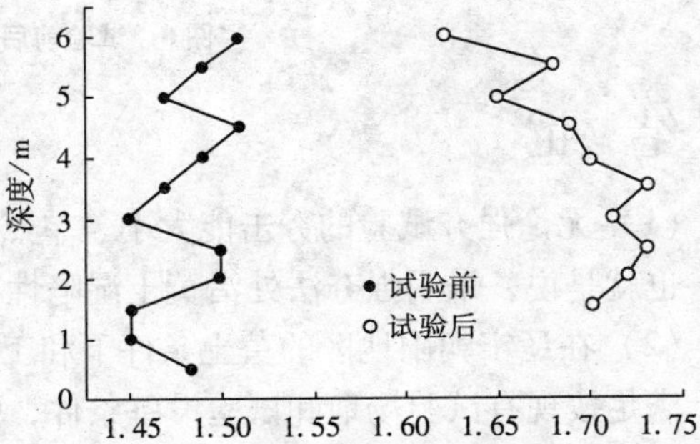

(b) 10 击

图 3 试验前后干密度变化曲线

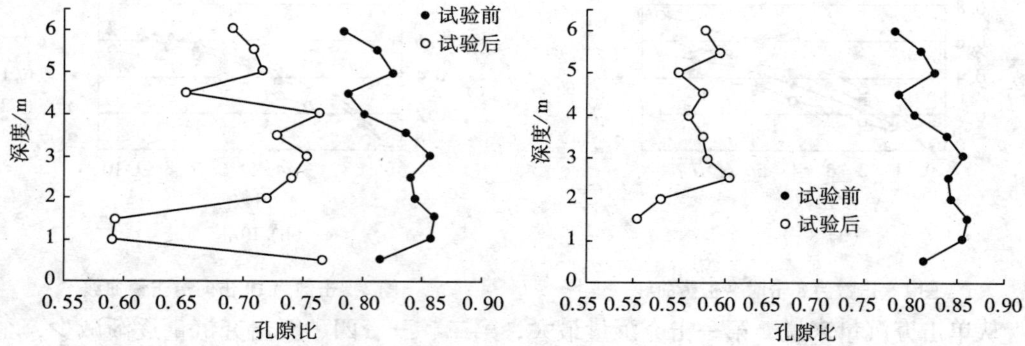

(a) 8 击　　(b) 10 击

图 4　试验前后孔隙比变化曲线

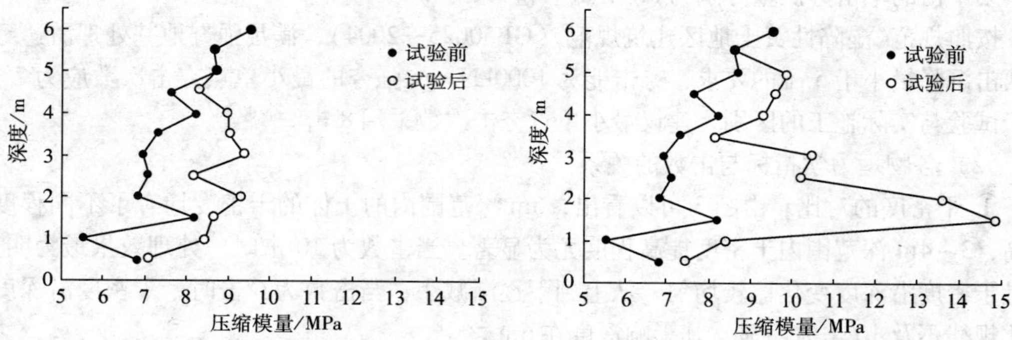

(a) 8 击　　(b) 10 击

图 5　试验前后压缩模量变化曲线

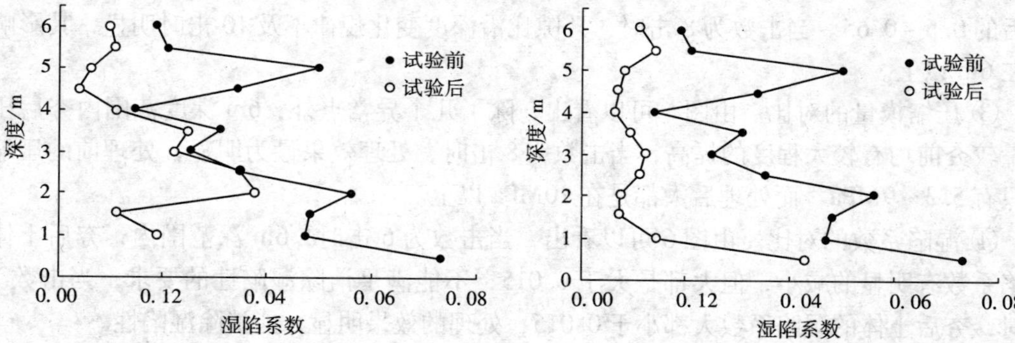

(a) 6 击　　(b) 8 击

图 6　试验前后湿陷系数变化曲线

4 结 论

（1）无论强夯试验的夯击能大小、单点夯击数多少，总能消除一定深度内的黄土湿陷性，也就是说，采用强夯法处治黄土湿陷性有效。

（2）在辽宁朝阳地区的黄土条件下和工地现有设备条件下，采用强夯法处治黄土湿陷性，满足按现有试验场地和试验设备条件，强夯试验中满足规范规定的强夯最后两击的平均夯沉量不宜大于5cm的要求，最小的单点夯击次数应为8 击。

（3）在同一场地条件、试验设备情况下，单点夯击次数的不同，处治的有效影响深度不同，单点夯击次数大，影响深度越大，但变化不大。

强夯法对周围建筑物的影响

霍新雯[1]　冯燕忠[1]　李翰文[2]

（1. 沈阳建筑大学土木工程学院，沈阳，110168
2. 中辽国际工程建设项目管理有限公司，沈阳，110000）

摘　要：本文叙述了沈阳市某地基强夯的振动监测，通过监测距强夯点不同距离处水平向地面运动加速度和速度峰值，得到了建筑物距强夯点的安全距离的方法。结果表明，在考虑强夯对建筑物影响分析中，采用地震烈度对建筑物危害标准进行评价是比较合适的。

关键词：强夯法；振动监测；加速度和速度峰值

1　引　言

强夯法是目前工程施工比较常用的地基加固技术，但是强夯过程中产生的巨大振动对周围建筑物的影响不可忽略，夯锤对地面施加的冲击能量，除了以压力的形式影响周围土体外，还以振动波的形式在土体里传播，振动波以体波和面波的波体系从夯点向外传播，在地基中会产生一个波场。体波包括纵波(也叫压缩波)和横波(也叫剪切波)，面波主要有瑞利波及洛浦波。纵波使土体受拉、压作用，能使孔隙水压力增加，导致土骨架解体，而随后到达的横波使解体的土颗粒处于更加密实状态[1]。面波携带的夯击能局限在地表层附近区域内传播，可使表层土体松动形成松弛区域，对建筑物产生的振动较大，为有害波。由于冲击波的作用引起地基土的挤密和表层的松弛变形，从而造成了地基土变形，地基土的变形必然影响了周围建筑物基础的安全。强夯振动对建筑物的影响的大小，不仅与强夯的有关工艺参数(如夯击能、夯点间距)有关，还与土体的组成及建筑物与夯点之间的距离有关。本文就建筑物距强夯点的安全距离展开研究，通过对实际工程的强夯点不同距离振动的监测，进而得出适于沈阳市普遍土质上距离强夯点建筑物的安全距离，并总结了一些有效措施来减小强夯对周围建筑物的影响。

2　工程概况

本次测试对华晨宝马汽车有限公司新建厂区5.3地块完成强夯区域进行振动监测，勘察场地位于沈阳市铁西区大潘镇赵家村、侯家村、小祝村。场地地形较平坦，高程26.34～31.78m，平均高程28.248m，场区西北部略高，原地貌为浑河冲积平原，由第四纪冲洪积形成。场地地基土在钻探深度内自上而下依次为覆土层0.2～0.7m，杂填土0.4～2.2m，粉质黏土0.6～5.7m，粉土0.4～2.9m，细砂0.7～3.8m，中砂0.3～8.4m，粗砂0.8～5.5m，砾砂0.3～5.7m。综合研究勘察场地的全部勘察资料认为：拟建场地是可进行建设的一般场地，建筑场地类别为Ⅱ类。

对场地的地基处理采用强夯，强夯设计为两遍点夯一遍普夯，点夯的夯击能为3000kJ，夯点呈正方形布置，间距为3.5m，普夯单点夯击能为1000kJ。强夯过程中使用夯锤重为20t，落差15m。

3 振动监测

3.1 监测项目

以往的经验表明，采用地震烈度作为强夯对建筑物危害的评价标准是很合适的[2-4]。《中国地震烈度表》（GB/T17742—1999）给出了振动影响建筑物的最小水平向地面运动峰值加速度为22cm/s^2，最小峰值速度为2cm/s。本次监测通过对水平向振动加速度和速度的测定，来确定强夯对周围建筑物影响的安全距离。

因此，本次监测的主要项目是对距夯击点不同距离的水平振动加速度和速度进行测定，测试距夯点10m，20m，30m，40m地面下1m的振动频率、振幅、波速，并根据需要画出振动的加速度、速度及位移随距离的变化曲线。

2.2 监测点布置及监测方法

本次监测的布置图如图1所示，图中也相应地标出了检波器的标高。

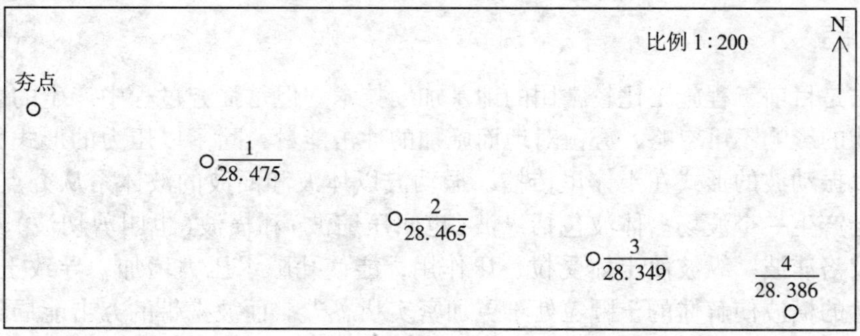

图1 监测点平面图

分别测试距夯点10m，20m，30m，40m处地面下1m的振动频率、振幅、波速。测试仪器：RSM24FD多功能测试仪及配套设施一套。在每一测试点布置垂直检波器，将传感器与RSM24FD多功能测试仪相连接，测试各监测点频率、速度及位移，记录各测点的时程曲线。

3.3 监测结果

经测试，得出各测点加速度、速度、位移及频率成果见表1。

表1 不同测点处监测结果

测点	加速度最大值 a/(m/s^2)	速度最大值 v/(cm/s)	位移最大值 d/cm	频率/Hz
1	7.77	4.62	5.77	16.71
2	4.36	3.20	2.37	16.10
3	2.50	1.90	0.79	15.74
4	1.35	1.20	0.25	15.14

根据表 1 的监测数据，可以得到振动的加速度、速度及位移随距离的变化曲线，见图 2。

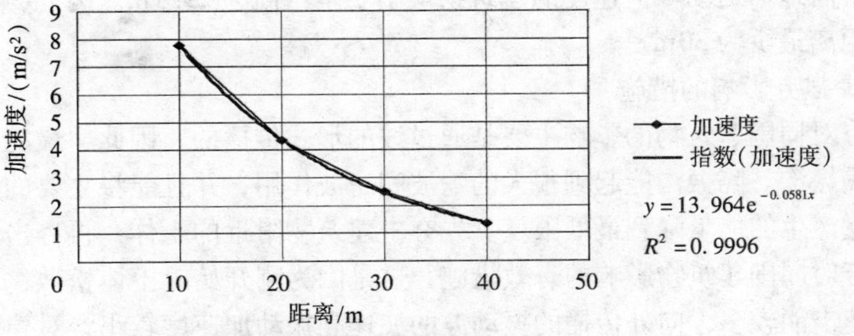

(a) 加速度随距离变化的曲线

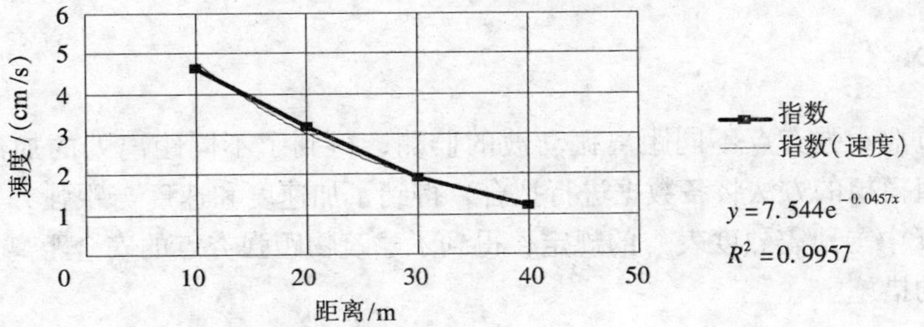

(b) 速度随距离变化的曲线

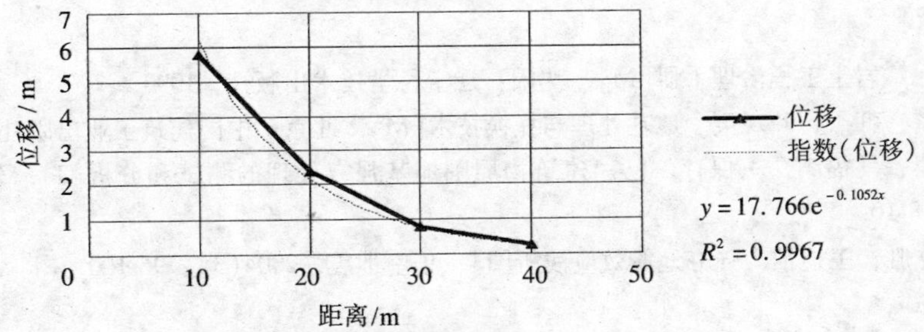

(c) 位移随距离变化的曲线

图 2　振动的加速度、速度及位移随距离的变化曲线

对振动的加速度、速度及位移随距离的变化曲线进行拟合，得到了拟合后的曲线，如图 2 中各个图中的细线，各曲线的表达式如下。

加速度随距离变化的衰减关系式为

$$y = 13.964e^{-0.0518x} \tag{1}$$

速度随距离变化的衰减关系式为

$$y = 7.544e^{-0.0457x} \tag{2}$$

位移随距离变化的衰减关系式为

$$y = 17.766e^{-0.1052x} \tag{3}$$

4　建筑物的安全距离与工程措施

(1) 建筑物的安全距离

根据《中国地震烈度表》，振动影响建筑物的最小水平向地面运动峰值加速度为

$22cm/s^2$，最小峰值速度为 2cm/s。将其分别带入式(1) 和式(2)，得到根据振动影响建筑物的最小水平向地面运动峰值加速度的建筑物最小安全距离为 8.7m，根据振动影响建筑物的最小水平向地面运动峰值速度的建筑物最小安全距离为 29.1m。因此，夯击能量对建筑物的安全距离最少为 30m。

（2）减少强夯影响的措施

由于强夯对周围建筑物的影响主要是通过波的形式传播的，因此，最能降低其影响的措施为设置隔振沟。隔振沟能起到很大的消波和滤波作用，并且能将主要的危害波即振动波的水平分量产生的能量降到最低限度。先夯击建筑物附近的土体，再夯击远处的，也是一种降低强夯对周围建筑物影响的有效措施，这是因为刚开始时土体松散，土体的阻尼比大，吸收的夯击能较多，向外传播的振动波的波速和振动加速度较小，对建筑物的安全影响也就较小。

5 结 论

本文通过对距强夯点不同距离振动波的监测，得到了不同距离处的加速度和速度峰值，并用数值模拟的方法将各数据进行拟合，得到了加速度和速度与距强夯点距离的关系式，并根据《中国地震烈度表》的规定，得到了建筑物距强夯点的安全距离，并总结了减少强夯影响的措施。

参考文献：

[1] 林宗元. 岩土工程治理手册[M]. 沈阳：辽宁科学技术出版社，1993.

[2] 叶书麟，韩杰，叶观宝. 地基处理与托换技术[M]. 北京：中国建筑工业出版社，1994.

[3] 顾渭建，马福满，王保存. 已建建筑物周围地基强夯处理的测试和分析[J]. 建筑结构，1997(9)：8-10.

[4] 欧阳立胜，王迪洁. 强夯地震效应浅析[J]. 华南地震，2004(3)：96-100.

沈阳地铁某输变电所深层处理压实填土工程

王锡谦 张恒兵 刘升传 廖 勇 刘 欣

（沈阳市勘察测绘研究院，沈阳，110004）

摘 要：本文介绍了沈阳地铁某输变电所深层处理压实填土的具体工程实践。实践结果表明：采用压路机与振动夯实器相结合的方法处理压实填土，可以满足设计对压实填土的一般技术要求。自制大环刀对于大颗粒级配砂土填土的检测是一种有效可行的方法。

关键词：压实填土；深层处理；地铁隧道；大环刀

1 工程概况

随着城市建设的飞速发展，城市建设用地越来越紧张，城市地铁成为大中城市交通工程建设的重要选择。沈阳地铁某输变电所拟建在隧道中。该段地铁为明挖法施工，地铁隧道顶板至变电所基础基底处采用压实填土进行处理。场地长约35m，宽约16.5m，该输变电所为3层，拟采用浅基础。

地铁隧道上基坑已经开挖，现场所见地基土南侧、西北角为中砂层，南侧和北侧各有一排东西走向的护坡桩，场地西北部留有混凝土底板，其他段为回填土，成分主要为中砂，局部含混凝土碎块、碎砖等。坑底距自然地面约6.1m。

2 压实填土技术方案

2.1 对压实填土的技术要求

综合拟建物荷重和地铁隧道顶板允许承重荷载，并考虑地基变形、地基稳定性，对分层压实填土的技术要求见表1。

表1 压实填土地基技术指标

	承载力特征值/kPa	压实系数
分层压实填土	≥180	≥0.95

2.2 填料组成

压实填料选用级配砂石，为碎、卵石掺入中粗砂，搅拌均匀。填料的颗粒分析结果见表2。

表2 填料的颗粒分析结果

频数	颗粒分析结果/%					
	$d=50\sim20$mm	$d=20\sim2$mm	$d=2\sim0.5$mm	$d=0.5\sim0.25$mm	$d=0.25\sim0.075$mm	$d<0.075$mm
36	41	19	17	14	4	5

2.3 施工技术要求

（1）因基坑底部为地铁隧道顶板，设有防水层，且上部回填中含砾粗砂。为避免破坏地铁隧道顶板防水层，可保留约50cm厚的填土层，直接进行碾压夯实，经检测合格后再进行分层压实填土，其余填土全部清除。

（2）根据现场反复试验、原位测试及室内击实试验结果确定施工方法：填料为级配砂石，控制填料含水量为8.4% ±2%，压实系数不低于0.95；机械采用18t压路机与振动夯实器相结合；虚铺厚度0.2m，压实、夯实遍数为先用18t压路机碾压4~6遍，再用振动夯实器夯实4~6遍；铺、碾压、夯实三次进行一次检测。

（3）人工级配砂石应拌和均匀后，再进行铺填夯实。

（4）施工时下层的密实度经检验合格后，方可进行上层施工。

（5）下雨期间进行压实填土施工时，应采取防水、排水措施。

2.4 检查与检测

在施工过程中和每层压实填土均要进行质量检测。每层压实填土检测合格后，才可进行下一次填土铺填。检测方法如下：

（1）用室内击实试验等方法确定压实填土的最优含水量和最大干密度；

（2）用自制大环刀现场取样法检测压实填土的压实系数；

（3）通过现场试验以设计压实系数对应的贯入度为标准检验压实填土的施工质量；

（4）大环刀法取样和轻型动力触探法检测点在场地范围内均匀分布；

（5）用轻型动力触探检测压实填土的地基承载力特征值。

3 检测结果

3.1 含水量、干密度

工程共分12层、108点进行检测，检测数据见表3。

表3 各层含水量、干密度、压实系数一览表

层号	1	2	3	4	5	6	7	8	9	10	11	12
含水量/%	8.40	8.69	8.81	8.81	9.15	6.51	7.53	7.38	7.01	7.65	10.6	9.48
干密度/(g/cm^3)	1.96	1.96	1.96	1.96	1.96	1.96	1.95	1.97	1.96	1.96	1.95	1.96
压实系数	0.96	0.96	0.96	0.96	0.96	0.96	0.95	0.96	0.96	0.96	0.95	0.96

3.2 轻型动力触探

工程共分12次、108点进行测试，轻型动力触探测试结果见表4。

表 4 轻型动力触探测试成果表

项　目	统计值
统计个数	364
平均值	27.5
标准差	2.6
变异系数	0.10
标准值	27.3

检测结果表明，压实填土地基承载力特征值满足设计要求(不小于 180kPa)。

4 结　语

本工程已竣工使用数年，地基处理达到了预期的设计效果。

(1) 压路机与振动夯实器相结合处理压实填土，是可以满足设计对压实填土的一般技术要求。

(2) 自制大环刀对于大颗粒级配砂土填土的检测是一种有效可行的检验方法。

沈阳地区两种常用地基处理方法

刘欣 廖勇 刘升传

（沈阳市勘察测绘研究院，沈阳，110015）

摘　要：本文简单介绍了沈阳地区常见的两种地基处理方法，结合沈阳地区工程特点，对这两种地基处理方法的适用范围、设计要点和施工要点进行简单的描述和总结。

关键词：地基处理；浅层处理法；换填垫层；桩处理法；CFG桩

1 换填垫层法

1.1 适用范围

换填垫层法是沈阳地区最常用的浅层地基处理方法之一。通常就是通过挖掘的方式，将地面以下比较浅的软土层挖除，然后换填性能比较稳定，强度比较高，压缩性比较低，承载力比较高的碎石、卵石等材料。在换填的过程中通过分层碾压等方式，提高地基承载力、减少地基沉降量等，满足工程的设计要求。换填法一般用于浅层软弱地基及不均匀地基的处理，常用于杂填土、暗沟、低洼的水源地等浅层软土地区。因能就地取材，既安全又经济，被广泛地应用于厂房和多层的建筑中。

1.2 设计要点

沈阳地区常用垫层材料主要为砂垫层和碎石垫层。其设计的主要内容是确定垫层断面合理的厚度和宽度。对于换填垫层，既要求有足够的厚度置换可能被剪切破坏的软弱土层，又要有足够的宽度以防止垫层向两侧挤动。

垫层的厚度必须满足在建筑物荷载作用下垫层本身不应产生冲剪破坏，同时通过垫层传递至下卧土层的应力也不会使下卧层产生局部剪切破坏，即应满足对下卧层验算的要求：

$$P_z + P_{cz} \leqslant f_{az} \tag{1}$$

式中，P_z——相应于荷载效应标准组合时，垫层地面处的附加压力值(kPa)；

P_{cz}——垫层底面处土的自重压力值(kPa)；

f_{az}——垫层底面处经深度修正后的地基承载力特征值(kPa)。

计算时，先假设一个垫层的厚度，然后用公式验算。如不符合要求，则改变厚度重新计算，直到满足设计要求为止。一般垫层的厚度为1~2m，垫层太薄(小于0.5m)作用不明显，太厚(大于3.0m)则施工太困难。

垫层的宽度一方面要满足应力扩散的要求，另一方面要防止垫层向两边挤动。沈阳地区常用的计算方法为扩散角法，一般按下式确定：

$$b' \geqslant b + 2z\tan\theta \tag{2}$$

式中，b'——垫层底面宽度；

b——基础底面的宽度；

θ——压力扩散角，当 $z/b<0.25$ 时，取 20°；当 $z/b>0.50$ 时，取 30°；当 $0.25\leqslant z/b\leqslant0.50$ 时，可按 20°~30°数据内插确定。

整片垫层底面的宽度可根据施工的要求适当加宽。垫层顶面宽度可从垫层底面两侧向上，按基坑开挖期间保持边坡稳定的当地经验放坡确定。垫层顶面每边超过基础底边不宜小于 300mm。

1.3 施工要点

（1）基坑开挖时应避免坑底土层受扰动，可保留约 200mm 厚的土层暂不挖除，待铺填垫层前再挖至设计标高。严禁扰动垫层下的土层，防止其被践踏、受冻或受水浸泡。在碎石或卵石垫层底部宜设置 150~300mm 厚的砂垫层，以防止土层表面的局部破坏，同时必须防止基坑边坍塌土混入垫层。

（2）垫层底面宜设在同一标高上，如深度不同，基坑底土面应挖成阶梯或斜面坡搭接，并按先深后浅的顺序进行垫层施工，搭接处应夯压密实。

（3）换填垫层施工应注意基坑排水，不得在浸水条件下施工，必要时应采取降低地下水的措施。

（4）垫层的施工方法、分层铺填厚度、每层压实遍数等宜通过试验确定。除接触下卧软土层的垫层底部应根据施工机械设备及下卧土质条件确定外，在一般情况下，垫层的分层铺填厚度应取 200~300mm。为保证分层压实质量，应控制机械碾压速度。

2 CFG 桩法

2.1 适用范围

CFG 桩法是沈阳地区最常用的桩处理法之一。CFG 桩全称为水泥粉煤灰碎石桩，是由碎石、石屑、砂和粉煤灰掺适量水泥加水搅拌，用各种成桩机械在地基中制成的强度等级为 C5~C25 的桩。桩和桩间土及褥垫层一起构成复合地基，共同承担上部建筑物的荷载。其适用于黏性土、粉土、砂土和正常固结的素填土地基中，可以有效地提高地基承载力，减少地基变形，被广泛地应用于多层甚至高层的建筑中。

2.2 设计要点

CFG 桩一般只在基础范围内布置，沈阳地区桩径一般选择 350~600mm，桩距主要根据设计单位要求的复合地基承载力、土性、施工工艺等确定，一般取 3~5 倍桩径。桩顶和基础之间的褥垫层厚度一般取 150~300mm。

CFG 桩复合地基承载力特征值主要应该通过现场载荷试验确定，沈阳地区可根据下面的经验公式进行估算：

$$f_{spk}=mR_a/A_p+\beta(1-m)f_{sk} \tag{3}$$

式中，f_{spk}——复合地基承载力特征值(kPa)；

m——面积置换率；

R_a——单桩竖向承载力特征值(kN)；

A_p——桩的截面积(m^2)；

β——桩间土承载力折减系数，沈阳地区一般取 0.75~0.95；

f_{sk}——桩间土承载力特征值(kPa)，沈阳地区一般取天然地基承载力特征值。

单桩竖向承载力特征值 R_a 的取值，主要是通过单桩载荷试验确定。沈阳地区一般按下面经验公式估算：

$$R_a = U_p \sum_{i=1}^{n} Q_{si} L_i + Q_p A_p \tag{4}$$

式中，U_p——桩的周长；

n——桩长范围内所划分的土层数；

Q_{si}，Q_p——桩周第 i 层土的侧摩阻力和桩端端阻力特征值(kPa)；

L_i——第 i 层土的厚度。

桩身材料及桩体强度的确定，沈阳地区桩身材料一般选用商品混凝土，桩体混凝土强度根据下式计算：

$$F_{cu} \geqslant 3(R_a/A_p) \tag{5}$$

式中，F_{cu}——桩体混合料标准养护28天立方体抗压强度平均值(kPa)。

根据我国现行规范要求，复合土层的分层与天然地基相同，各复合土层的压缩模量等于该层天然地基压缩模量的 ξ 倍，ξ 值按公式 $\xi = f_{spk}/f_{ak}$ 确定。地基变形计算深度应大于复合土层的厚度，并且满足规范中关于地基变形计算深度的规定。

2.3 施工要点

CFG桩的施工应根据现场具体条件选择不同的施工工艺。沈阳地区一般常用长螺旋钻孔灌注成桩或长螺旋钻孔结合管内泵压混合料灌注成桩这两种工艺。前一种工艺主要应用于地下水水位以上的黏性土、粉土、素填土和中密以上的砂土；后一种则适用于黏性土、粉土、素填土、砂土和对噪声或泥浆污染要求严格的场区。这两种施工工艺的要点基本相同，主要为以下几点。

(1) 基础埋深较大时，应在基坑开挖后的工作面上施工，工作面应高出桩顶设计标高300~500mm。基坑较浅在地表打桩或部分开挖打桩空孔较长时，应加大保护桩长，并严格控制桩位偏差和垂直度。

(2) 软土地基中施工应通过掺加减水剂、泵送剂制备泵送性能好坍落度较低的混合料，以防止桩体自身坍落发生断桩或充盈系数过大。

(3) 桩体配比碎石粒径最大不应超过25mm，粉煤灰选用Ⅱ级或Ⅲ级细灰，每立方米掺量以70~90kg为宜。

(4) 桩端为饱和粉土、砂土和卵石层时，应选用下开式专利钻头，以防止钻头活门打不开，桩端有虚土不能有效发挥土的端阻。

(5) 桩径400mm时提钻速度宜为2.5~3.5m/min，桩径增大钻头活门断面应相应增大，若桩径增大而钻头活门断面不变时应相应降低提钻速度。

(6) 长螺旋钻孔结合管内泵压混合料灌注成桩施工工艺严禁先提钻后灌料。

(7) 打桩弃土和预留保护层可采用人工清除或机械人工联合清除方案。截桩头宜用无尺锯在有效桩顶标高处切深10~20mm的圆环，再用两钢钎相对同时敲击断桩。清土、截桩体以后禁止对桩间土有扰动的施工设备在施工场地内通行，防止产生“橡皮土”。

(8) 施工过程中，应随机选取具有代表性的混合料制作试块(边长为150mm的立方体)并捣实，送实验室前应在现场按标准养护条件对试样进行养护，避免养护条件不标准而导致试验结果不能有效反映桩体的真实强度。

基坑开挖对单桩及群桩回弹位移的影响分析

卫凌云[1] 陈 丹[2]

（1. 中国建筑东北设计研究院有限公司，沈阳，110006
2. 沈阳波森特岩土工程有限公司，沈阳，110006）

摘 要：基坑开挖后坑底土体回弹，将会带动坑内基桩回弹，并在桩侧产生侧摩阻力。本文采用三维有限元对单桩及群桩在基坑开挖条件下的回弹位移进行了分析。分析结果表明，基桩在基坑开挖条件下的回弹位移分为桩侧土体回弹引起的基桩回弹和下卧层回弹导致的基桩回弹两部分。由于群桩外侧桩的遮帘效应，中心桩的回弹位移小于外侧桩，中心桩桩侧摩阻力的发挥量也小于外侧桩。随下卧层相对刚度 E_b/E_c 的变大，5×5 群桩回弹位移相对减小量 W_r 变大，且 W_r 的变化与桩位置有关。对 3 种不同构形群桩的分析结果表明，群桩桩数越多，遮帘效应越明显，W_r 受桩数的影响大于受桩间距的影响。

关键词：基坑开挖；回弹位移；单桩；群桩

1 引 言

随着我国国民经济的日益发展，一方面高层和超高层建筑物的建设呈现迅猛发展的势头，基坑开挖的深度和规模越来越大；另一方面，高层建筑多需要采用桩基础，受施工限制，坑内基桩需在基坑开挖前完成，基坑开挖后，桩周土体应力场和位移场发生改变，坑内土体将产生卸荷回弹，通过桩土界面的荷载传递带动桩上移。桩身上部表现为桩周土体的回弹位移大于桩的位移，桩身承受向上的正摩阻力作用，桩身下部表现为土体位移小于桩的位移，对桩产生向下的负摩阻力，桩在正、负摩阻力的作用下产生回弹位移，并在桩身产生拉力。由此可见，基坑开挖对坑内基桩将产生三个方面的影响。

① 导致坑内基桩回弹。对于采用逆作法施工的地下结构来说，随坑内土体的分步开挖，基桩产生回弹，其回弹量将对结构的不均匀沉降及受力特性产生影响。

② 导致桩土界面产生相对位移，桩侧将产生初始侧摩阻力。正常状态下基桩侧摩阻力的发挥过程为由桩顶至桩底逐步发挥，初始侧摩阻力的存在对基桩在受荷过程中摩阻力的发挥过程产生很大的影响，从而影响基桩承载性状。

③ 坑内土体卸荷导致桩土界面法向应力的降低，从而降低基桩极限承载力。本文针对前两个方面的影响进行探讨。

目前基坑开挖对坑内基桩受力及变形特性的影响研究较少，文献[1]研究了不同开挖宽度和埋置深度条件下的抗拔桩极限承载力；文献[2]研究了基坑开挖对抗拔桩及抗压桩桩周侧摩阻力分布、极限承载力及刚度的影响。以上研究集中于基坑开挖对单桩的极限承载力及受力性状影响的分析，并未关注基坑开挖对基桩回弹位移的影响，也未考虑群桩效应的影响。由于群桩的遮帘效应，群桩中基桩的受力及变形特性与单桩有很大差异。本文采用有限元方法首先对单桩在基坑开挖条件下的回弹位移进行了分析，探讨了不同开挖深度、桩土相对刚度及下卧层相对刚度对单桩回弹位移的影响；其次对5×5群桩在基坑开挖条件下的回弹位移进行了分析，研究了群桩遮帘效应对基桩回弹位移、桩土相对位移及桩侧摩阻力发挥量的影响；最后研究了下卧层相对刚度及群桩构形对群桩遮帘效应的影响。

2 有限元模型及材料参数

2.1 有限元模型

本文采用三维有限元程序对基坑开挖条件下的单桩及群桩回弹位移进行分析。图1(a)和(b)所示为单桩和群桩的有限元网格图，根据对称性，取模型的1/4进行计算。图中基坑开挖深度为10m，开挖宽度40m，单桩及群桩的桩长(开挖后基坑底面以下桩长)均为40m，下卧层厚度20m。桩为方桩，桩边长$d=0.8$m，5×5群桩的桩中心距为$3d$。图2为5×5及3×3群桩中各桩的编号。

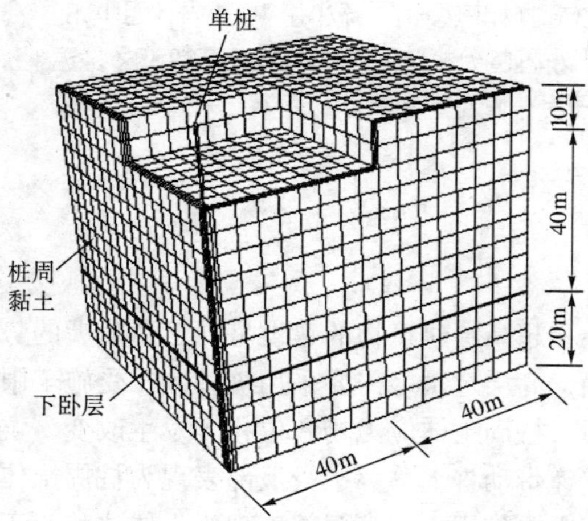

(a) 单桩

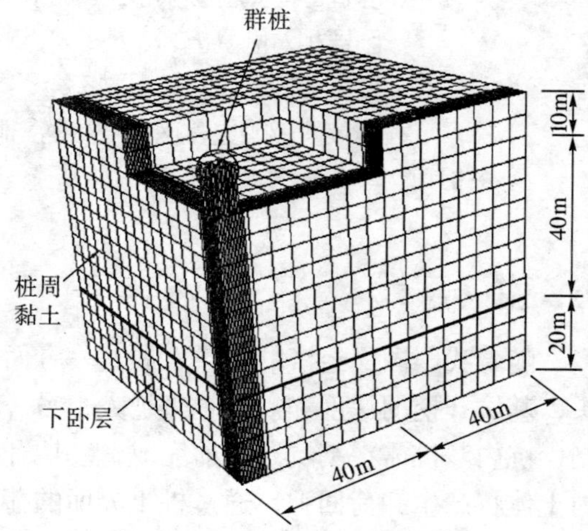

(b) 群桩(5×5,桩间距$3d$)

图1 有限元网格图

(a) 5×5群桩

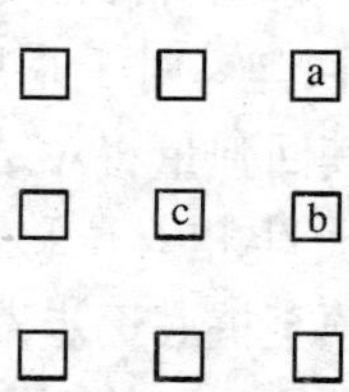

(b) 3×3群桩

图2 群桩中桩的位置

在参数分析中，采用了不同的开挖深度及不同桩数、桩间距的群桩，表1给出了详细的分析类型。

表1 有限元分析类型

分析类型	桩长/m	桩	开挖深度/m
S1	40	单桩	10，15，20
S2	40	单桩	10，15，20
G1	40	5×5，3*d*	10
G2	40	5×5，3*d*	10
G3	40	5×5，5*d*	10
G4	40	3×3，3*d*	10

S1和S2用于单桩回弹位移的分析。S1：端承桩桩周土刚度变化对单桩回弹位移的影响；S2：不同下卧层刚度对单桩回弹位移的影响。G1～G4用于群桩回弹位移的分析。G1：群桩遮帘效应对回弹位移的影响；G2：下卧层刚度对遮帘效应的影响；G3和G4：群桩构形对遮帘效应的影响。在分析过程中，地下水水位取为地表处。

2.2 本构模型及材料参数

在有限元分析中桩采用线弹性模型；桩周为黏土，桩端下卧层为砂土，均采用M－C模型。根据SSI试验可知，桩土界面处存在极限剪应力，极限剪应力的大小与法向应力成正比，达到极限剪应力所需要的桩土相对位移是很小的，通常为几毫米，且该极限相对位移受土质、法向有效应力的影响不大[3]，桩土界面的剪切刚度随土的强度增加而增加。本文采用Alonso等[3]提出的极限剪应力和极限相对位移的比值定义为桩土界面剪切刚度，即$k_s=\tau_u/\Delta_u$，如图3所示。桩土间极限剪切位移Δ_u取为5mm，桩土界面极限剪切强度为$\tau_u=\mu\cdot\sigma_n$，σ_n为桩土界面法向接触压力，μ为界面摩擦系数。参考Tsubakihara等[4]和Indraratna等[5]的试验结果，取$\mu=0.35$。

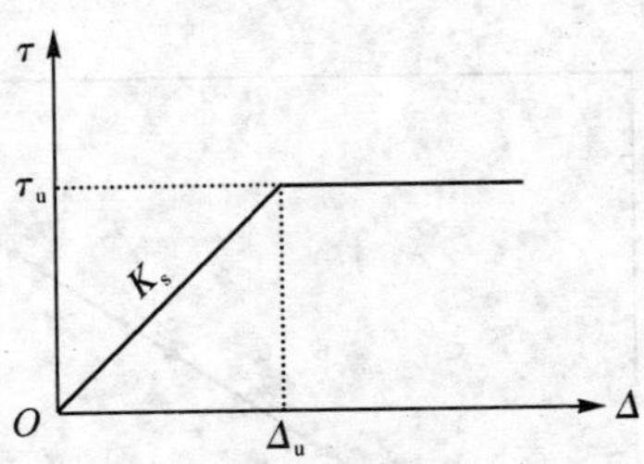

图3 桩土界面剪应力与相对位移的关系曲线

基坑开挖的过程中，坑内土体的应力路径为竖向和水平向均卸荷，且竖向卸荷程度远大于水平向卸荷程度，在数值分析中土体模量应参照实际应力路径取卸荷模量。刘国彬等[6]对上海多种黏土进行大量卸荷试验，卸荷模量为6～130MPa，魏鉴栋[7]对杭州砂质粉土进行了多组卸荷试验，卸荷模量为80～290MPa。参考以上试验结果，在参数分析中桩周土层的卸荷模量取3～300MPa，下卧层与桩周土层模量比E_b/E_c变化范围为1～100。有限元分析中的材料参数见表2。

表2　有限元分析中的材料参数

分析类型		ν	$\gamma'/(\mathrm{kN/m^3})$	c'/kPa	$\varphi'/(°)$	E_p/GPa	E_c/MPa	E_b/MPa
	桩	0.2	15					
S1	桩周土	0.3	8	5	20	30	3~300	∞
	下卧层	0.3	8	0.1				
S2						30	30	30~3000
G1						30	30	300
G2			同上			30	30	30~3000
G3						30	30	300
G4						30	30	300

注：E_p，E_c，E_b 分别为桩身、桩周土及下卧层的模量。

E_c（MPa，S1）：3，3.75，5，7.5，15，300；

E_b（MPa，S2 和 G2）：30，90，180，300，900，1800，3000。

3　基坑开挖对单桩回弹位移的影响分析

3.1　端承桩回弹位移分析

对桩侧土体刚度变化时端承桩在基坑开挖条件下的回弹位移进行分析，图 4 所示为端承桩的无量纲回弹位移 $WE_p/\Delta_p d$[8] 和桩土相对刚度 E_p/E_c之间的关系图。式中，W 表示单桩桩顶回弹位移，d 为桩边长，Δ_p 为由于开挖引起的土体卸荷量。计算过程中 E_p保持不变，E_c的取值范围为 3~300MPa，E_p/E_c变化范围为 100~10000。详细参数见表 1 和表 2 中的分析类型 S1。由图中可以看出，无量纲桩顶回弹位移随桩土相对刚度 E_p/E_c的变大而线性增长。对于端承桩，由于桩端土体不会产生回弹，桩身回弹由桩周土体回弹所带动，其回弹量由桩周土体卸荷模量所控制，表现为桩顶回弹位移随桩侧黏土卸荷模量增大而线性减小。

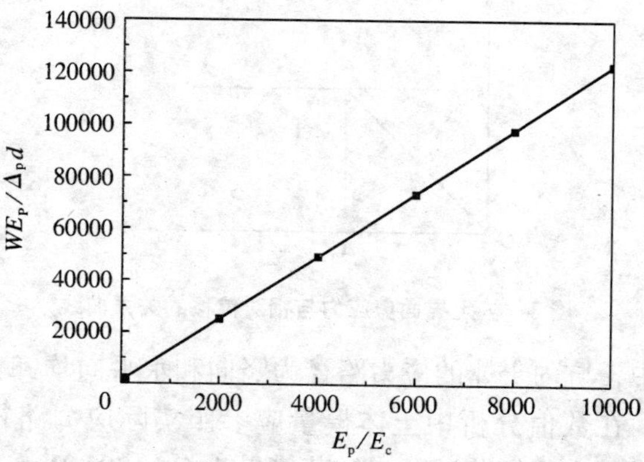

图 4　无量纲回弹位移随 E_p/E_c 变化图

3.2　下卧层相对刚度 E_b/E_c 对单桩回弹位移的影响

对基坑开挖条件下下卧层刚度变化时单桩回弹位移进行分析，图 5 所示为无量纲回弹位移 $WE_p A/\Delta_p L^3$[9] 随下卧层相对刚度 E_b/E_c 的变化图。式中，A 为桩横截面积，L 为桩长。分析过程中桩侧黏土卸荷模量 $E_c = 30\text{MPa}$，桩端下卧层卸荷模量 E_b 为 30 ~ 3000MPa ($1 \sim 100E_c$)。详细参数见表 1 和表 2 中的分析类型 S2。由图中可以看出，无量纲回弹位移 $WE_p A/\Delta_p L^3$ 随 E_b/E_c 的变大而迅速变小，当 $E_b/E_c > 10$ 时，回弹位移减小速度变慢。由此可见，桩端下卧层的回弹位移显著影响着基桩回弹位移，当下卧层模量足够大($E_b/E_c > 10$)后，卸荷回弹量变化较小，基桩回弹位移主要受桩周土体模量影响。由以上结果可以看出，坑内基桩的回弹位移可分为两部分，一部分是由于桩侧土体回弹而引起的基桩回弹，另一部分是由于桩端土体回弹导致的基桩回弹。

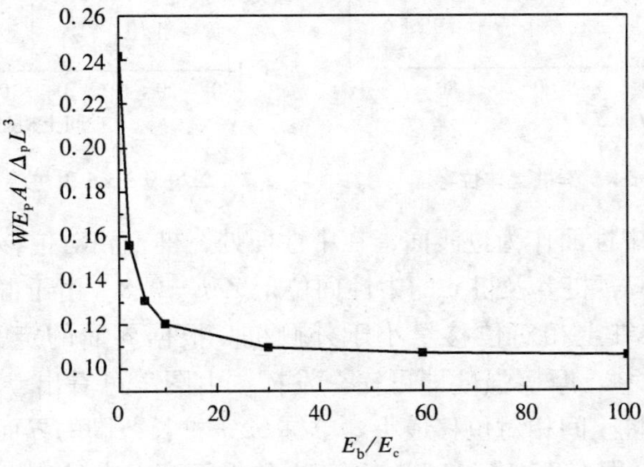

图 5 无量纲回弹位移随 E_b/E_c 变化图

4 基坑开挖对群桩回弹位移的影响分析

4.1 5×5 群桩相互作用效应分析

为了对群桩效应进行分析，建立了 5×5 群桩模型，群桩中桩间距为 $3d$，详细参数见表 1 和表 2 中的分析类型 G1，桩 a，b，c 的位置见图 2。图 6 所示为单桩及群桩桩顶位移及桩侧土体位移随相对深度 Z/L 变化图，Z 为开挖后的基坑底面以下深度，L 为桩长，土体位移为桩土界面上的平均土体位移。桩顶位移及土体位移均用最大土体位移 S_0 无量纲化。S_0 指对无桩时的基坑开挖建立有限元分析模型，计算得到的最大土体回弹位移，$S_0 = 88\text{mm}$。

由图中可以看出，对于单桩，地表处桩土界面上的土体位移为土体最大位移 S_0 的 96%；对 5×5 群桩，地表处桩土界面上的土体位移为土体最大位移 S_0 的 32% ~55%，由于桩的存在，大大约束了土体的回弹位移，越靠近群桩中心，土体回弹位移越小。土体回弹后，桩土界面将产生相对滑移，导致桩顶位移远小于土体位移。单桩桩顶位移为土体最大位移的 36%，而群桩桩顶位移为土体最大位移的 21% ~27%。由于群桩的遮帘作用，外侧桩的回弹位移将大于内侧桩，桩 a，b，c 的回弹位移分别为单桩的 73%，62% 和 58%。桩底处土体位移约为最大土体位移的 10%。

图 7 所示为单桩及群桩桩土相对位移图，桩土相对位移量均用 S_0 无量纲化。正相对位移表示土体的回弹位移大于桩的回弹位移，在桩周产生正摩阻力；反之，负相对位移表示土体回弹位移小于桩的回弹位移。不同的相对位移量将引起不同程度的桩侧摩阻力发挥量。由图中可以看出，桩周上半部分土体回弹量大于桩回弹量，而下半部分土体回弹量小

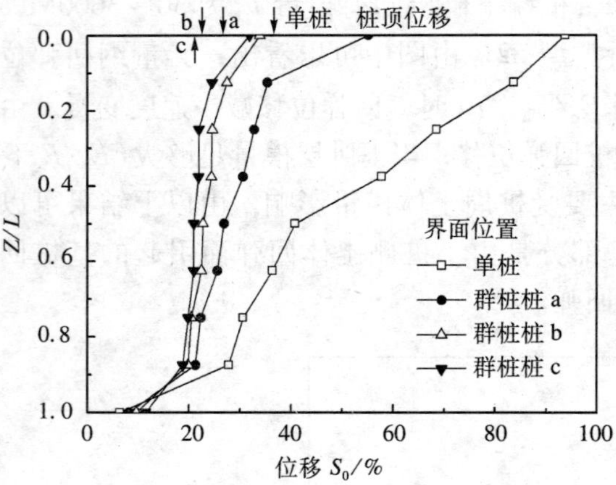

图6 单桩及5×5群桩土体位移图

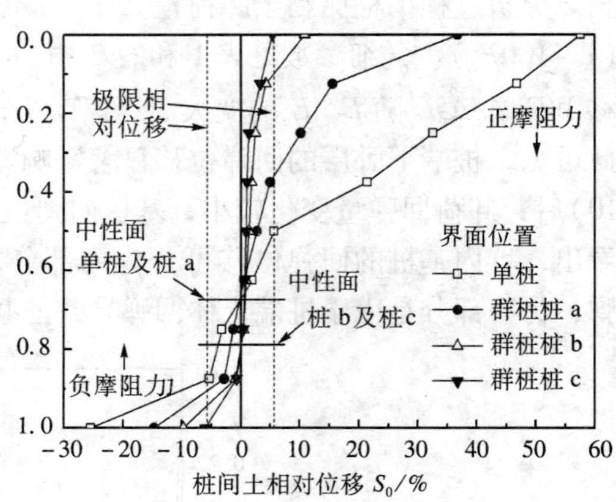

图7 单桩及5×5群桩桩土相对位移图

于桩回弹量，二者以中性面作为过渡面，在中性面处，桩土相对位移为零。单桩及桩 a 的中性面位于 $Z/L=0.67$，桩 b 及桩 c 的中性面位于 $Z/L=0.8$。由于群桩的遮帘作用，在相同深度处，中心桩的桩土相对位移量小于外侧桩。根据界面的定义，桩土相对位移达5mm 时界面将产生滑移，摩擦强度即可完全发挥。由图 7 可看出，单桩桩土间相对位移最大，群桩中心桩处桩土间相对位移最小。单桩 62% 桩长范围的界面摩阻力已达极限，对 5×5 群桩，桩 a，b 分别有 45%，16% 桩长范围的界面摩阻力已达极限，桩 c 整个桩长范围内界面摩阻力均未达极限。

为了更直观地研究群桩遮帘效应对桩侧摩阻力发挥的影响，绘制桩侧摩阻力发挥比 τ_m/τ_p 随深度变化图，如图 8 所示。τ_m 为计算得到的桩侧摩阻力，τ_p 为桩侧极限摩阻力。由图中可以看出，τ_m/τ_p 随桩土相对位移的增大而增大。每根桩随桩位的不同桩侧摩阻力完全发挥的长度是不同的，单桩：$50\% < Z/L < 88\%$ 时，桩侧摩阻力未完全发挥；群桩桩 a：$36\% < Z/L < 91\%$，桩 b：$10\% < Z/L < 94\%$ 时桩侧摩阻力未完全发挥，桩 c 整个桩长范围内桩侧摩阻力均未完全发挥。同样可以看出，由于群桩的遮帘效应，内侧桩桩侧摩阻力的发挥远小于外侧桩。

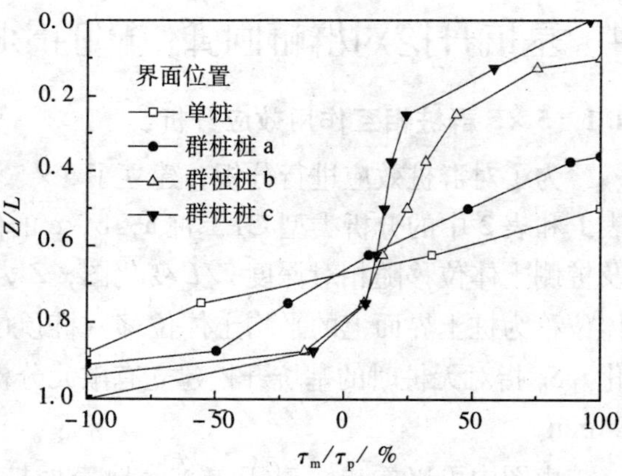

图8 单桩及5×5群桩桩侧摩阻力发挥量图

4.2 下卧层相对刚度 E_b/E_c 对群桩遮帘效应的影响

为了对下卧层刚度对群桩遮帘效应的影响进行评价，进行了下卧层刚度变化时群桩在基坑开挖条件下的回弹位移分析，图 9 表示了群桩回弹位移受下卧层相对刚度 E_b/E_c 的影响情况。图中，受群桩遮帘效应影响的回弹位移相对减小量 W_r [9-10] 定义为

$$W_r=(W_s-W_g)/W_s \tag{1}$$

式中，W 为桩顶回弹位移，下标中的 s 和 g 分别代表单桩和群桩中的基桩。

在5×5 群桩的有限元分析中，E_c 为定值(30MPa)，E_b 的变化范围为 $1\sim100E_c$(30 ~

3000MPa)。E_b取 E_c 和 $100E_c$时分别代表摩擦桩和端承桩。详细参数见表 1 和表 2 中的分析类型 G2。

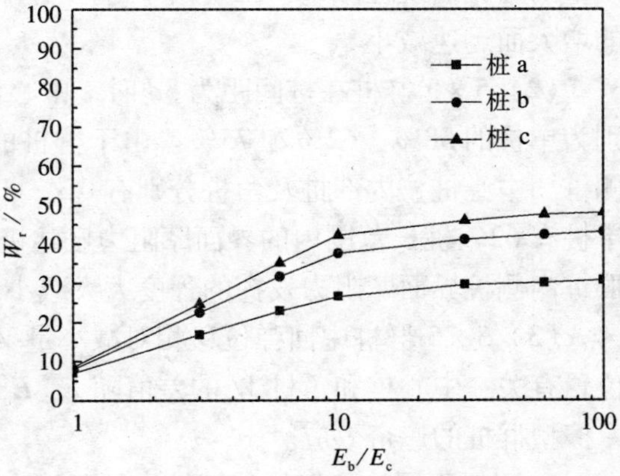

图9 5×5 群桩中 W_r 随 E_b/E_c 变化图

由图 9 中可以看出，当 $E_b/E_c<10$ 时，W_r迅速上升，而 $E_b/E_c>10$ 后，W_r渐趋平缓。E_b/E_c由 1 变至 100 时，W_r的变化范围为 7% ~48%，W_r的变化范围随桩位置的不同而不同。由于群桩的遮帘效应，对一个给定的刚度比，中心桩(桩 c)的 W_r最大，角桩(桩 a)的 W_r最小。中心桩和角桩的 W_r值最大可相差 17%。

当 $E_b/E_c<10$ 时，随着 E_b/E_c的增大，中心桩和角桩的 W_r差值迅速变大，当 $E_b/E_c>10$ 后，W_r差值变化不大。这表明随下卧层刚度的变大，中心桩和角桩的 W_r差值变大，即端承群桩的遮帘效应大于摩擦型群桩的遮帘效应。但应当注意到，$E_b/E_c>10$ 后，W_r差值变化不大，这是由于当下卧层刚度达到 $10E_c$之后，回弹位移受下卧层的影响较小，主要由桩侧黏土层的刚度控制。

4.3 群桩构形对遮帘效应的影响

为了研究群桩构形(桩数及桩间距)对桩回弹位移的影响，建立了另外两个群桩模型，详细参数见表 1 和表 2 中的分析类型 G3 和 G4。图 10 表示不同构形群桩(5×5 群桩，桩间距 $3d$，$5d$ 及 3×3 群桩，桩间距 $3d$)中桩 a，b，c 的 W_r图。由图中可以看出，桩间距为 $3d$ 时，5×5 群桩的回弹位移相对减小量 W_r远大于 3×3 群桩。5×5 群桩 W_r的变化范围为 27% ~42%，角桩的 W_r最小，中心桩最大。3×3 群桩不同位置桩的 W_r变化范围仅为 8% ~10%，说明各桩回弹量较为均匀。对比上述结果可看出，桩数越多，群桩的遮帘效应越明显。

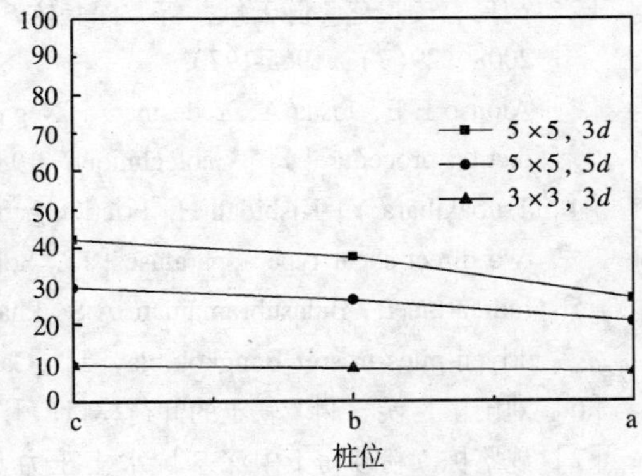

图10 不同构形群桩 W_r 变化图

5×5 群桩桩间距为 $5d$ 时，W_r变化范围为 21% ~30%，仅比 5×5 群桩桩间距为 $3d$ 时 W_r小 6% ~12%；而桩间距为 $3d$ 时，3×3 群桩 W_r 比 5×5 群桩小 19% ~32%，对比上述结果可看出，相对来说，W_r受桩数的影响比受桩间距的影响大。

5 结 论

本文研究了基坑开挖对单桩及群桩回弹位移的影响，进行了桩周土及桩端下卧层刚度变化时单桩回弹位移的分析，探讨了群桩遮帘效应对基桩的影响及下卧层刚度和群桩构形对遮帘效应的影响，可以得到以下结论。

(1) 基桩的回弹位移受桩土相对刚度(E_p/E_c)及下卧层相对刚度(E_b/E_c)的影响，回弹位移可分为两部分：一是由桩侧土体回弹而引起的基桩回弹，这部分回弹量随桩周土体模量的增大而线性减小；二是由下卧层土体回弹而引起的回弹量，这部分回弹量随E_b/E_c的增大而迅速减小。

（2）5×5群桩在桩间距为$3d$时，中心桩、内部桩及角桩（桩c，b及a）的回弹位移分别为单桩的58%，62%和73%。由于群桩的遮帘效应，将导致内侧桩的回弹位移小于外侧桩。中心桩、内部桩及角桩分别有0%，16%，45%桩长范围内的界面摩阻力已达极限，单桩有62%桩长范围内的界面摩阻力已达极限。由此可见，由于群桩的遮帘效应，将导致群桩内侧桩界面摩阻力发挥的程度大大减小。

（3）5×5群桩中回弹位移相对减小量W_r随E_b/E_c的增大而增大，且W_r的变化与桩的位置有关；中心桩和角桩W_r的差值随E_b/E_c的变大而变大，表明端承群桩的遮帘效应大于摩擦型群桩的遮帘效应。

（4）对不同构形群桩计算结果的对比表明，桩数越多，群桩的遮帘效应越明显。相对而言，W_r受桩数的影响比桩间距的影响大。

参考文献：

[1] 黄茂松，任青，王卫东，等. 深层开挖条件下抗拔桩极限承载力分析[J]. 岩土工程学报，2007，29(11)：1689-1695.

[2] 胡琦，凌道盛，陈云敏，等. 深基坑开挖对坑内基桩受力特性的影响分析[J]. 岩土力学，2008，29(7)：1965-1970.

[3] Alonso E E, Josaa A, Ledesma A. Negative skin friction on piles: a simplified analysis and prediction procedure[J]. Geotechnique, 1984, 34(3): 341-357.

[4] Tsubakihara Y, Kishidah H. Friction behaviour between normally consolidated clay and steel by two direct shear type apparatuses[J]. Soils and Foundations, 1993, 33(2): 1-13.

[5] Indraartna B, Balasubramaniam A S, Phamvan P, et al. Development of negative skin friction on driven piles in soft Bangkok clay[J]. Canadian Geotechnical Journal, 1992, 29(3): 393-404.

[6] 刘国彬，侯学渊. 软土的卸荷模量[J]. 岩土工程学报，1996(6)：18-23.

[7] 魏鉴栋. 粉砂粉土中深基坑水土压力及围护结构受力性状研究［D］. 杭州：浙江大学，2006.

[8] Poulos H G, Davis E H. Pile foundation analysis and design[M]. New York: John Wiley & Sons Inc, 1980.

[9] Lee C J, Ngc W W. Development of downdrag on piles and pile groups in consolidation soil[J]. Journal of geotechnical and geoenvironmental engineering, 2004, 130(9): 905-914.

[10] Teh C I, Wong K S. Analysis of downdrag on pile groups[J]. Geotechnique, 1995, 45(2): 191-207.

地下结构抗浮锚杆的设计及应用

朱作为[1] 张 雷[2] 王宁伟[2] 修彦吉[2] 韩舰辉[2]

(1. 丹东万达广场有限公司，丹东，118000
2. 沈阳建筑大学土木工程学院，沈阳，110168)

摘 要： 目前，抗浮锚杆的设计和施工还没有现行的规范可循。本文针对丹东地区大型地下工程中的抗浮锚杆的应用，进行了试验研究，给出了锚杆在岩土中剪应力的分布规律，得出了抗浮锚杆的抗拔力，为抗浮工程的设计提供了依据。研究表明，注浆体与岩土体间的剪应力沿锚杆长度不是均匀分布的，在孔口附近最大，从孔口沿锚杆长度逐渐衰减。

关键词： 土层抗浮锚杆；抗拔力；锚杆基本试验

1 引 言

在大型地下结构工程施工中，由于地下水位较高，当结构荷载不能抵抗地下水的浮力时，地下建筑的抗浮问题也随之而来。由地下水浮力造成的地下结构破坏大致有两类[1]：一类是地下室底板隆起，导致底板破坏，这种破坏多发生在高层建筑的地下室中；另一类是地下建筑整体浮起，导致梁柱结点处开裂，同时底板也发生破坏，这种破坏多发生在整个建筑均在地下的情况。地下工程的抗浮问题一般采用压重、抗浮桩或抗浮锚杆等方法来解决，其中抗浮锚杆具有单点受力小、底板结构受力均匀合理、造价低廉、施工便捷等特点，可大大节省整个抗浮结构的工程造价，因此在实际工程中逐渐得到广泛应用。

由于锚固段的地层不同，抗浮锚杆可分为土层抗浮和岩石抗浮两类[2]。随着土层抗浮锚杆在各类工程中应用的日益增多，对土层抗浮锚杆检测的研究也愈发重要。

20 世纪 90 年代，随着锚固技术的发展，抗浮锚杆在地下工程中得到了应用，例如地下停车场、污水处理池、地下商场等。在国外，抗浮锚杆除用于地下室的抗浮外，还用在海洋工程中，如海洋平台的抗浮等。工程实践表明：抗浮锚杆在造价、工期上都已显示出其优越性。

采用抗浮锚杆来解决地下建筑的抗浮问题从经济上讲是合理的，但由于该地下工程规模很大，地下水位高，使用抗浮锚杆能否保证工程的安全以及抗浮锚杆的受力状态如何，这是大家所关心的。因此，应对抗浮锚杆的力学性能进行试验，为设计提供依据。

2 工程概况

丹东万达广场大商业区位于丹东市振兴区人民路北侧(原丹纸北厂及其周边)，包括 1 栋 4 层酒楼、1 栋 9 层商务酒店、1 栋 4 层洗浴中心、1 栋 19 层五星级酒店(四层裙房)、2 栋 23 层甲级写字楼及 2 ~6 层商业裙房。地下室基础底部埋深约 -12.0m。

本场区的地质情况是：上层为第四系，自上而下依次为杂填土、粉质黏土、砾砂、碎石和圆砾，各层厚度分布不匀；下层为强风化变粒岩、中风化变粒岩。中风化变粒岩：青灰色，粒状变晶结构，块状构造，节理裂隙较发育，岩芯呈碎块状、短柱状，矿物成分以长石、石英为主，含少量黑云母子。锤击无法钻进，回转钻进时，钻进速度 3～5m/h。地下室坐落在中风化变粒岩上，抗浮锚杆锚固在中风化变粒岩中。主要的含水层为碎石、强风化变粒岩及中风化变粒岩。地下水的成因类型为孔隙水和基岩裂隙潜水，局部具有微承压性质。地下水受大气降水的补给影响，水位受补给的强度和季节性的影响比较明显。

地下水主要为赋存于砾砂层和圆砾层中的孔隙潜水，具一定承压性。地下水与地表水联系密切，鸭绿江水位受潮汐影响较大，使地下水位埋深同样受到潮汐较大的影响。其补给来源为大气降水、鸭绿江江水以及花园河水。勘察期间勘探深度内地下水初见水位埋深 2.80～5.40m，稳定水位埋深 2.80～4.60m。

丹东万达广场大商业区工程采用抗浮锚杆作为永久性抗浮结构。抗浮锚杆采用非预应力锚杆，杆体采用螺纹钢，将锚杆顶端预留部分直接浇入混凝土底板。

3 锚杆的基本试验

锚杆的破坏形态有：①注浆体与岩土体间剪切破坏；②锚杆杆体抗拉强度破坏；③锚杆杆体与注浆体界面破坏；④锚杆埋入稳定地层能够使地层呈锥体拔出。

一般情况下第四种破坏不会发生，锚杆杆体的强度也很容易计算和控制，而对软岩和土层情况，锚杆的承载力通常不由杆体与注浆体间裹力控制，由注浆体与岩土体间极限剪切强度确定。

根据《土层锚杆设计与施工规范》，需对抗浮锚杆进行基本试验[3]，可确定由注浆体与岩土体间控制的抗拔力。根据场区的岩土情况，进行了 3 组 6 根破坏性试验，分布在场区不同位置，抗浮锚杆锚固在中风化变粒岩中[4]，锚孔直径采用 130mm，孔深 5.5 m，注浆采用水泥砂浆。试验进行了两项内容：一是在 2 根试验锚杆中沿长度方向粘贴电阻应变片，用以测试砂浆体和岩土体间剪应力的分布规律；二是测试锚杆的有效抗拔力。

3.1 剪应力的计算与分布规律

锚杆在外荷载作用下，任一截面上的内力等于钢筋内力与注浆体内力之和，而两截面内力之差即为该区间注浆体与岩土间的剪切力，剪切力除以该区间注浆体表面积即为该区间的平均剪应力 p[5]。

锚杆任一截面的内力为

$$N_i = E_g \varepsilon_i A_g + E_c \varepsilon_i A_c = (E_g A_g + E_c A_c)\varepsilon_i \tag{1}$$

区间平均剪应力

$$\tau = \frac{N_i - N_{i-1}}{\pi D \Delta l} \tag{2}$$

将式(1)代入式(2)，得

$$\tau = \frac{(E_g A_g + E_c A_c)(\varepsilon_i - \varepsilon_{i-1})}{\pi D \Delta l} \tag{3}$$

式中：E_g，E_c——钢筋和注浆体的弹模；

A_g，A_c——钢筋和砂浆体的截面积；

ε_i——任一截面 i 的应变值；

Δl——两测点之间的距离；

D——锚孔直径。

根据式(3)计算出每级荷载下各区间的剪应力，可以得到如下规律。

(1) 在任一级荷载作用下，注浆体与岩土体间的剪应力沿锚杆长度分布是不均匀的，在孔口附近最大，从孔口沿锚杆长度逐渐衰减。

(2) 当外荷载达到极限状态，极限剪应力值趋于稳定并向深度方向发展，此时剪应力沿锚杆长度变化的梯度比极限荷载前各级荷载下的变化梯度要缓，主要由于极限状态时剪切变形不断增大并向深度传递。尽管如此，在锚杆孔底附近的剪应力值约是孔口剪应力值的62%～70%，剪应力分布不均匀性在极限状态时依然存在。因此，对拉力型锚杆而言，一味增加锚杆长度对提高锚杆承载力作用是有限的。

3.2 荷载-位移曲线（Q-S）

现场对抗浮锚杆进行了基本试验，锚杆的破坏均为整体拔出破坏，得到的荷载位移曲线绘如图1～图6所示，试验结果如表1。从表1试验结果可以看出，在相近的地质条件下，锚固于中风化变粒岩中抗浮锚杆的极限承载力高于锚固于强风化变粒岩的承载力。

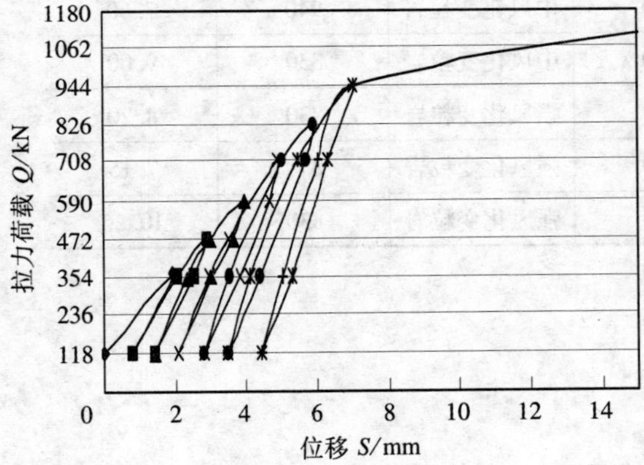

图1 A5—08 Q-S 曲线

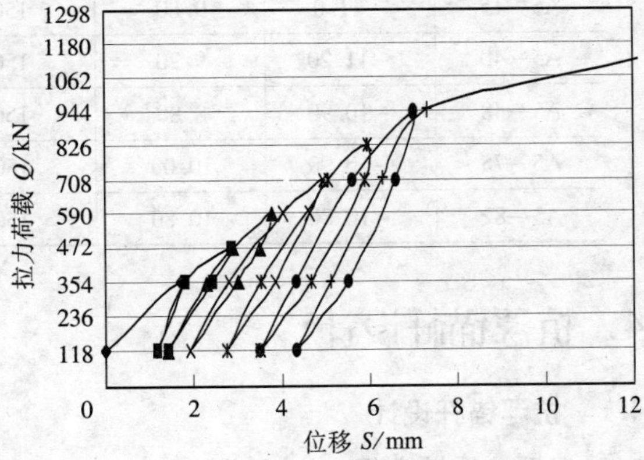

图2 A5—15 Q-S 曲线

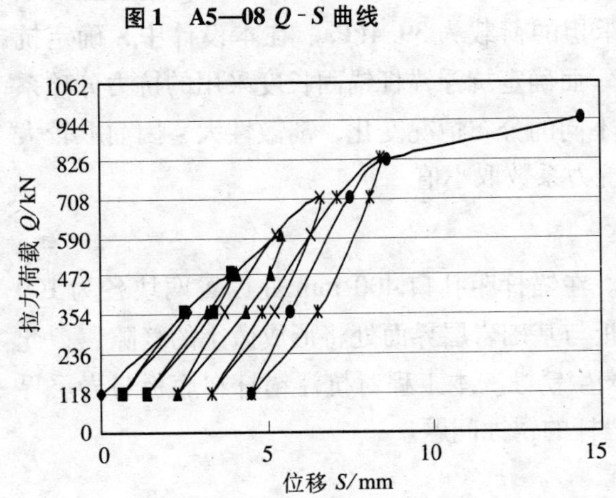

图3 A5—40 Q-S 曲线

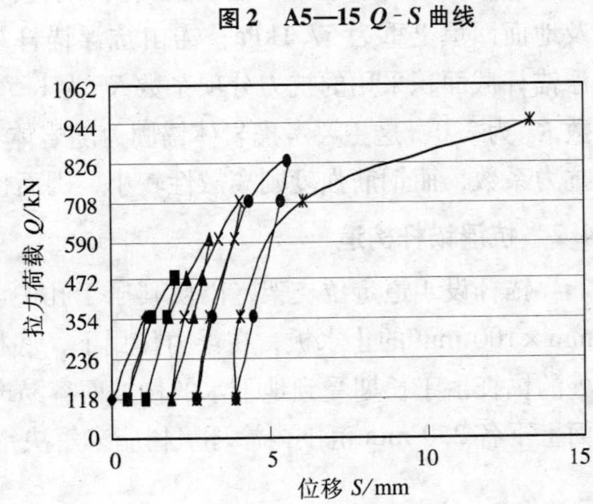

图4 A5—48 Q-S 曲线

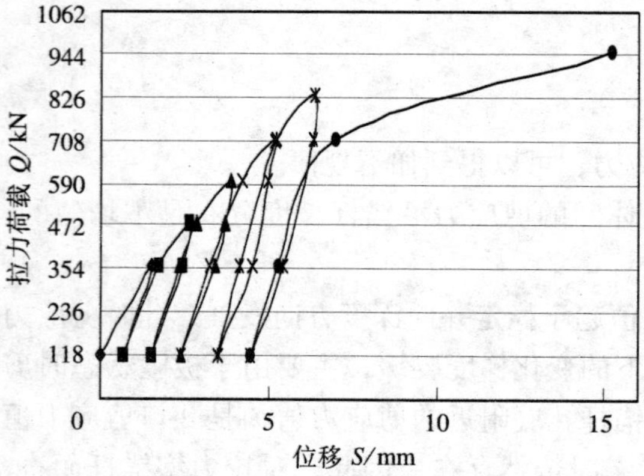

图5 A5—75 Q-S 曲线

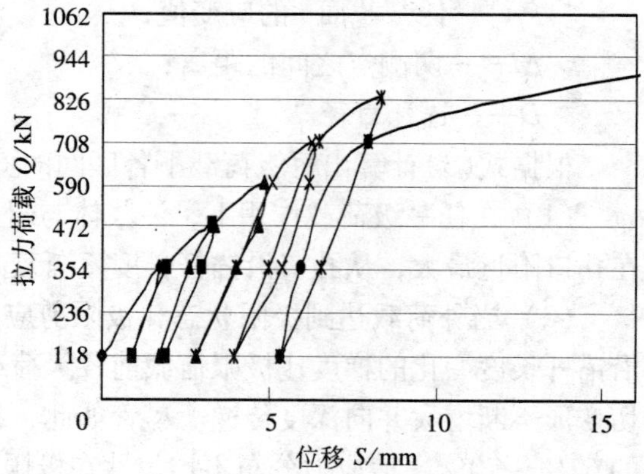

图6 A5—82 Q-S 曲线

表1 锚杆极限承载力标准值成果表

试验锚杆编号	试验相对标高/m	锚杆长度/m	锚杆孔径/mm	岩土层名称	极限承载力标准值/kN	对应位移/mm
A5—08	-11.10	10.20	150	中风化变粒岩	940	7.78
A5—15	-11.0	9.80	150	中风化变粒岩	940	7.60
A5—40	-11.20	9.20	150	中风化变粒岩	830	9.00
A5—48	-10.90	8.80	150	强风化变粒岩	830	8.20
A5—75	-10.90	10.00	150	强风化变粒岩	830	7.15
A5—82	-10.80	10.80	150	强风化变粒岩	830	10.26

4 抗浮锚杆设计

4.1 抗浮锚杆设计

根据地质勘察报告，地下室底板的水头为9.65m。水的浮力为96.5kPa；地下室自重及地面回填土重为57.1kPa；需由抗浮锚杆承担的荷载为39.4kPa。在本设计中，确定抗浮锚杆截面积采用的抗力分项系数 K_1 为1.5，而确定抗浮锚杆锚固长度采用的抗力分项系数 K_2 为2.0，这主要考虑岩体锚固力随岩体不同的分布情况变化，离散性大，因而取较大抗力系数，而钢筋强度则离散性较小，因而抗力系数取小值。

4.2 抗浮锚杆构造

锚杆设4道定位支架，以使其居于孔中。在锚杆距孔口400 mm处设置两块各为100 mm×100 mm的止水板，在浮力作用下，底板与基础岩层界面处将形成微小的缝隙[6]，此处的锚杆由于长期受到地下水的侵蚀而容易产生锈蚀。本工程对抗浮锚杆在底板与岩层界面上下各250 mm范围内涂环氧树脂来解决锚杆的锈蚀问题。

5 结 论

（1）注浆体与岩体间剪应力沿锚杆长度的分布是不均匀的，在孔口附近最大，沿锚杆长度衰减。

（2）当外荷载达到极限状态时，极限剪应力趋于稳定并向深度方向发展，此时剪应力沿锚杆长度的变化梯度变缓，但剪应力分布的不均匀性仍然存在，因此，增加锚杆长度对其承载力的提高是有限的。

（3）现场基本试验表明，抗浮锚杆的破坏为整体拔出破坏，极限承载力与锚固段土层的强度有关。

参考文献：

[1] 高晓燕，康文生，胡莉莉．边坡锚索检测试验分析[J]．低温建筑技术，2010，141(3)：86-87.

[2] 贾金青，宋二祥．滨海大型地下工程抗浮锚杆的设计与试验研究[J]．岩土工程学报，2006，24(6)：769-771.

[3] 齐君，林通，杜军．土层抗浮锚杆抗拔力试验和检测问题的探讨[J]．工程质量，2010，28(7)：4-8.

[4] 冯文娟，琚晓冬．锚索对岩体的加固作用[J]．灾害与防治工程，2005，59(2)：23-28.

[5] 李军，许明．预应力锚索加固边坡的性能研究[J]．路基工程，2009，143(2)：58-60.

[6] 熊智彪，刘小峰，王启云，等．深基坑桩锚支护结构中锚索检测与监测分析[J]．矿冶工程，2009，29(3)：8-15.

后注浆灌注桩在工程中的应用

张叙　梁峰　宋濯非

（中国建筑东北设计研究院有限公司，沈阳，110000）

摘　要：本文主要介绍后注浆灌注桩在盘锦水游城及沈阳桃仙机场T3航站楼工程中的应用；结合两个工程实例，介绍了后注浆灌注桩的应用范围、施工方法和设计计算的相关问题。

关键词：注浆灌注桩；注浆量；注浆压力；单桩承载力

1　后注浆灌注桩

普通钻孔灌注桩在钻孔过程中孔壁易受扰动，特别是进入密实砂层较深的桩，成孔后孔壁附近土中应力释放，会出现“松弛”现象，且孔径越大，影响越明显。由于邻近桩壁土层土的抗剪强度降低，导致地基土对桩的极限承载力下降。在进行桩基础设计时，钻孔灌注桩的承载力一般都是由地基土决定的，桩身承载力得不到充分发挥。后注浆技术可以解决钻孔灌注桩存在的上述问题。

后注浆就是在钻孔桩成桩后，在桩身混凝土达到一定强度时，通过预埋管道用高压泵向桩的某些部位（桩底、桩侧）灌注水泥浆，以提高局部位置的土体强度，提高单桩承载力，减少沉降。这种方法可以起到两方面的作用：一是加固桩底沉渣和桩侧泥皮；二是对桩底和桩侧一定范围的土体通过渗入、劈裂和压密注浆起到加固作用。后注浆可使单桩承载力提高40%～120%，其效果为粗粒土高于细粒土，软土增幅最小，桩侧桩底复式注浆高于桩底注浆；桩基沉降量也可大幅减少。根据地基土的性质、桩长、承载力增幅和桩的使用功能（抗压、抗拔）等因素，灌注桩后注浆可采用桩底注浆、桩侧注浆、桩侧桩底复式注浆等方式。

后注浆技术适用于泥浆护壁钻、挖孔灌注桩及干作业钻、挖孔灌注桩。

国内一般采用的注浆方法为：将注浆管（钢管或黑铁管）固定在钢筋笼上，出浆口采用单向截流阀并压入桩底土中300～500mm，由于采用单向截流阀，在进行桩身混凝土浇筑时，浆液不会灌入阀内，注浆时浆液也不会回流。

压浆时间：一般在成桩2～5d后开始压浆，压浆采用低速慢压的方法。压浆顺序：单桩的压浆顺序为上侧管—下侧管—端管（3d后）；同一承台桩的压浆顺序为先四周桩后中心桩。压浆参数：终止压浆的总控制原则是以压浆量为主，压力控制为辅。压浆参数根据地质条件合理选择，如果桩端为密实的砾石、卵石层时，可采取大压浆量和较大的压浆压力，以压浆量为主要控制指标；如果桩侧为密实的砂土层，可以以压浆压力为主要指标，压浆量为参考指标。终压条件：总压浆量和注浆压力均达到设计值或注浆总量达75%、注浆压力超过设计值。

2 计算公式

后注浆灌注桩的设计依据：《建筑桩基技术规范》(JGJ94—2008)、《建筑地基基础设计规范》(GB5007—2002)、《混凝土结构设计规范》(GB50010—2010)、专家论证意见等。主要计算依据为《建筑桩基技术规范》第5章和第6章。

后注浆单桩极限承载力标准值：

$$Q_{uk} = Q_{sk} + Q_{gsk} + Q_{gpk} = u\sum q_{sjk}l_j + u\sum \beta_{si}q_{sik}l_{gi} + \beta_p q_{pk}A_p \tag{1}$$

式中，Q_{sk}——后注浆非竖向增强段的总极限侧阻力标准值；

Q_{gsk}——后注浆竖向增强段的总极限侧阻力标准值；

Q_{gpk}——后注浆总极限端阻力标准值；

β_{si}，β_p——后注浆侧阻力、端阻力增强系数，后注浆灌注桩与普通桩基计算公式的主要区别就体现在这两个系数上。

后注浆桩注浆量估算：

$$G_c = \alpha_p d + \alpha_s nd \tag{2}$$

式中，G_c——注浆量，以水泥质量计(t)；

n——桩侧注浆断面数；

d——基桩设计直径（m）；

α_p，α_s——桩端、桩侧注浆量经验系数，α_p 取1.5~1.8，α_s 取0.5~0.7，对于卵石、砾石、中粗砂取较高值。

桩端注浆终止注浆压力确定：对风化岩、非饱和黏性土、粉土，一般为3~10MPa，对饱和土注浆压力宜为1.2~4MPa，密实土质取高值(后注浆施工前，宜进行试验，优化并确定注浆参数)。

3 工程实例1：盘锦水游城

（1）拟建场地地层

建筑场地类别为Ⅱ类。场地土层由上至下依次为：① 杂填土；② 粉质黏土夹粉；③ 粉质黏土，粉土夹粉砂；③$_1$淤泥质粉质黏土；④ 粉细砂；⑤$_1$粉质黏土；⑤$_2$粉质黏土；⑤$_3$细砂。

（2）设计计算

本工程采用的是复式注浆，即桩侧、桩底均注浆。按桩基规范表5.3.10的规定，本工程的桩端土为细砂，端阻增强系数β_p的取值为2.6。桩侧阻力增强系数β_{si}视土层情况分别取1.6，1.8和1.9(桩侧为全段增强)，基本是表1中系数的中间值。⑤$_3$层细砂的桩端阻值为750kPa。

表1　　后注浆桩侧阻力、端阻力增强系数取值

土层名称	淤泥 淤泥质土	黏性土 粉土	粉砂 细砂	中砂	粗砂 砾砂	砾石 卵石	全风化岩 强风化岩
β_{si}	1.2~1.3	1.4~1.8	1.6~2.0	1.7~2.1	2.0~2.5	2.4~3.0	1.4~1.8
β_p	—	2.2~2.5	2.4~2.8	2.6~3.0	3.0~3.5	3.2~4.0	2.0~2.4

注：干作业钻、挖孔桩，按表列值乘以小于1.0的折减系数。当桩端持力层为黏性土或粉土时，折减系数取0.6；桩端持力层为砂土或碎石土时，取0.8。

直径 800mm 后注浆灌注桩承载力计算：

桩周长 $\mu = 0.8 \times 3.14 = 2.512\text{m}$；$q_{pa} = 750\text{kPa}$。

无注浆时：

$$R_a = q_{pa} d_p + \mu \sum q_{sia} l_i = 750 \times 0.502 + 2.512 \times (12 \times 2 + 15 \times 10 + 20 \times 18) = 1718\text{kN}$$

后注浆时（全段增强）：

$$R_a = \beta_p q_{pa} A_p + \mu \sum \beta_{si} q_{sia} l_i = 2.6 \times 750 \times 0.502 + 2.512 \times (1.6 \times 12 \times 2 + 1.8 \times 15 \times 10 + 1.9 \times 20 \times 18) = 979 + 2.512 \times 992.4 = 3472\text{kN}$$

注浆量：注浆量的设计应根据桩径、桩长、桩端侧土层性质、单桩承载力增幅等因素确定。利用公式(2)时，由于本工程桩端及桩侧的土层均为粉砂或细砂，其取值估算公式为 $G_c = \alpha_p d + \alpha_s nd$。本工程桩端及桩侧的土层均为粉砂或细砂，取值取值 $\alpha_p = 1.6$；$\alpha_s = 0.5$；$d = 0.8\text{m}$；$n = 2$。因此

$$G_c = \alpha_p d + \alpha_s nd = 1.8 \times 0.8 + 0.6 \times 2 \times 0.8 = 1.44 + 0.9 = 2.4\text{t}$$

在施工中，要求单桩压浆用干水泥量不小于 2400kg，桩侧每断面为 480kg。桩侧灌浆允许压力值为 2.7MPa，桩端灌浆允许压力值为 5.3MPa。

工程中，高层住宅的基础形式为泥浆护壁钻孔后注浆桩，桩长约 30m，单桩承载力特征值为 3300kN。

施工中，对盘锦水游城城市综合体 2 号楼的 j258 号桩进行了单桩竖向抗压静载试验，最大加载量为 7300kN（仅压到满足特征值 3300kN 的要求，未压到承载力极限），最大沉降量为 12.20 mm（见图 1）。

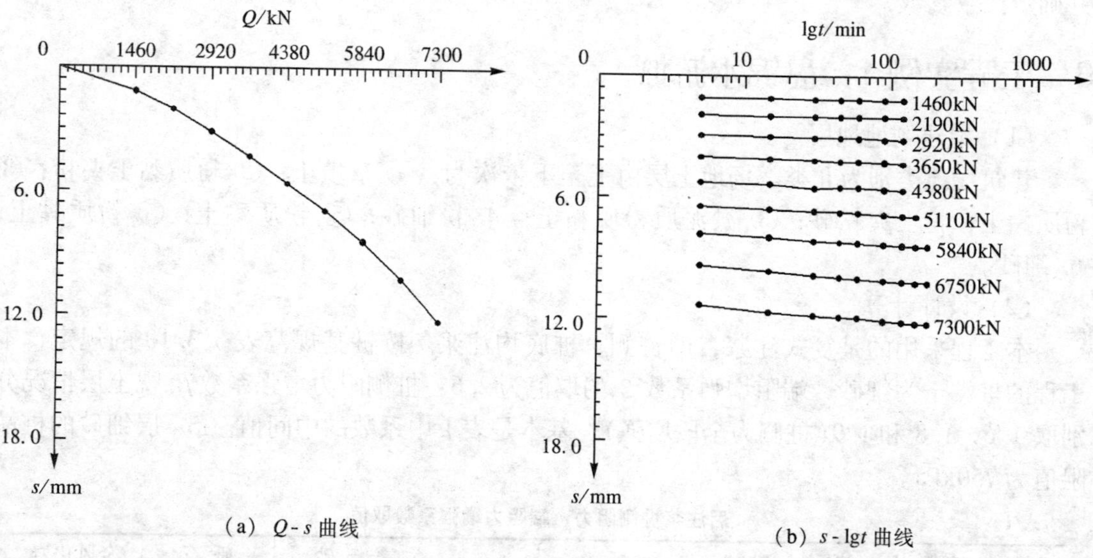

图 1　单桩竖向抗压静载试验曲线图

盘锦地区百米左右高层建筑的持力层土较软，普通的筏板基础不能满足持力层土承载力的要求，一般都需要做桩基础。由于桩端、桩侧土的承载力较低，预应力管桩的桩身承载力不能得到充分发挥，不经济，且性能不稳定（据当地技术人员介绍，施工管桩达到预

压应力后，桩基仍有较重的随时间下沉现象，桩底的粉细砂土在施压时应力集中，但很快又会消散），所以按当地经验一般选用钻孔桩。钻孔桩的单桩承载力较低，若需满足承载力要求只能加大桩基长度或直径，在这种条件下，采用后注浆技术，优势非常明显。从本工程的桩基计算中可以看出，非注浆桩的单桩承载力特征值为1700kN左右，采用注浆桩时，承载力特征值为3300kN左右，承载力提高近一倍。桩身承载力也可得到充分发挥。每桩注浆量仅为2t多，且注浆管可代替钢筋使用。由于单桩承载力较高，桩基基本可以布于墙下，筏板的厚度可以减小。由于单桩承载力较高，桩基数量减少，施工工程量减少。灌注桩每桩($D=800$mm)的造价约为1.5万元，2t多的水泥浆造价不足1000元。

4 工程实例2：沈阳桃仙国际机场T3航站楼

（1）勘察报告的结论和建议

勘察报告中描述：勘察区内工程地质条件一般，地层分布不均匀，局部地基具有不均匀性。除①层耕土不宜作为天然地基使用外，其余各主要土层均可作为天然地基使用。但较厚的②层黏土承载力较低，基础类型建议采用桩基，桩端可置于③层中粗砂上，局部地段③层中粗砂较薄，可加长桩身至下部持力层上。但下部④层中粗砂层不是每个钻孔均有，不连续，不可做持力层，所以③层砂不可做持力层时，需将桩身加长至距地面约70m深的基岩层，桩长需加长至约3倍于设计桩长。

（2）基础选型

按甲方提供的专家论证会及场地试桩报告建议基础形式为钻孔灌注桩，桩端持力层选择在层③(中粗砂层上)。本工程中，桩径600mm，要求持力层4.5d的最小厚度为2.7m。第③层中粗砂层较薄，局部还夹杂着粉质黏土层。将厚度小于3m的持力砂层确定为薄砂层区域。设计中提出了对薄砂层区域进行每柱下一孔的补勘要求，并确定对此部分桩基采用桩底后注浆的方式加固薄砂层。桩基础施工前，施工及检测单位分别在C1和C3两个区域进行了两组(共6根)注浆桩试桩，试桩结果为此方案可行。

经计算，注浆量$G_c=1.6\times0.6=0.96$t，单桩承载力$R_a=1548$kN。工程中单桩承载力的取值视桩的长度(有无地下室等)分别为1300kN和1200kN。

在施工中，要求单桩压浆用干水泥量不小于1000kg，仅在桩端压浆，桩端灌浆允许压力值为5.0MPa。压浆终止条件：注浆总量和注浆压力均达到设计要求；注浆总量达到设计值75%，且注浆压力超过设计值。

施工中进行了部分试桩(未要求压到破坏)，部分结果如表2所示。

表2 试桩最大荷载值

序号	组号	桩号	最大加荷值/kN	序号	组号	桩号	最大加荷值/kN
1	第1组	1-13	2800	10	第4组	4-4	2600
2	第1组	1-14	2800	11	第4组	4-5	2600
3	第1组	1-15	2800	12	第4组	4-6	2600

桩底后注浆的目的在本工程中不是为提高单桩承载力，而是有效地弥补了持力砂层较薄时的不足，对砂层内的较薄黏土层也起到了较好的加固作用。注浆后，承载力应该比设计值还有提高，但出于安全考虑，我们的设计值取的是按未注浆时的数据。本工程中采用

的注浆措施有效地弥补了③层砂作为持力层时存在的不足，避免了将持力层选为基岩层的做法，节约了工期，更大幅度节约了基础部分的工程造价。

5 结 语

在盘锦水游城和沈阳桃仙机场 T3 航站楼工程中都使用了灌注桩后注浆技术，施工工艺也类似，但在两个工程中，使用后注浆桩的目的不同：盘锦水游城工程中的后注浆技术用于大幅提高桩基承载力，单桩承载力提高了 90% 以上；桃仙机场工程中的后注浆技术用于加固桩端土层，以保障工程在现有条件下最优基础方案的安全性。实践表明，后注浆桩可以大幅提高灌注桩的单桩承载力，减少桩数，降低筏板厚度，结构受力合理，经济效益明显。

锤击管桩挤土产生水平位移监测

张祥雨　宋志强　张立丰　李振军

（中冶沈勘工程技术有限公司，沈阳，110016）

摘　要：锤击预应力管桩施工时会产生挤土效应，通过对挤土产生水平位移监测结果的分析，得出有效降低打桩挤土效应的措施。

关键词：预应力管桩；挤土效应；深层土位移监测

1　引　言

先张法预应力管桩目前在工程施工被广泛应用。预应力管桩具有经济合理、混凝土强度高、桩身竖向承载力较高、抗弯性能适中、接桩速度快、沉桩质量可靠和施工工期短等优点而被业界广泛使用。然而，预应力管桩属于半排土桩，打桩过程中会对桩身周围的土体产生推挤，由此产生挤土效应，一定程度上限制了预应力管桩的适用范围。因此，施工人员需了解打桩挤土效应中土体位移的分布，从而采取有效措施克服挤土效应。

2　打桩挤土效应中土体位移机理

对于黏性土层，当桩进入较浅土层时，由 Terzaghi 所提出的桩周土位移模式可看出(见图 1)，桩尖以下土体的破坏面一直延伸至地表，从桩侧呈楔形破坏挤出[1]。当桩进入较深土层时，Meyerhof 提出了桩周土破坏模式(见图 2）。可以看出，桩尖土体发生体集破坏，近地表处的土体隆起要比深部的土体隆起大。Zeevarert 指出，当桩尖刺入不可压缩介质中时，土体可能按图 3 的模式移动，此模式类似于球形孔的扩张。对于压入硬的、密实黏土中的桩周土体变形，Massarch 描述了作用机理，由于黏聚力的作用，近地表面土体的运动集中在垂直面上，向下位移，然后从桩两侧挤出，主要表现为向上隆起。随着桩的

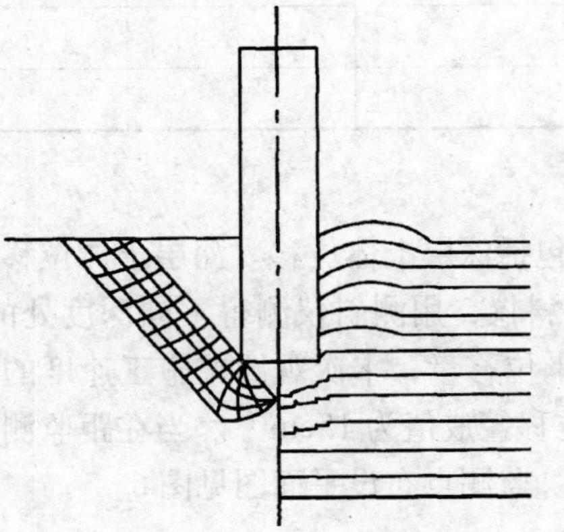

图 1　Terzaghi 位移模式

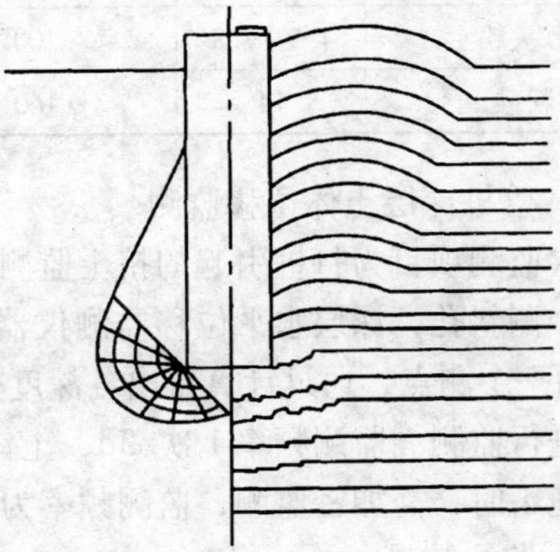

图 2　Meyerhof 位移模式

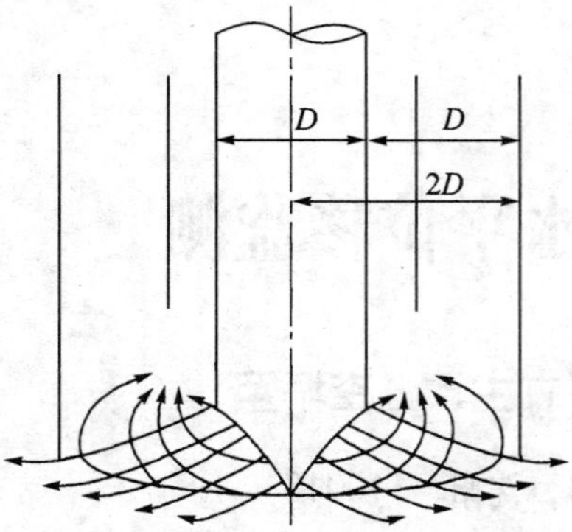

图 3 Zeevarert 位移模式

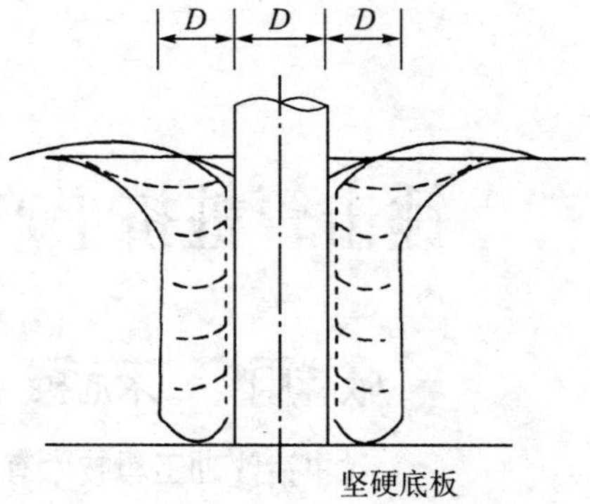

图 4 Massarch 位移模式

深入，其位移模式逐渐变化，运动主要沿径向发展，类似于一柱状孔的扩张（见图 4）。Tomlison 认为，这个变形机理与现场开挖观察到的结果一致，小孔扩张理论正是建立在此基础上的。Bishop 等基于小孔扩张理论，给出桩周土的位移和分区，表明了沉桩过程中土体主要位移图示及桩周土中所形成的 4 个性质不同的区域（见图 5）：A 区为强烈重塑区；B 区为塑性区；C 区为弹性区；D 区不受沉桩的影响[2]。

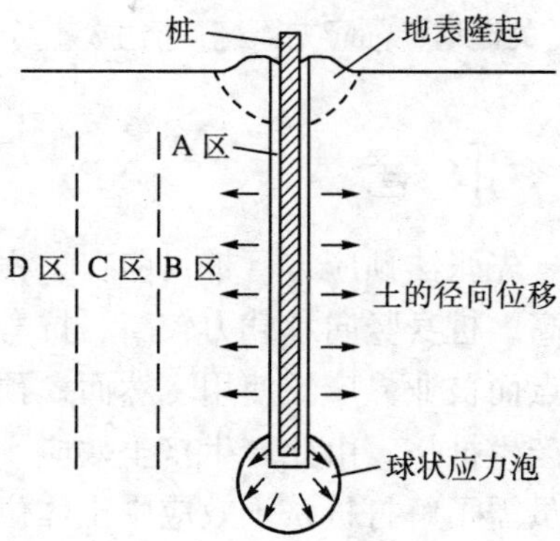

图 5 桩周土的位移和分区

3 管桩挤土效应监测

（1）工程概况

以盘锦市某工程为例，采用锤击管桩的施工工艺。采用预应力高强混凝土管桩，桩长 16m，桩间距 1.7m，桩径 400mm。该施工区域长 45m，宽 10.5m，共布置 182 根桩。

（2）工程地质条件

工程场地的工程地质条件如表 1 所示。

表 1 工程场地的工程地质条件

土层名称	层厚/m	地基承载力/kPa	γ/(kN/m³)	C/kPa	E_s/MPa
粉土夹粉质黏土	1.1～2.8	90	19.1	38.2	7.2
粉砂夹粉土	1.5～7.8	100			
粉砂	14	160			

（3）管桩深层土体位移监测

本次监测项目为打桩引起的挤土监测，内容包括深层土体位移。深层土体位移监测共布置 8 个测斜孔，深层水平位移监测仪器采用测斜仪，用测斜仪测得不同深度处的倾角，每 1m 为一个测点，通过计算得出各深度处的水平位移量，本次观测按施工速度的快慢两种工况进行监测。监测频率 1 次/3d，土体水平位移警戒值为 15cm[3]。当在距监测点 10m 范围内施工时，需加密监测，监测频率为 1 次/d。监测点布设平面图见图 6。

（4）监测结果

工况 1：施工区域 A 区，施工速度 22～25 根/d，打桩顺序从北向南，从东向西。施

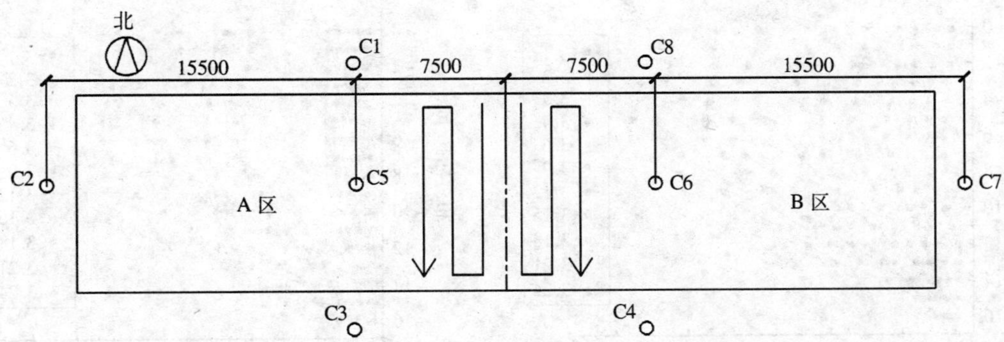

图 6　监测点平面布置图及打桩顺序图

工日期 3 月 1 日至 3 月 4 日。受打桩施工顺序的影响，土体位移以东西向水平位移为主，C1 测斜孔位置土体向北偏移，最大深层水平位移 20mm；C3 测斜孔位置土体向南偏移，最大深层水平位移 22mm。C2 和 C5 的东西向深层水平位移见图 7 和图 8。

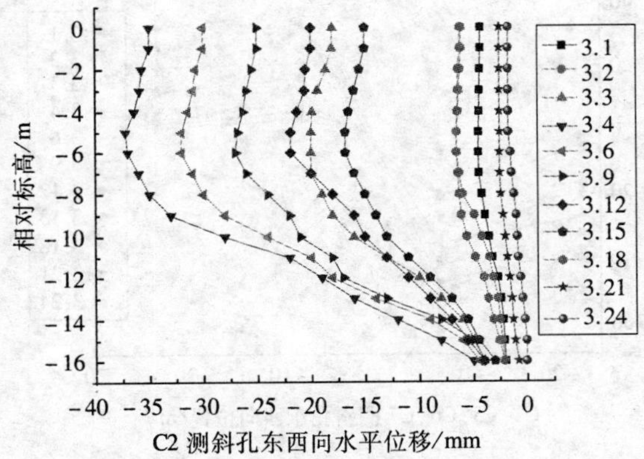

图 7　C2 测斜孔深层水平位移的观测图

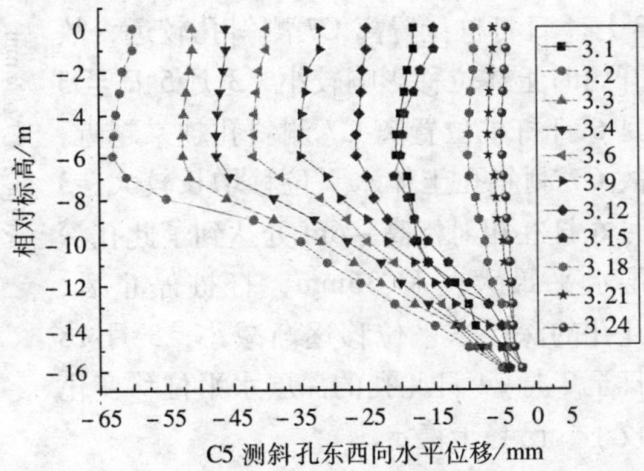

图 8　C5 测斜孔深层水平位移的观测图

C_2 测斜孔位移 A 区的西侧位置，从图 7 可以看出，3 月 1 日至 3 月 2 日打桩位置离 C2 测斜孔较远，故开始时土体位移影响较小，3 月 3 日至 3 月 4 日打桩位置离 C2 测斜孔越来越近，故 C2 测斜孔土体水平位移增长较大，3 月 4 日在相对标高 -5m 处达到了此孔深层水平最大位移 37. 2mm，打桩停止后，此孔的深层水平位移逐渐减小；C5 测斜孔位于 A 区的中间位置，从图 8 中可以看出，3 月 1 日和 3 月 2 日打桩位置离 C5 测斜孔较近，故 C5 测斜孔开始时土体位移增长较快，3 月 2 日在相对标高 -6m 处达到了此孔深层水平最大位移 63mm，随着打桩位置距离 C5 测斜孔越来越远，此孔的深层水平位移减小；3 月 18 日至 3 月 24 日此孔的深层水平位移变化较小，已趋于稳定。

工况 2：施工区域 B 区，施工速度 15 ~ 16 根/d，打桩顺序从北向南，从西向东。施工日期 3 月 1 日至 3 月 6 日。受打桩施工顺序的影响，土体位移以东西向水平位移为主，C8 测斜孔位置土体向北偏移，最大深层水平位移 14mm；C4 测斜孔位置土体向南偏移，最大深层水平位移 18mm。C6 和 C7 的东西向深层水平位移见图 9 和图 10。

C6 测斜孔位于 B 区的中间位置，从图 10 可以看出，3 月 1 日和 3 月 4 日打桩位置离 C6 测斜孔较近，故 C6 测斜孔开始时土体位移增长较快，3 月 4 日在相对标高 -6m 处达到了此孔深层水平最大位移 48mm，随着打桩位置距离 C6 测斜孔越来越远，此孔的深层

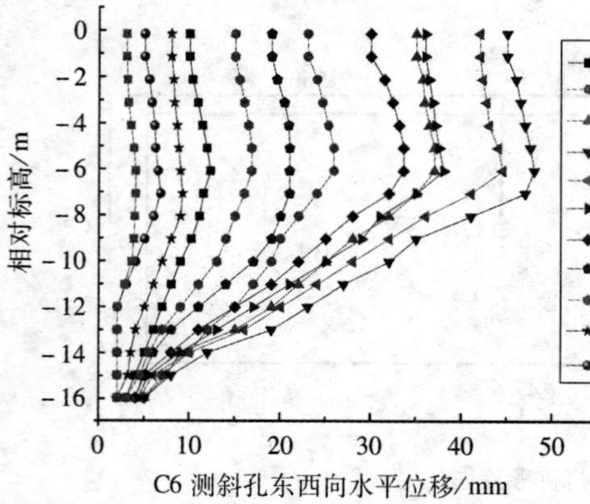

图 9　C6 测斜孔深层水平位移的观测图

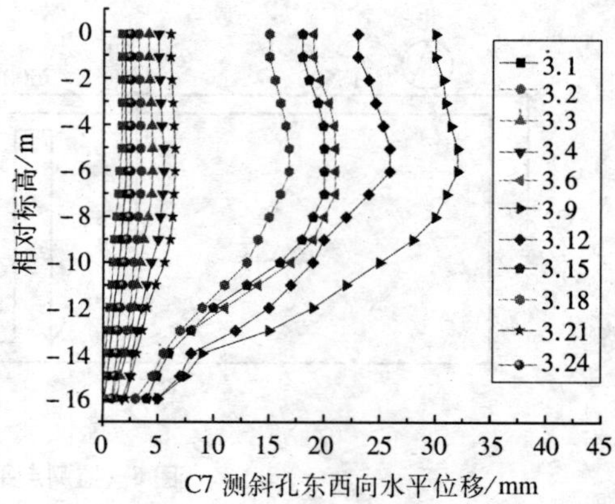

图 10　C7 测斜孔深层水平位移的观测图

水平位移减小；C7 测斜孔位移 B 区的东侧位置，从图 11 可以看出，3 月 1 日至 3 月 4 日打桩位置离 C7 测斜孔较远，故开始时土体位移影响较小，3 月 5 日至 3 月 6 日打桩位置离 C7 测斜孔越来越近，故 C7 测斜孔土体水平位移增长较大，3 月 6 日在相对标高 -6m 处达到了此孔深层水平最大位移 36mm，打桩停止后，此孔的深层水平位移逐渐减小；3 月 18 日至 3 月 24 日此孔的深层水平位移变化较小，已趋于稳定。

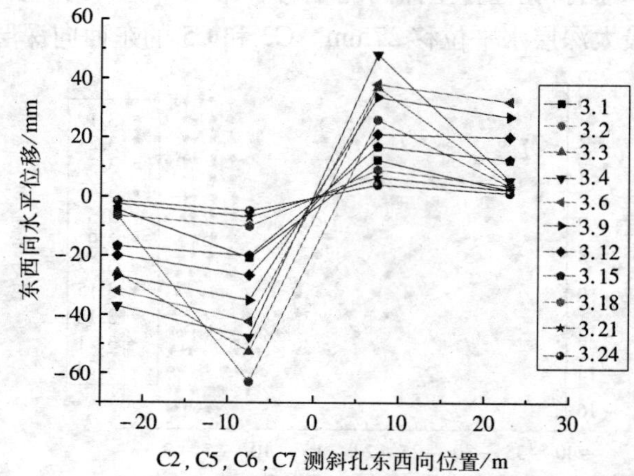

图 11　相对标高 -6m 处东西向水平位移观测曲线

从以上监测结果可以看出，该施工区域的深层水平位移出现在相对标高 -5 ~ -6m 处，从图 11 可知，受施工位置和施工速度的影响 C5 测斜孔在 3 月 2 日出现最大位移 63mm，C6 测斜孔在 3 月 4 日出现最大位移 48mm。由于该施工区域主要以粉土和粉砂为主，排水条件较好，故经 18d 左右，土体位移在 0 ~ 5mm，已经稳定。

4 结　论

本工程通过锤击桩施工过程中对桩周土体深层土体位移监测，得出有效降低锤击桩打桩挤土效应方法主要包括合理的打桩顺序、严格控制打桩节奏和速率，加强挤土监测，设置防挤沟和泄压孔等减挤措施。

参考文献：

[1] 孙均. 地下结构有限元法解析[M]. 上海：同济大学出版社，1988.

[2] 卞立民，徐海波，徐建平. 沉桩挤土效应研究综述[J]. 华中科技大学学报，2002 (3)：68-72.

[3] 徐至钧. 预应力混凝土管桩设计施工及应用实例[M]. 北京：中国建筑工业出版社，2009.

钻孔压灌桩常见工程质量事故预防措施的探讨

李 雪[1] 曾庆广[1] 王小明[2]

(1. 铁岭市建筑设计院，铁岭，112000
2. 亚泰集团铁岭公司，铁岭，112000)

摘 要：本文对钻孔压灌桩的常见质量事故加以分析，找出质量事故发生的原因，提出了预防相应的预防措施。

关键词：钻孔压灌桩；工序问题；处理方法

1 引 言

钻孔压灌桩是由长螺旋钻孔灌注桩及钻孔压浆桩演变而成的，其成桩工艺是利用钻孔压灌桩借助于长螺旋桩机、输送泵、输送管道以及钢筋笼振动器配套施工，利用长螺旋钻机钻孔，土体被切削后反向挤推排土，钻孔至设计深度后，借助长螺旋钻具的中主管将混凝土高压泵入桩底，然后边压混凝土边提升螺旋钻具，形成素混凝土基桩，随后采用穿插导向管的振动送笼器，将钢筋笼边振动边插送到基桩的设计深度，连续作业成孔，成桩一次完成。具有施工简洁、噪声小、震动低、无挤土、成桩速度快、工程造价低、对周围环境及邻近建筑物影响小、适应各种地质条件等优点，在桥梁、房屋、水工建筑等构筑物工程中得到广泛应用，已成为一种较为常见适用的桩型。随着社会经济发展的需要，钻孔压灌桩的桩长和桩径不断加大，单桩承载力也越来越高。同时，也使单柱单桩的设计成为可能。对于长桩(大于20m)、大直径桩(大于800mm)，其施工难度较大，极易发生质量事故。而单柱单桩的设计，对桩的质量要求更高，一旦发生质量事故后，处理的难度也较大，且费用较高。因此，有必要对钻孔压灌桩常见的质量问题加以分析，找出桩基施工质量问题发生的原因，研究相应对策，防止不必要质量事故发生。

2 工程勘察资料和设计文件存在的问题

工程勘察主要存在勘探孔间距较大、孔深较浅、原位测试数据失真，土工试验数据离散性较大、桩周摩阻力和桩端阻力数值不准等问题。设计文件主要存在对地质勘探资料没有认真阅读理解、桩型选择不当、施工场地地面标高不清等问题。因此，在桩基础开始施工前，应针对这些问题对地质勘探资料和设计文件进行认真审查。另外，对桩基础持力层厚度变化较大的场地，应适当加密地质勘探孔，必要时应进行补充勘探，防止桩端落在较薄的持力层上而造成桩端冲切破坏。当场地有较厚的回填土层和软土夹层时，设计者应认真校核桩基础是否存在负摩擦现象。

3 压灌桩施工中存在的几个问题

(1) 桩顶高程的误差

桩顶高程的误差主要来自两方面：一是由于工程勘察结束后场地再次回填，计算桩顶高程时判定不清引起的误差；二是由于施工场地在施工过程中废渣的堆积，地面不断升高，桩顶高程发生变化造成的误差。其解决办法是应认真核对场地原始基准点和建筑物标高的关系，并做到开钻前会同相关部门复测桩位孔口高程。

(2) 钻孔深度的误差

有些工程在场地回填平整前就进行工程勘察，地面高程较低，当工程地质勘探采用相对高程时，施工应把高程换算一致，避免出现钻孔深度的误差。另外，孔深测量应采用丈量钻杆的方法，取钻头的2/3长度处作为孔底终孔界面，不宜采用测绳测定孔深。钻孔的终孔标准应以桩端进入持力层深度为准，不宜以固定孔深的方式终孔。因此，钻孔到达桩端持力层后应及时取样鉴定，确定钻孔是否进入桩端持力层。同时应注意观察钻机电流表的变化。

(3) 孔径误差

孔径误差主要是由于工人疏忽错用其他规格的钻头，或因钻头陈旧，磨损后直径偏小所致。对于桩径800~1200mm的桩，钻头直径比设计桩径小30~50mm是合理的。每根桩开孔时，施工方应会同现场监理工程师认真核实钻机的性能，验证钻头的规格，做好记录，并实行签证制度。

(4) 孔垂直度不符合规范要求

造成钻孔垂直度不符合规范要求的主要原因如下。① 场地平整度和密实度差，钻机安装不平整或钻进过程发生不均匀沉降，导致钻孔偏斜；② 钻杆弯曲、钻杆接头间隙太大，造成钻孔偏斜；③ 钻头翼板磨损不一，钻头受力不均，造成钻头偏离方向；④ 钻进遇软硬土层交界面或倾斜岩面时，钻压过高使钻头受力不均，造成钻头偏离方向。

控制钻孔垂直度的主要技术措施如下 。① 压实、平整施工场地；② 安装钻机时应严格检查钻进的平整度和主动钻杆的垂直度，钻进过程应定时检查主动钻杆的垂直度，发现偏差应立即调整；③ 定期检查钻头、钻杆、钻杆接头，发现问题及时维修或更换；④ 在软硬土层交界面或倾斜岩面处钻进，应低速低钻压钻进。发现钻孔偏斜，应及时回填黏土，冲平后再低速低钻压钻进；⑤ 在复杂地层钻进，必要时在钻杆上加设扶整器。

(5) 钻孔塌孔与缩径

钻孔压灌桩的塌孔与缩径从表面上看是两个相的反面，实际上产生的原因却基本相同。主要是地层复杂，钻进进尺或提钻速度过快，成孔后放置时间过长，没有灌注混凝土等原因造成。钻孔压灌桩穿过较厚的砂层、砾石层时，成孔速度应控制在2m/min以内，提钻速度应控制在1m/min以内。必要时可采用复钻法保证孔径。

(6) 桩端持力层判别错误

持力层判别是钻孔压灌桩成败的关键，现场施工必须给予足够的重视。对于非岩石类持力层，判断比较容易，可根据地质资料的深度，结合现场取样进行综合判定。并由勘察单位技术人员现场认定。

对于桩端持力层为强风化岩或中风化岩的桩，判定岩层界面难度较大，可采用以地质资料确定的地层深度为依据，结合钻机的电流表受力状况、主动钻杆的抖动情况和钻头带取的岩土砂样进行综合判定。

4 混凝土灌注和钢筋笼安装的控制问题

（1）混凝土灌注控制

① 坍落度的控制。使用坍落度仪量测，保证混凝土的和易性。

② 充盈系数的控制。在实际施工过程中成孔有偏差大于设计尺寸部分，以及由于土质不密实，就会发生实际灌入量大于理论计算量。所以为保证成桩质量，必须使实际灌注量与计算值的比值在一定的区间内。

（2）钢筋笼安装位置控制

① 吊放钢筋笼入孔时，对准孔位，吊直扶稳，避免碰撞孔壁。

② 钢筋笼吊点位置应满足吊运不变形的要求，确保吊装稳固，必要时应在吊点位置绑沙杆或方木。

③ 为防止钢筋笼位置偏差，在钢筋笼主筋上，每隔3.0 m左右设置一组4个钢筋保护层支架，以此保证钢筋笼居中和设计要求的保护层厚度。

（3）注浆时产生的串桩现象

所谓串桩，是指施工桩压注水泥浆的工程中，水泥浆突然从别的桩顶喷冒出来。产生这种串桩的原因有：① 地层中有易透水的砂性土层且水流较大；② 注浆压力过大；③ 施工桩距过小。

一旦发生串桩，最容易发生夹泥桩，桩身不完整，严重时出现断桩现象。所以，施工过程中必须高度重视。以预防为主，及早发现，及早补救。为了防治这种现象的发生，可采取以下措施：① 根据地层选用合适的注浆压力；② 跳跃式打桩，选跳间距，根据现场施工情况而定；③ 严格控制拔桩速度。

5 结 语

引起钻孔压灌桩质量事故的原因较多，各个环节都可能会出现重大质量事故。因此，在桩基工程开工前应做好各项准备工作，认真审查地质勘探资料和设计文件，实行会审和技术交底制度，做好现场试桩工作。详细做好各项施工记录，牢牢把握好钻孔、混凝土砼灌注和钢筋笼安装等关键工序的质量关，是防止质量事故发生的行之有效的措施。

岩土抗浮锚杆抗拔试验

朱彦辉　肖　东　朱　源　郭　帅

（沈阳中冶检测工程有限公司，沈阳，110000）

摘　要： 岩土抗浮锚杆抗拔试验作为一种新的检测方法，能有效地检测岩土抗浮锚杆质量，并对其进行综合评价。本文阐述了抗浮锚杆抗拔试验相关问题，并给出了工程实例。

关键词： 岩土抗浮锚杆；抗拔试验

1　问题的提出

随着我国建筑业的发展，地下建筑物越来越多，当地下水位对结构荷载不能抵抗地下水浮力时，地下建筑物的抗浮问题就变得越来越重要。解决地下结构的抗浮问题，当前普遍采用压重法、抗浮桩基础和抗浮锚杆。抗浮锚杆是一种嵌入地层深处的抗浮构件，它一端与建筑物基础的底板相连，另一端锚固于土层中，以承受水的浮力和其他荷载等所产生的拉力，用以维护构筑物的稳定。当建筑物地下室自重及上覆土不能抵消地下水产生的浮力时通过设置垂直抗浮岩土锚杆可用来消除地下水浮力产生的不利影响，保证地下室的稳定和安全。在国内，很多工程采用抗浮岩土锚杆来解决地下结构抗浮问题。抗浮岩土锚杆具有单点受力小，底板结构受力均匀合理，施工方便快捷，造价相对低廉的优点。由于抗浮锚固段的地层不同，抗浮锚杆可分为土层抗浮锚杆和岩石抗浮锚杆。随着抗浮锚杆在各类工程中的应用日益增加，对岩土抗浮锚杆检测的研究也越来越重要。岩土抗浮锚杆的检测应该以有效的规范为依据。现行的规范和规程包括《建筑边坡工程技术规范》（GB50330—2002）、《建筑基坑支护技术规程》（JGJ120—99）、《岩土锚杆（索）技术规程》（CECS22；2005）、《建筑地基基础技术规范》（DB21/907—2005），现行的各种规范和规程对锚杆检测方法规定较为笼统，不够明确，因此就需要不断地总结完善，以使试验和检测的技术更加趋于规范合理。

2　抗浮锚杆抗拔试验及检测方法

岩土抗浮锚杆抗拔试验包括基本试验和验收试验。基本试验：确定锚杆的极限承载力，掌握锚杆抵抗破坏的安全程度，揭示锚杆使用过程中可能影响其承载力的缺陷，以便在正式使用前调整锚杆参数和改进锚杆制作工艺。验收试验：验证锚杆工程质量是否满足设计要求，掌握锚杆在地层中的变化特征。锚杆试验的一般要求：锚固体强度大于15MPa，并且达到设计强度等级75%后方可进行试验。加载装置（油压千斤顶，油泵）的额定压力必须大于试验压力，且试验前应进行标定，加荷反力装置的承载力和刚度应满足最大荷载要求，计量仪器仪表应满足测试要求。检测数量，基本试验不应少于3根，且材料及施工工艺必须和工程锚杆相同，验收试验数量应取锚杆总数的5%，且不应少于3根。

岩土抗浮锚杆抗拔基本试验的方法：最大试验荷载不应超过预应力筋强度标准值的0.8倍，采用循环加、卸载法，加荷等级和观测时间见表1。

表1 基本试验加荷等级和观测时间

加荷增量（$A\cdot f_{cm}$%）	初始荷载	—	—	—	10	—	—	—
	第一循环	10	—	—	30	—	—	10
	第二循环	10	20	30	40	30	20	10
	第三循环	10	30	40	50	40	30	10
	第四循环	10	30	50	60	50	30	10
	第五循环	10	30	50	70	50	30	10
	第六循环	10	30	60	80	60	30	10
观测时间/min		5	5	5	10	5	5	5

锚杆破坏标准：

(1) 后一级荷载产生的锚头位移增量达到或超过前一级荷载产生位移增量的2倍；

(2) 锚头位移不收敛；

(3) 锚头总位移超过设计允许位移值。

基本试验所得的总弹性位移应超过自由段长度理论弹性伸长的80%，且小于自由段长度与1/2锚固段长度之和的理论弹性伸长。

岩土抗浮锚杆抗拔验收试验的最大试验荷载不应超过预应力筋$A\cdot f_{ptk}$值的0.8倍，并应满足以下规定：

(1) 永久性锚杆的最大试验荷载为锚索设计轴向拉力值的1.5倍；

(2) 临时性锚杆的最大试验荷载为锚索设计轴向拉力值的1.2倍。

验收试验对锚杆施加荷载与测读锚头位移应遵守以下规定：

(1) 初始荷载宜取锚杆设计轴向拉力值的0.1倍；

(2) 加荷等级与各等级荷载观测时间应满足规定；

(3) 在每级加荷等级观测时间内，测读锚头位移不应少于3次；

(4) 最大试验荷载观测15min后，卸荷至$0.1N_t$量测位移，然后加至锁定荷载锁定。

锚杆验收标准：

(1) 基本试验所得的总弹性位移应超过自由段长度理论弹性伸长的80%，且小于自由段长度与1/2锚固段长度之和的理论弹性伸长；

(2) 在最大试验荷载作用下，锚头位移趋于稳定。

3 现场测试

设备的选取：1000kN油压千斤顶2台；反力钢梁2套；压力表(100MPa)2块；基准梁2根；百分表2块；位移传感器2套；百分表座2套。

试验采用维持荷载法，使用油压千斤顶对抗拔锚杆逐级施加垂直荷载，用安装在千斤顶上的油压表观测施加的荷载值，用安装在锚杆上的大量程位移百分表测读锚头位移。

抗浮锚杆的现场试验布置图如图1所示。

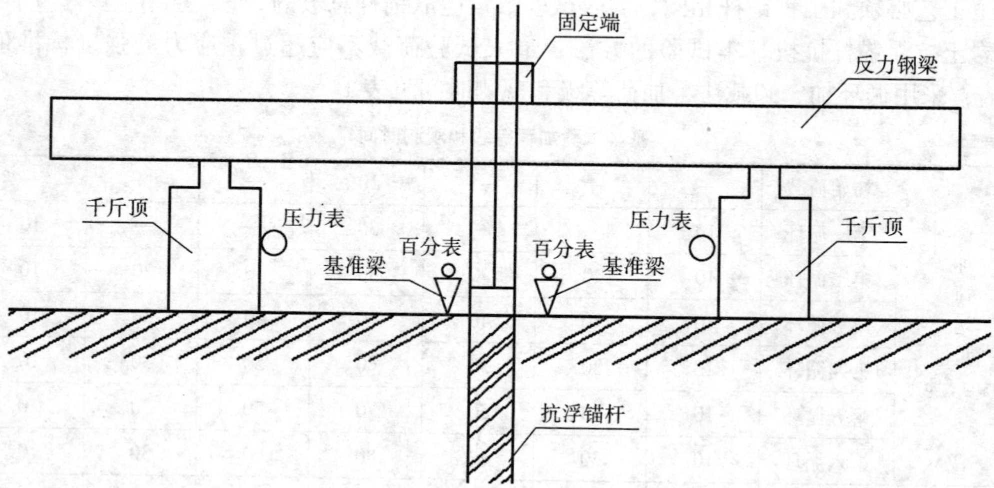

图1 抗浮锚杆的现场试验布置图

4 实测曲线及资料成果整理

试验结束后，根据试验数据绘制荷载-位移($Q-S$)试验曲线。根据现场记录，经计算后输入计算机，采用锚索试验曲线程序绘制出各岩土锚杆抗拔基本试验曲线和岩土锚杆抗拔验收试验曲线（见图2～图4）。

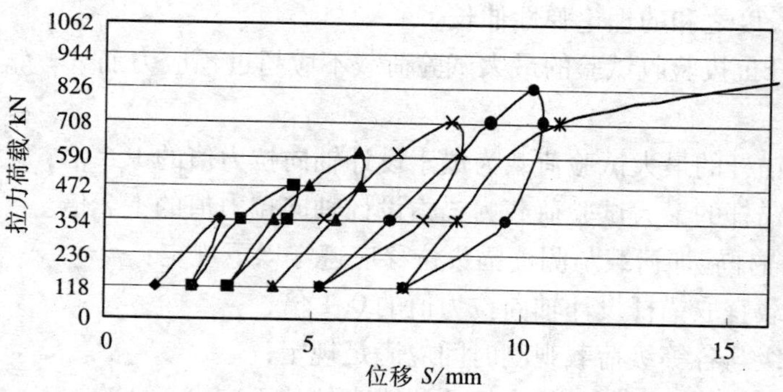

图2 A5—27 锚杆基本试验载荷-位移曲线

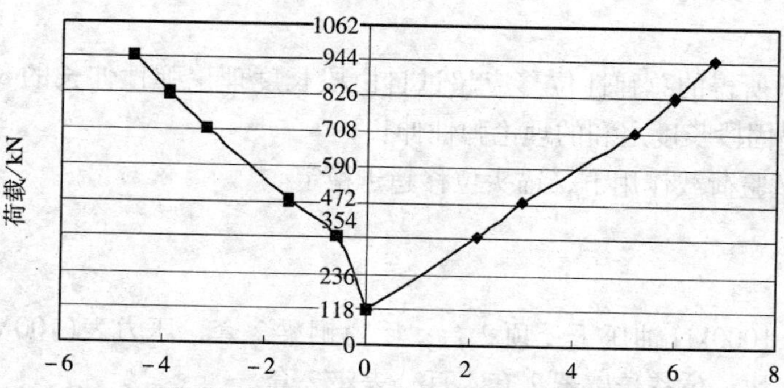

图3 A5—27 锚杆基本试验载荷-弹性位移、载荷-塑性位移曲线

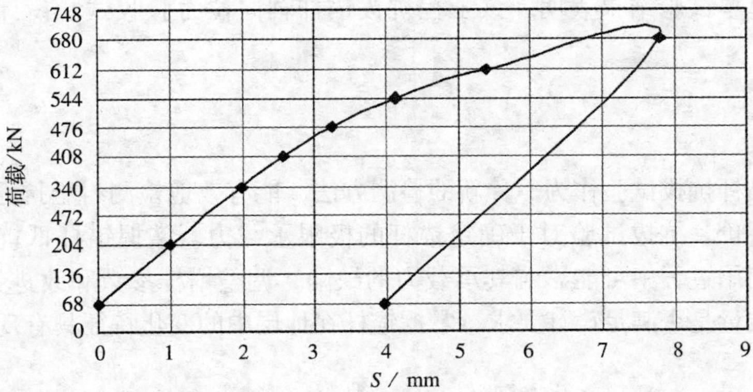

图4 锚杆抗拔验收试验 $Q-S$ 曲线

5 工程实例

工程概况：丹东某广场大商业区基坑支护工程位于丹东市振兴区，包括1栋4层酒楼、1栋9层商务酒店、1栋4层洗浴中心、1栋19层五星级酒店(四层裙房)、2栋23层甲级写字楼及2—6层商业裙房组成。二层满堂地下室，地下室基础底部埋深约 -12.0m。地下建筑物结构为框架结构，基础部分共均匀分布4670根抗浮锚杆，每根锚杆采用3ϕ32HRB400钢筋组合，孔径 ϕ150mm，单根锚杆设计抗浮锚杆极限承载力标准值1180kN，锚杆杆体进入强风化变粒岩5.0m，中风化变粒岩3.0m。我们收集了丹东某广场大商业区基坑支护工程的岩土抗浮锚杆抗拔部分试验资料，其结果见表2和表3。

表2 锚杆极限承载力标准值结果表

锚杆编号	试验相对标高	锚杆长度/m	锚杆孔径/mm	岩土层名称	极限承载力标准值/kN	对应位移/mm
8	-11.10	10.20	150	中风化变粒岩	940	7.78
15	-11.0	9.80	150	中风化变粒岩	940	7.60
27	-11.0	10.20	150	中风化变粒岩	830	10.70
40	-11.20	9.20	150	中风化变粒岩	830	9.0
48	-10.90	8.80	150	强风化变粒岩	830	8.2
75	-10.90	10.0	150	强风化变粒岩	830	7.15
82	-10.80	10.80	150	强风化变粒岩	830	10.26

锚杆基本试验结果表明，抗浮锚杆极限承载力标准值可采用830kN。

表3 岩土锚杆验收试验结果汇总表

试验序号	试验编号	锚杆抗拔承载力特征值/kN	锚杆抗拔承载力特征值对应位移量/mm	试验最大加载值(0.80×极限承载力标准值)/kN	累计最大位移量/mm	残余位移量/mm	回弹率/%
1	1	400.00	3.54	680	9.18	4.77	48.04
2	2	400.00	2.47	680	7.80	3.97	49.10
3	3	400.00	2.75	680	7.42	3.94	46.90
4	4	400.00	6.11	680	13.43	5.61	58.22
5	5	400.00	1.98	680	5.99	2.14	64.27

锚杆验收基本试验结果表明，该工程抗拔锚杆轴向拉力验收试验设计值满足设计要求。

6 结 语

岩土抗浮锚杆抗拔试验作为一种新的检测方法，能有效地检测岩土抗浮锚杆质量，并对其进行综合评价。抗拔试验对于确定锚杆的极限承载力，掌握锚杆抵抗破坏的安全程度，揭示锚杆使用过程中可能影响其承载力的缺陷，调整锚杆参数和改进锚杆制作工艺，验证锚杆工程质量是否满足设计要求，掌握锚杆在地层中的变化特征具有现实意义。

打入式预制桩对现存桩体位移影响的测试研究

王祥民　曾庆辉　王晓辉

（中国建筑东北设计研究院有限公司，沈阳，110006）

摘　要： 在我国许多沿海城市，淤泥等软土是土建工程不得不面对的地基条件。在这样的地基条件下沉桩，挤土效应是比较严重的，由此引发的工程事故时有发生。本文根据某软土地区沉桩工程位移实测数据，分析了打入式预制桩对现存预制桩桩体径向位移、轴向位移和上浮量的影响。

关键词： 打入式预制桩；径向位移；轴向位移；上浮量

1　桩体位移监测方案概述

本工程E-9号楼处于基坑中心位置，采用柴油锤打桩机进行沉桩，共需打入124根预制方桩。桩径分3种类型，直径分别为500，600，700mm。在软土地区沉桩时，由于预制桩桩体被打入时会引起其周围土体发生一定的变形，导致已打入的预制桩桩体发生一定的位移和上浮，为判定其影响程度，进行了桩体位移及沉降监测。

根据国家标准《建筑变形测量规程》（JGJ/T8—2007），结合本工程打入式预制桩的施工情况，在桩顶预先埋设棱镜连接件。

对各预制桩顶部进行精密水准测量，从而获得预制桩顶部高程，根据高程的变化来判断其沉降量。

2　沉桩监测结果分析

2.1　打入桩距离对中心预制桩径向位移的影响

量取各目标预制桩至中心预制桩的距离，结合位移测量数据，分别绘制9-37—9-119桩的桩体径向位移与桩距关系曲线图(见图1~图5)。为了更好地寻找出桩中心间距离与桩体径向位移量间的关系，采用去尾平均值、平均值、中值三种方法对9-37列桩、9-57列桩、9-68列桩、9-88列桩和9-98列桩数据进行处理，依次得到9-去尾平均值、9-平均值、9-中值3列数据。同时，对其中的两列数据进行了对数曲线拟合。图中的对数（9-平均值）即是对9-平均值进行的对数曲线拟合。

2.2　打入桩距离对中心预制桩轴向位移的影响

将9-37列桩、9-57列桩、9-68列桩、9-88列桩和9-98列桩数据进行计算，可以得到去尾平均值、平均值、中值等数据。考虑到以上5列目标预制桩中，每列都存在一个桩径为500mm的目标预制桩，为此，尝试将桩中心间距离为8.70m所对应的轴向位移量乘以桩径比（即5/6），以便探索桩径对轴向位移量的影响。图6~图11给出了9-37—9-119桩的桩体轴径向位移与桩距关系曲线图。

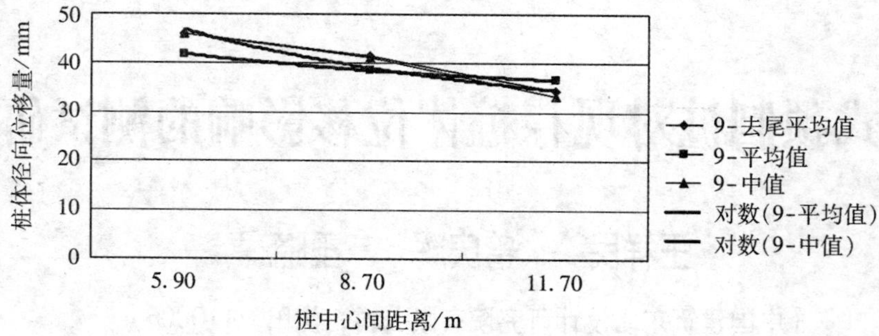

图1 9-37～9-98 列桩的桩体径向位移与桩距关系曲线

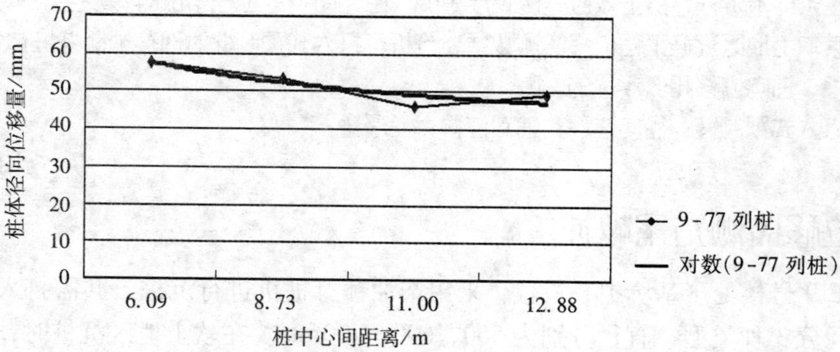

图2 9-77 列桩的桩体径向位移与桩距关系曲线

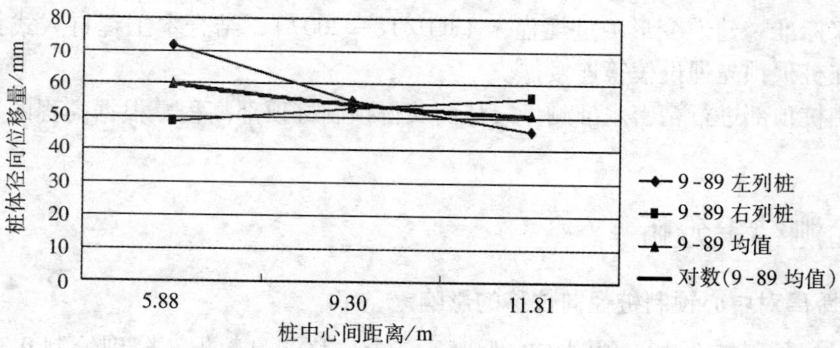

图3 9-89 列桩的桩体径向位移与桩距关系曲线

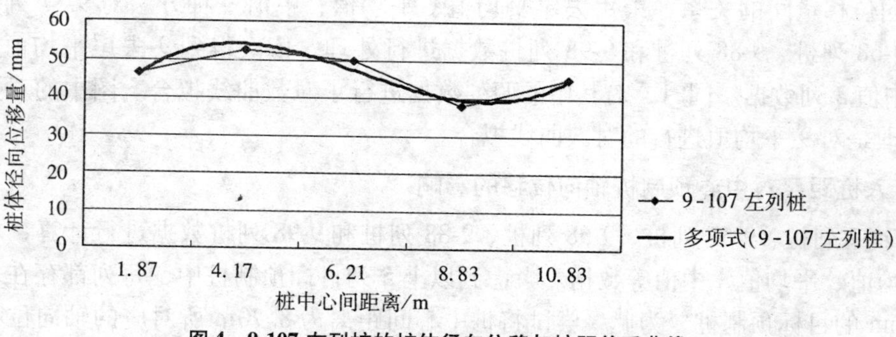

图4 9-107 左列桩的桩体径向位移与桩距关系曲线

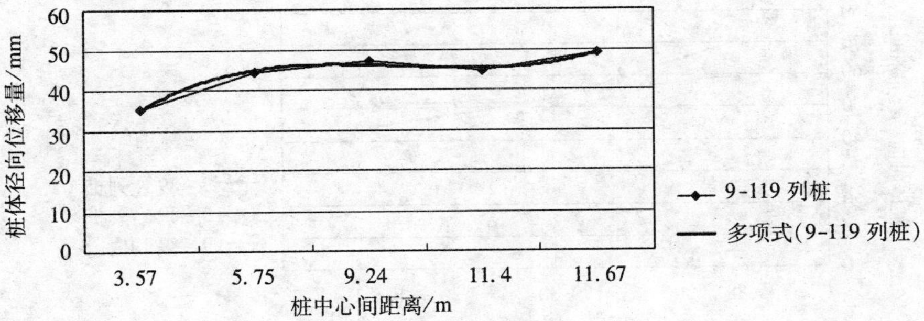

图 5　9-119 列桩的桩体径向位移与桩距关系曲线

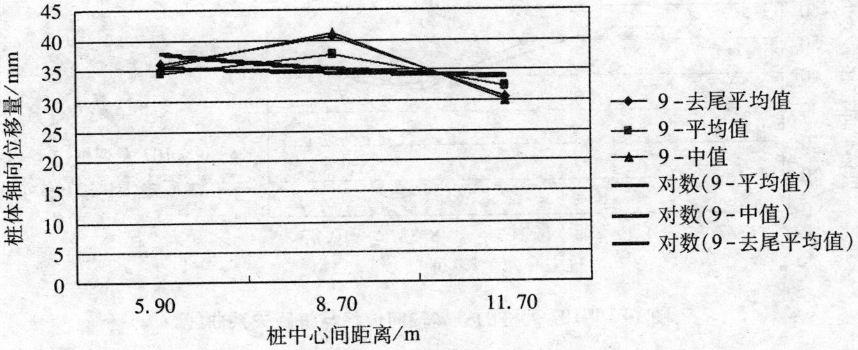

图 6　9-37—9-98 列桩的桩体轴向位移与桩距关系曲线

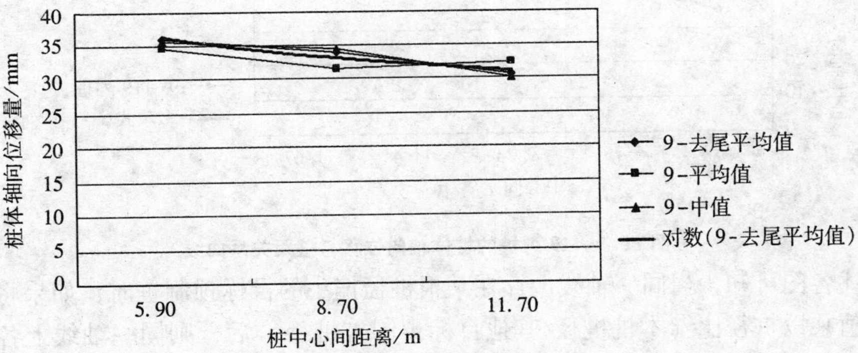

图 7　考虑桩径 9-37—9-98 列桩的桩体轴向位移与桩距关系曲线

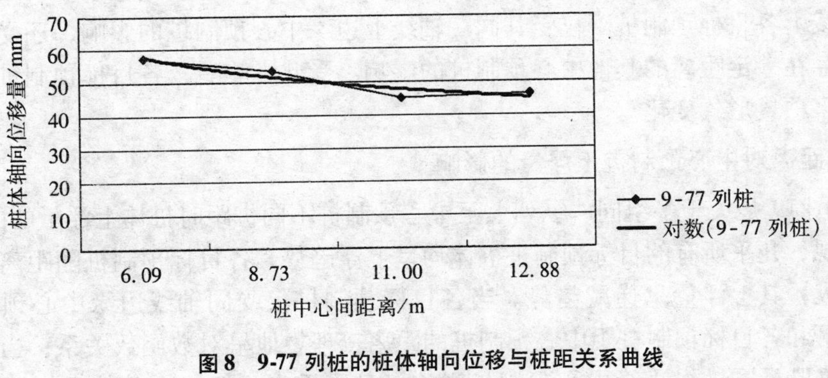

图 8　9-77 列桩的桩体轴向位移与桩距关系曲线

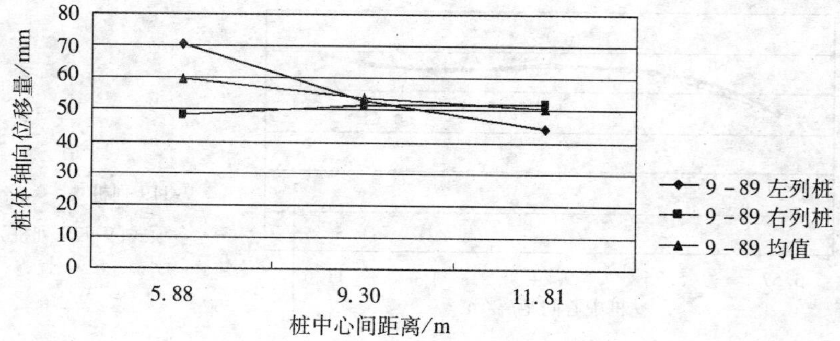

图9　9-89 列桩的桩体轴向位移与桩距关系曲线

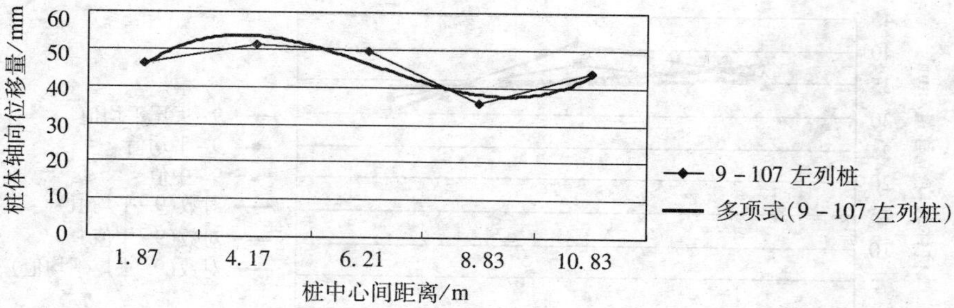

图10　9-107 列桩的桩体轴向位移与桩距关系曲线

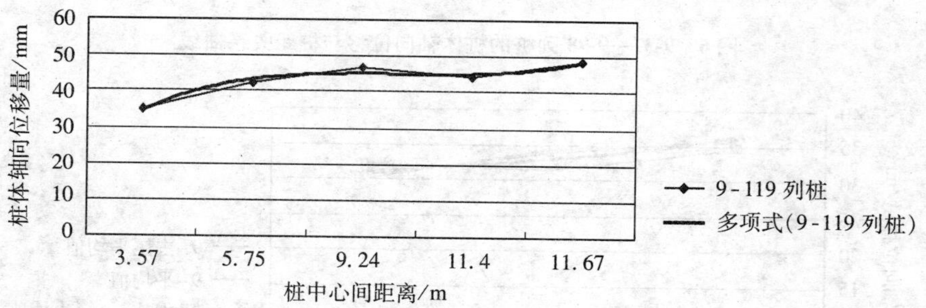

图11　9-119 列桩的桩体轴向位移与桩距关系曲线

由上述各图可知：当同一轴线上存在某根桩径偏小的目标预制桩时，如果将其轴向位移量测试值乘以桩径比（本桩桩径/其他目标预制桩桩径）后，则同一轴线上各目标预制桩轴向位移量与各目标预制桩距中心预制桩的距离可以较理想地遵循对数函数关系。随着目标预制桩与中心预制桩桩距的增大，其轴向位移量呈对数曲线形式递减。

同一轴线上各目标预制桩不仅受其同一轴线上边缘中心预制桩的影响，还受到垂直其轴线并与其存在一定距离的其他中心预制桩的影响。受此影响后，各目标预制桩体径向位移量呈三次多项式形式变化。

2.3　打入桩距离对中心预制桩上浮量的影响

图12～图19 是关于多组同一纵列上至中心预制桩不同桩距时桩体上浮量的曲线图。

可以发现，几乎所有的目标预制桩桩体均呈上浮趋势，各目标预制桩随距离中心预制桩距离的增大，其上浮量呈递减趋势。当各目标预制桩仅受同轴线边缘中心预制桩影响时，其上浮量和各目标预制桩距中心预制桩的距离较理想地呈对数函数关系；当同轴线上各目标预制桩既受同轴线边缘中心预制桩影响，又受垂直于轴线上其他目标预制桩影响时，二者呈三次多项式关系。

当同一轴线上存在某根桩径偏小的目标预制桩时，如果将其上浮量乘以桩径比（本桩桩径/其他目标预制桩桩径）的平方后，该列目标预制桩上浮量与各目标预制桩距中心预制桩的距离较理想地遵循对数函数关系。

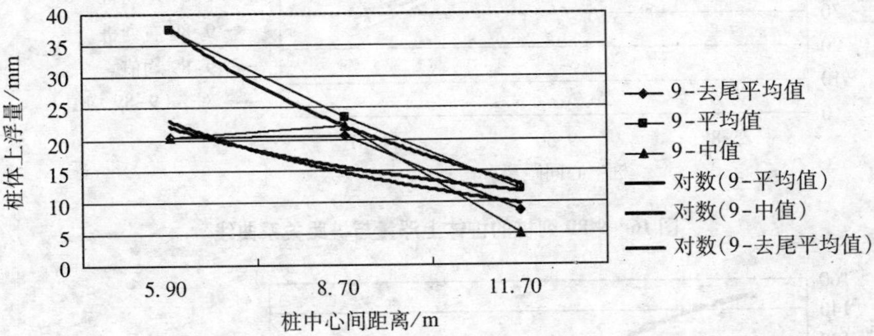

图 12　9-37—9-98 列桩的桩体上浮量与桩距关系曲线

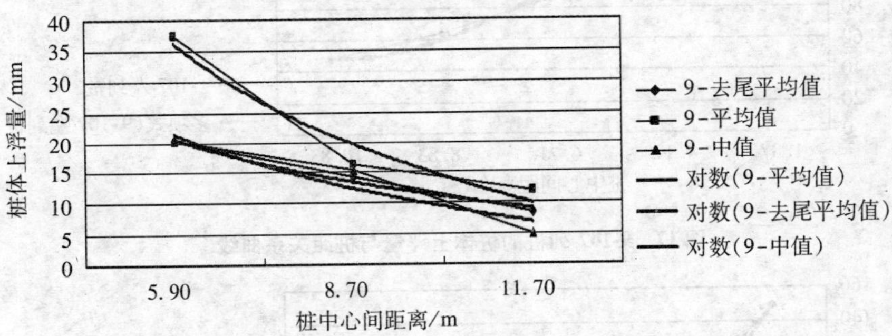

图 13　考虑桩径 9-37—9-98 列桩的桩体上浮量与桩距关系曲线

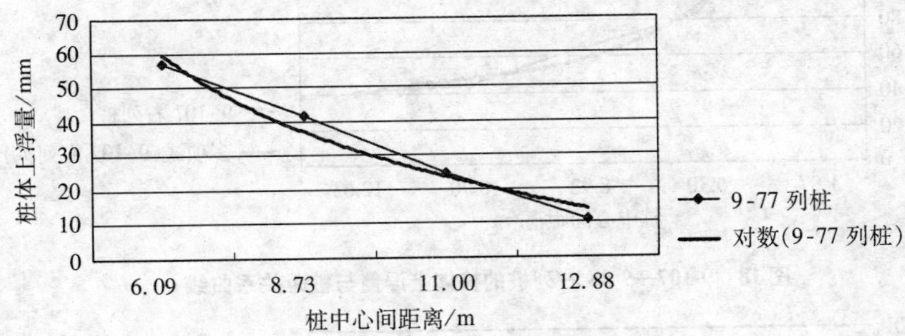

图 14　9-77 列桩的桩体上浮量与桩距关系曲线

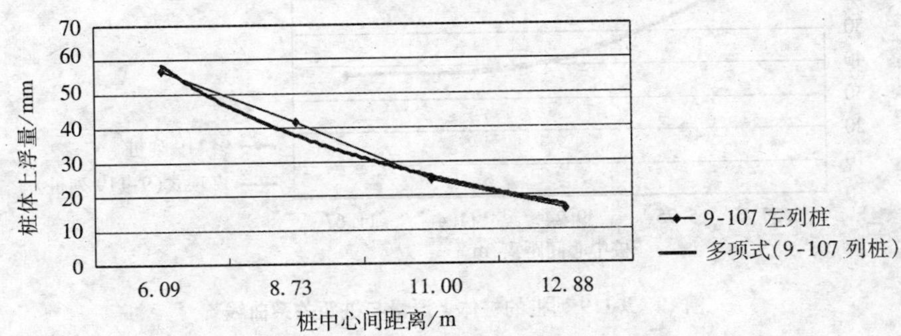

图 15　考虑桩径 9-77 列桩的桩体上浮量与桩距关系曲线

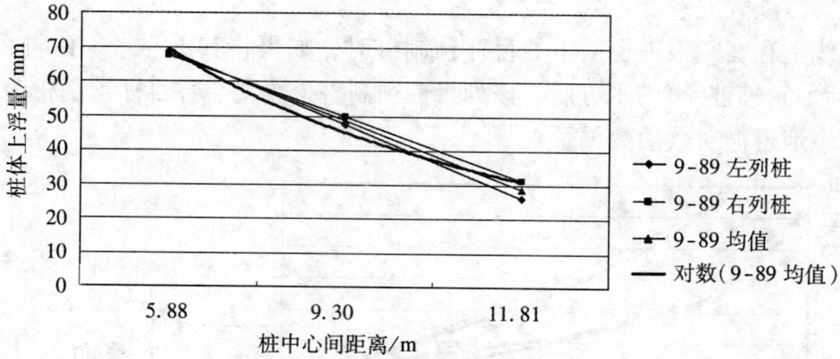

图16 9-89 列桩的桩体上浮量与桩距关系曲线

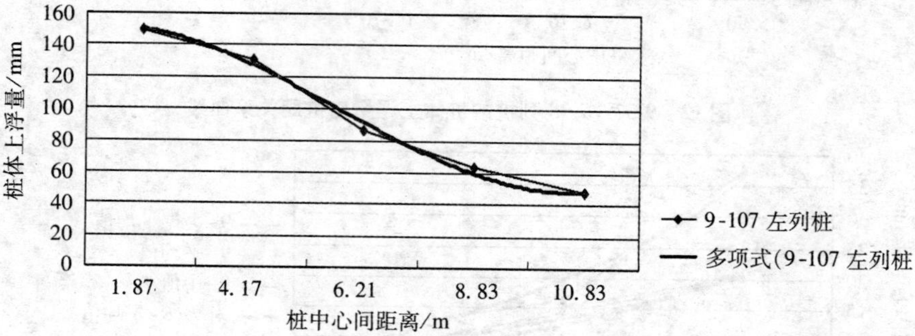

图17 9-107 列桩的桩体上浮量与桩距关系曲线

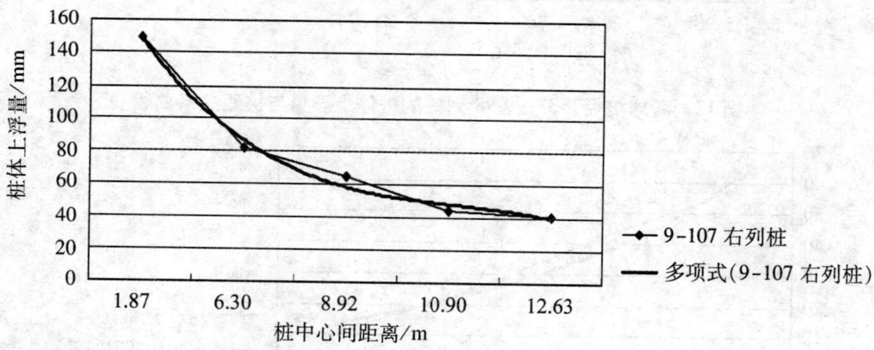

图18 9-107—9-98 右列桩的桩体上浮量与桩距关系曲线

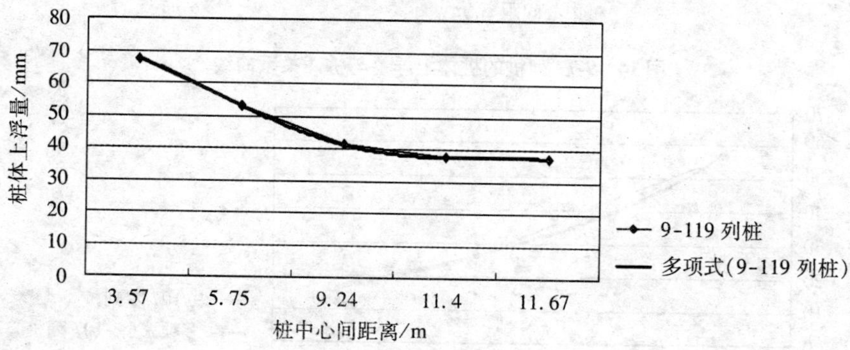

图19 9-119 列桩的桩体上浮量与桩距关系曲线

3 结 论

（1）在含有超厚淤泥层建筑地基上打入预制方桩时，当与各目标预制桩处于同一纵轴线上且处于最边缘的中心预制桩最后打入后，随着目标预制桩与中心预制桩桩距的增大，桩体径向位移量、轴向位移量和上浮量均呈对数形式递减。函数关系式依次为

$$y=-7.7\lg x+55$$

$$y=-3.7\lg x+41$$

$$y=-17.2\lg x+51$$

式中，x——目标预制方桩至中心预制桩的距离(m)；

y——求得的径向位移量(mm)。

（2）当同一纵轴线上存在某根桩径偏小的目标预制桩时，如果将按结论(1)中的函数关系求得的轴向位移量、上浮量分别乘以桩径比（其他目标预制桩桩径/本桩桩径）和桩径比的平方后，则其轴向位移量、上浮量将与测试值较接近。

（3）经过对监测数据统计分析可知：约94%的目标预制桩桩体出现上浮；约97%的目标预制桩桩体轴向位移量为正值(沿轴向远离中心预制桩)；约74%的目标预制桩桩体偏移角度绝对值小于20°。所有被监测的目标预制桩中，最大桩体上浮量为14.9cm，最大径向位移量为8.7cm。因此，含超厚淤泥层建筑地基沉桩挤土效应的影响是不可忽视的，在沉桩过程中，实施桩基信息化施工技术是有必要的。

墙柱复合基础处理软土地基的探索

王晓辉　　王祥民　　曾庆辉

（中国建筑东北设计研究院有限公司，沈阳，110006）

摘　要：本文介绍了采用墙柱复合基础处理软土地基的设想，在土体中加入工业废料矿渣对土体进行改良，从而提高地基土的承载力，以控制构筑物的沉降量。

关键字：软土地基；墙柱复合基础；矿渣

1　引　言

随着辽宁沿海地区经济的不断发展，城区住宅、厂房、公路等越来越多地在填土地基上建设。但由于沿海软土地基的冲填土和淤泥分布广，土质构成复杂，规律性差，使软土地基的基础设计和施工困难重重，需要强有力的技术支持与安全保障。为降低构筑物的经济指标，并控制基础的不同沉降，根据沿海地区的软土地及特性，针对软土地基上建造中轻型建筑物，提出了“墙式及柱状地基处理与筏板或条形基础相结合复合地基”方式，对于柱状土改良，在国内外都进行了广泛的研究。因其具有施工方便、经济效果佳等特性，在实际中得到广泛的应用。

利用墙式及柱状地基处理与筏板或条形基础相结合复合地基可有效地控制建筑物基础的沉降(全沉降与不同沉降)，保证建筑物的正常运行。同时将废钢渣有效地应用到地基处理中，不仅可以充分节省资源，维护自然环境，而且可以为我省乃至全国带来显著的经济效果。特别是采用废钢渣进行地基处理，处理后的土体 pH 值可达到 10 ~ 12，具有较强的防腐功能，从经济效果及环境保护等方面的要求上，采用本项目中的地基处理形式，并将废钢渣与工程建筑相结合，可以节省大量的有效能源，进行废物利用。

2　复合基础构想

在均布荷载 p 作用下，如果土质为弹性均质土，柔性筏板基础的沉降分布呈图 1 中虚线所示，在筏板的中心处沉降值达到最大，在外缘处最小。如果能够减小中间处的沉降量 S_c 并且增大外围处的沉降量 S_d，整个筏板基础的沉降差将会得到有效的控制或消除。

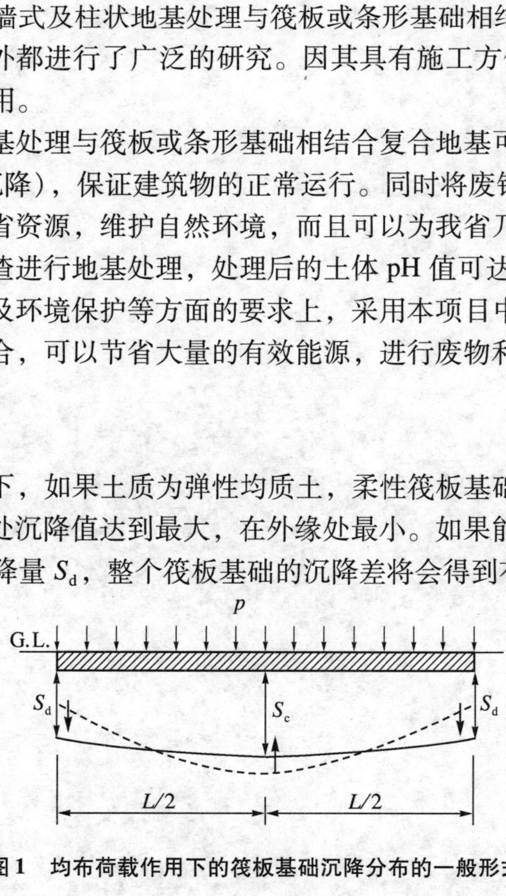

图 1　均布荷载作用下的筏板基础沉降分布的一般形式

根据上述原理，Hibino 等人提出了一种由中心处开始向基础外边缘逐渐减小深度的圆柱状地基处理形式。据此，针对软土地基上的低层/轻型建筑物，作者与日本 Tand P 设计事务所共同提出如图 2 所示的筏板与浅层地基处理相结合的复合地基形式。在此基础形式中，建筑物中心附近的地层处理深度及宽度相对较大，可降低中心处的沉降量。为了防止地震时液化现象的发生，对基础外边缘附近也进行了墙式地基处理。同时，外边缘的墙式处理可拘束内部未经过处理土的水平方向变形，从而提高基础的水平抵抗能力。采用此基础形式，即可提高基础的承载力，又可有效地控制基础整体的沉降。并且，与桩基不同，由于改良体自身具有一定的压缩性，基础的运动将追随地基土的运动，可有效地避免由于地基土沉降而引起的建筑物使用功能障碍。在非均布荷载的作用下，由于改良体与筏板的共同作用，传递到基础中心下部的铅直方向应力相对较小，仅在外围附近处较大，合理地分配了应力状态。

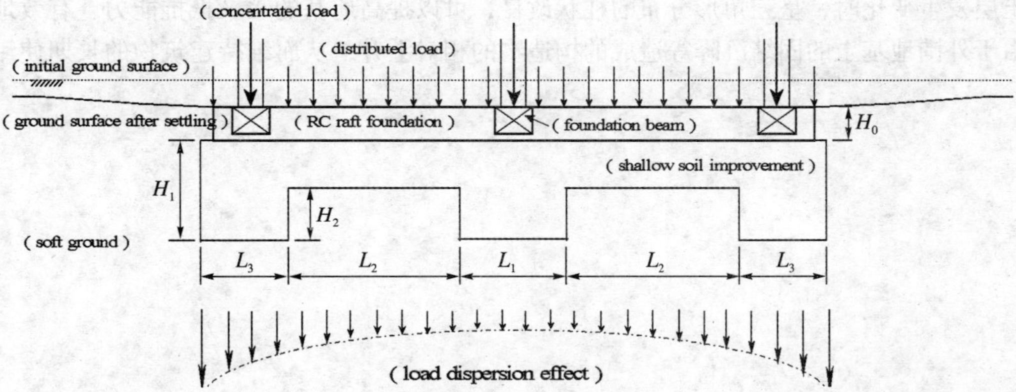

图 2　下凹形地基处理与筏板基础相结合的一般形式

由于在此基础形式中，只对软土层的上部进行局部处理，只需要在基础的外围处进行简单的基坑支护，可大量缩短施工期限，并且，由于采用现场土与水泥等添加剂进行处理，节省了废土的搬运工作，可大量减少施工费用。鉴于其卓越的使用功能与经济效果，此项基础工法在国外一些发达国家已得到的应用。

3　相关问题考虑

（1）废钢渣的利用

采用废钢渣作为主要固化材料进行地基处理，通过调节不同位置的墙式或柱状改良深度降低基础的不同沉降量。由于改良土刚性将比桩体的刚性有所下降，还具有较大的黏性，并在基础的外围部分实行墙式浅层改良，大大提高了水平抵抗能力。同时，可有效吸收地震波能量，从而达到免震效果。由于地基土改良，采用现场土与废钢渣、水泥等搅拌的形式进行，施工简便，节省了现场废土的搬运过程，达到了经济环保的效果，解决了基础防腐的问题。

（2）改良体材料试验

通过三轴压缩试验，掌握废钢渣及其复合材料的基本力学性质。在不同水质条件下，监测各种废钢渣复合材料发生腐蚀的情况，并对腐蚀后的废钢渣复合材料进行力学实验分析，掌握其力学特性，同时提出控制腐蚀进行的方法。

(3) 数值解析

假设土体为弹性体，在水平与铅直荷载情况下进行有限元解析。在此解析中，将讨论在弹性状态下，不同形式改良配置下筏板或条行地基上部的变形性状。

在充分掌握土体、改良体及筏板弹性体的变形和剪切破坏性状的前提下，采用有限元方法进行铅直荷载情况下的数值计算。在此解析中将明确在不同荷载情况下，筏板或条行基础上部的变形性状。

在充分掌握土体、改良体及筏板弹性体的变形和剪切破坏性状的前提下，采用有限元方法进行水平荷载情况下的数值解析。在此解析中将明确外墙式改良在水平抵抗的影响及在不同荷载情况下筏板或条行地基上部的变形性状。

总之，该基础采用了在深度方向呈梯形分布的柱形地基改良及基础的外围部分采用浅层墙式地基改良形的复合地基。筏板与柱形及外围墙式地基改良相结合的复合基础。在地基土层发生变化时，呈三角形分布的柱状改良，可以提高地基的水平抵抗能力，有效地防止由于外围地基土的固结沉降等造成的构造物的相对上升，从而维持建筑物的长期使用性能。

某机场路隧道工程桩基托换技术

张爱国

（中国建筑东北设计研究院有限公司，沈阳，110006）

摘　要：本文以某机场路隧道工程桩基托换技术为背景，提出了工程中的技术难点，并阐述了解决方案。

关键词：桩基托换；施工处理

1　前　言

桩基托换技术在地下工程建设中是一项技术含量较高的应用性研究，它涉及土木工程技术的多个方面，具有综合性强、各专业结合要求高、环境和安全问题突出等特点。桩基托换的核心技术是新桩和原桩荷载的转换，要求在转换的过程中托换结构和新桩的变形限制在上部结构允许的范围之内。根据桩基托换的机理，可以分为两种方式：主动托换技术和被动托换技术。

主动托换是当托换建筑物托换荷载大、变形控制要求严格，需要通过主动的变形调节来保证变形要求时，在托换桩切除之前对新桩和托换结构施加荷载，使需要托换的柱在上顶力的作用下，随托换大梁一起上升，从而克服由于托换大梁刚度不足可能产生的上部建筑物较大的沉降。同时，也通过预加载消除部分新桩和托换结构的变形，使托换桩和结构的变形可以控制在较小的范围内。因此，主动托换的变形控制具有主动性。该技术运用于大吨位、结构物对变形要求严格的情况。

被动托换是托换建筑物托换荷载小、变形控制要求不甚严格，依靠托换结构自身的截面刚度，可以在托换结构完成后即将托换桩切除，直接将上部荷载通过托换梁（板）传递到新桩，而不采取其他调节变形的措施。托换后既有建筑物及托换结构的变形不能再进行调节，上部建筑物的沉降由托换结构承受变形的能力控制，变形控制为被动适应。该技术适用于小吨位和结构对变形要求不甚严格的情况。经调档和查询国内外相关期刊杂志、技术资料和情报表明，欧洲、日本和我国的地铁或城市铁路隧道建设中都曾遇到桩基托换问题。在国内外桩基托换的工程实践中，较有代表性的有两个：第一个是采用一次主动托换技术的日本京都地铁车站，其特点是托换桩的轴力较高——5850kN（是所查询资料中最大的托换轴力），托换施工技术合理，位移控制均在目标值内；第二个是采用被动托换技术的广州地铁，其特点是桩基轴力和直径较小（最大直径仅800mm），托换桩数量多（约150根），托换施工措施简单，桩顶变形不能进行人为控制。

2　工程概况

成绵乐机场路隧道地处成都平原区，地形平坦开阔，地面高程为482～493m，相对高差2～11m。隧道从成都南站出站后DK165＋480开始下穿，于DK165＋980、DK166＋450、DK167＋590、DK170＋100处下穿铁路西环线、三环路、成雅高速公路、绕城高速公路，紧沿机场高速公路左侧行进，隧道埋深9～17m。沿线地表房屋密集，道路纵横交错，交通极为便利。在下穿西环线、三环路及成雅高速公路处需对一座铁路桥、两座公路桥以及四座人行天桥的桥墩进行桩基托换处理。本文以西环线铁路桥桩基托换为例对此技术研究进行阐述。

该机场路隧道(明挖施工)下穿三环路与既有成都西环联络线铁路桥(单线桥，设计荷载：中活载)连续刚构边墩(DK1＋824.36第52号墩)干扰，需进行托换处理(轴力较大，按主动托换设计)。既有铁路桥跨越三环路，主跨为20.5m＋33.1m＋20.5m预应力Y形连续刚构。需托换的桥墩为连续刚构边跨桥墩，该墩一侧为20.5m＋33.1m＋20.5m预应力Y形连续刚构的边跨，一侧为20m简支T梁。既有桥墩为双柱式墩，墩径为1.25m。基础为明挖双层基础，上层基础为4.4m×2.75m，下层基础为5.4m×4.75m，基础下4m深度范围采用复合地基加固处理。托换梁采用预应力混凝土结构，为保证托换梁底与隧道拱顶有一定的距离，托换梁将既有桥墩包住，位置在既有明挖基础以上，托换梁结构尺寸拟定为28.5m×5.7m×3m(长×宽×高)，托换桩采用4根直径1.5m的钻孔桩(按柱桩设计，嵌岩深度≥4m)。

3 桩基托换

根据铁路桥竣工资料，应用迈达斯有限元软件对既有桥、墩桩进行结构建模模拟(桥面采用板单元、墩桩采用杆单元)，对托换施工的全过程按施工阶段进行有限元分析计算。

以铁路桥52号墩托换梁施工为例，主要施工过程如下。

(1) 托换梁及桩帽基坑开挖(托换梁基坑采用钢板桩防护开挖，桩帽基坑采用钢筋混凝土护壁垂直开挖)。

(2) 托换梁端部梁底桩顶顶帽施工。

(3) 对既有铁路桥墩柱进行植筋(植筋宜在后半夜列车运营密度较小时进行)。

(4) 设置桩顶支顶装置。

(5) 托换梁预应力钢束管道布置及普通钢筋布置。墩柱植筋与托梁钢筋相接。

(6) 灌注托换梁混凝土。

(7) 张拉托换梁预应力钢束（此阶段尤其应注意对既有桥墩变形及墩顶标高变化的观测，每次张拉前后均需进行观测。张拉钢束前应与铁路运营管理部门联系，应在桥面无车通过时段张拉)。

(8) 根据实测托梁顶位置变形值、既有墩柱沉降值，对托梁进行逐级顶升，并监测各监测点的位移、应变变化情况，在达到设计顶升力或墩顶发生1mm位移时停止顶升（顶升时采用顶升力、位移双控，顶升力按设计顶升力的40%，60%，80%，90%，100%，105%，110%进行分级加载，最大顶升力不超过设计顶升力的10%)。

(9) 锁定安全自锁装置，千斤顶逐级卸载至设计顶升力的60%，将托梁底既有铁路桥墩基础逐步切割断开(切割凿除50cm厚部分基础，凿除位置距托梁底50cm)。在切除过程中应观测墩顶的位移变化，相应调整千斤顶顶力及自锁装置。

(10) 施工托换桩顶连接段，完成主动托换体系。

(11) 完成主动托换。

综上所述，托换施工工序可以概括为以下步骤。

（1）与铁路运营单位共同对既有连续钢构桥现状进行核查。就既有铁路桥跨现状及病害情况进行确认。

（2）建立观测体系，对既有铁路桥墩施工前各特征点（桥面、墩顶、垫石顶）位移、沉降初始值进行观测（此后动态观测一直延续至桩基托换换成及隧道衬砌完成后半年）。

（3）施工隧道开挖防护桩。

（4）钻孔施工托换桩（同侧、相邻托换桩不能同时钻孔施工，应施工灌注完一根桩后方可施工相邻桩）。

（6）对既有桥状况进行核查，托换体系与设计计算模型一致。

（7）施工隧道围护结构。

（8）隧道开挖施工，结合隧道施工降水动态对托换桩侧钻孔注浆。

（9）隧道施工完成半年后与铁路运营管理单位共同对既有桥状况进行核查，对桩基托换及隧道施工对桥梁的影响情况进行确认。

4 技术难点

该工程的主要技术难点包括以下几点。

（1）托换荷载难以计算准确

桩基托换受力体系的转换复杂，需要根据不同阶段、不同荷载的作用，分阶段确定托换荷载。托换荷载制约因素较多，除要考虑托换建筑物正常使用阶段的受力外，由于隧道开挖的影响，土侧压力等不可限定的因素对托换结构也会造成影响。本设计考虑的解决方法是，除了结构按施工阶段建模模拟外，对既有桥墩的不均匀沉降、土侧压力的强制位移均进行细致的模拟计算，并留有一定的安全储备。

（2）托换变形控制要求高

由于托换墩吨位较大，工程重要性较强，因此，对结构变形要求更为严格，再加上数值模拟计算存在一定的不可预知因素，既有桥的变形往往令人担忧。本工程考虑的解决方法是，进一步完善主动托换的思路，在施工中采用边顶升、边托换的方法，并采用分级顶升的设计思路，使得结构位移变形在可控范围之内，以求施工精度达到规范要求。根据现场实测，本工程施工也达到了较为理想的设计要求。同时，在托梁内留有备用束孔道，以便结构经长期运营发生较大变形后可进行二次张拉，以保持既有结构的安全适用性。

（3）托换节点的抗滑移性

采取何种措施，使托换大梁与柱节点的先后期混凝土形成整体，以弥补黏结能力的削弱，是桩基托换设计的关键，将决定着大轴力桩基托换工程实施的成败。为克服此困难，本设计除了按传统方法对既有结构进行植筋连接外，还对既有结构结合面处设置企口，以加强新旧圬工面的连接。根据现场实验，该设计思路不但有效地促进了新旧圬工面的结合，也大大地加强了节点的抗力。

钢筋应力计在桩基检测中的应用

王媛媛[1]　王家光[2]

（1. 辽宁省建设科学研究院，沈阳，110005
2. 辽宁建安工程造价咨询有限公司，本溪，117000）

摘　要：在静载试验中，采用钢筋应力计测得不同土层的侧摩阻力，根据桩身混凝土养护时间，推得桩身侧摩阻力及桩端阻力；根据静载试验结果得到桩身的极限承载力，为设计提供依据。

关键词：钢筋应力计；侧摩阻力；端阻力

1　工程概况

中铁第一勘察设计院集团有限公司受沈阳铁路局哈大客专沈阳枢纽工程建设指挥部的委托，承担了沈阳站新建西站房及高架候车楼的详细阶段岩土工程勘察工作。

拟建工程为沈阳站新建西站房及高架候车楼。该站房高度约46m，上部结构两层，局部有夹层，地下一层。结构形式为框架结构，屋盖一部分采用现浇钢筋混凝土结构，另一部分采用钢结构。一层层高为10.00m，二层层高为9.00m。平行于铁轨方向最大柱间跨度为20m，垂直于铁轨方向最大柱间跨度为31m。

根据岩土工程勘察规范分级标准，该工程重要性等级为二级，场地复杂性等级为站房主体基础拟采用钻孔灌注桩。地基复杂性等级为乙级，地基基础设计等级为甲级，综合本次岩土工程勘察等级为甲级。

2　场地地基土

根据钻探揭露，本场地地基土主要由杂填土、黏性土、砂类土、碎石类土和基岩组成。地基土③层中砂、④粗砂、⑤层砾砂、⑧层粗砂、层粗砂以外，其余各层均以薄层、透镜体出现。

地层划分主要考虑成因、时代以及岩性，划分根据野外原始编录、土工试验结果，同时参照原位测试指标的变化。

根据拟建工程概况，本场地建议采用桩筏基础，桩形建议采用钻孔灌注桩或压灌桩，桩长应为10.0～15.0m，持力层选择圆砾⑧层。

对于地下部分：由于其埋深为－17.8～－15.3m，在设计时，应考虑抗浮，其抗浮设防水位可按绝对标高40.00m考虑，各层参数见表1。

表1 拟建场地工程地质条件

地 层	$N_{63.5}$标准值/击	灌注桩/压灌桩桩侧阻力特征值 q_{sa}/kPa	灌注桩/压灌桩桩端阻力特征值 q_{pa}/kPa	重 度 γ/(kN/m³)	抗拔系数 λ_i
粉质黏土 ②	7.8	17.5/ 21.7		19.0	0.70
黏土 ②$_1$	8.4	17.5/ 21.7		19.5	
中砂 ③	12.3	20.0/ 28.5		17.0	0.70
粗砂 ④	12.1	20.5/ 29.0		18.0	0.70
砾砂 ⑤	14.1	31.5/ 45.0		20.0	0.60
粗砂 ⑥	14.3	17.0/ 21.0		19.0	0.70
圆砾 ⑥$_1$	13.3(均小值)	22.4/32.0		20.0	0.60
砾砂 ⑦	13.6	33.5/ 48.0	1600/ 2500	20.0	0.60
粉质黏土 ⑦$_1$	13.7	17.5/ 21.7		19.5	0.70
中砂 ⑦$_2$	21.7	22.8/ 32.5	1500/ 2000	19.0	0.70
粗砂 ⑦$_3$	14.8	22.8/ 32.5	1500/ 2000	19.5	0.60
圆砾 ⑧	15.9	38.5/ 55.0	1600/ 2500	20.0	0.60
砾砂 ⑧$_1$	14.9	38.5/ 55.0	1600/ 2500	19.5	0.60
粗砂 ⑧$_2$	13.7	22.8/ 32.5	1500/ 2000	19.5	0.70
粉质黏土 ⑧$_3$	17.5	20/ 30		19.4	0.70
中砂 ⑧$_4$	13.7				
泥质砾岩⑨					
泥质砂岩 ⑨$_1$					

3 试桩方案

该工程由中铁第一勘察设计院集团有限公司设计，其基础采用泥浆护壁钻孔后注浆灌注混凝土桩，设计桩身混凝土强度等级为C35，桩径均为1.0m、0.8m，试验有关项目要求和基本参数均由设计单位提供，具体检测方案由设计、施工和检测单位共同商定。桩基础工程由中铁九局哈大客专沈阳站沈阳北站工程项目经理部负责施工。

每根试桩的竖向反力均采用1根主梁及2根次梁承担，桩的竖向静载加荷试验采用4台8000kN油压千斤顶加荷，由100MPa压力表测读荷载值，试验桩的竖向沉降位移采用大行程电子百分表量测。

根据桩的准确平面位置和地质报告地层，在每根试桩主筋上主要土层分界面处均匀焊接4只弦式钢筋计，并逐一编号。使用前应对钢筋计逐个标定，得出压力(拉力)与频率之间的关系。记录加荷前的钢弦振动频率及各级荷载下钢弦振动频率。

试验前，需对桩头进行处理。

(1) 试桩位置及加荷梁布置：试桩位置由设计单位选定；

(2) 加荷设备：8000kN千斤顶2台，主梁1根，次梁2根；

(3) 百分表布置：在试桩周边对称布置4块百分表。

试验中，采用的测读制度如下：

（1）采用慢速维持荷载法；

（2）读百分表制度：每级加荷后按第5，15，30，45，60min测读桩顶沉降量，以后每隔30min测读一次；

（3）稳定标准：在每级荷载作用下，每1h桩顶沉降量不超过0.1mm，并连续出现两次。

终止加载条件如下：

（1）承载力满足设计要求；

（2）锚桩上拔量至极限或锚筋抗拔力至极限；

（3）桩顶累计沉降量超过100mm。

4 试验结果及分析

（1）该工程5-1号试验桩桩底部荷载读数升速偏低，表明其强度不足为Ⅱ类桩，其余各试验桩桩身完整，为Ⅰ类桩。

（2）对5号试验桩在设计标高处单桩承载力的建议：由于试验初期工期紧，其中5-1号试验桩注浆日期为2010年4月2日，实际静载日期为2010年4月8日，根据试验结果分析，桩的侧摩阻力和桩端阻力尚未完全发挥，所得的设计标高处单桩承载力特征值为3300kN。5-2号试验桩注浆日期为2010年4月2日，实际静载日期为2010年4月8日，桩的侧摩阻力和桩端阻力尚未完全发挥，所得的设计标高处单桩承载力特征值为3450kN。5-3号试验桩注浆日期为2010年4月2日，实际静载日期为2010年4月12日，桩的侧摩阻力和桩端阻力尚未完全发挥，所得的设计标高处单桩承载力特征值为4700kN。

综上可以看出，随着注浆时间的延长，试验桩承载力有较大提高，5号试验桩出现破坏特征主要是注浆强度不足导致的。因此，其单桩承载力特征值取4700kN依然偏于保守，如果延长养护时间，使浆液强度达到设计要求，其单桩承载力还会有所提高。5号试验桩设计标高处的单桩承载力特征值建议取5000kN，其侧摩阻力及端阻力宜按表2取值。

表2　5号试验桩侧摩阻力和端阻力建议值

地层名称	5号钻孔灌注桩	
	极限侧摩阻力标准值 q_{sia}/kPa	极限端阻力标准值 q_{pk}/kPa
③ 砾砂	75	
④ 圆砾	55	
⑤ 砾砂	80	
⑥ 圆砾	100	2000

（3）6-1号试验桩注浆日期为2010年4月2日，实际静载日期为2010年4月13日，桩的侧摩阻力和桩端阻力尚未完全发挥，所得的设计标高处单桩承载力特征值为5500kN；6号试验桩注浆日期为2010年4月2日，实际静载日期为2010年4月15日，所得的设计标高处单桩承载力特征值为5600kN。因此，6号试桩单桩承载力特征值建议取6000kN，其侧摩阻力及端阻力宜按表3取值。

表 3　　6 号试验桩侧摩阻力和端阻力建议值

地层名称	6 号钻孔灌注桩	
	极限侧摩阻力标准值 q_{sia}/kPa	极限端阻力标准值 q_{pk}/kPa
③ 中砂	50	
④ 砾砂	70	
⑤ 中砂	60	
⑥ 圆砾	100	2000

（4）2 号试验桩的 2-1 号点位在设计标高处单桩承载力特征值可取 7500kN。待 2 号试验桩全部试验结束后再确定最后取值；3 号试验桩的 3-1 号点位在设计标高处单桩承载力特征值可取 5500kN。待 3 号试验桩全部试验结束后再确定最后取值；4 号试验桩的 4-4 号点位在设计标高处单桩承载力特征值可取 5500kN；4-5 号点位在设计标高处的单桩承载力特征值可取 5500kN。待 4 号试验桩全部试验结束后再确定最后取值；1 号试验桩的 1-1 号点位在设计标高处单桩承载力特征值可取 10000kN。待 1 号试验桩全部试验结束后再确定最后取值。

5　结　论

（1）采用静载试验的方法并配合钢筋应力计测得各个土层及桩端承载力，从而达到优化桩基的目的。因试验初期工期紧张而过早进入试验，测得结果侧摩阻力和端阻力尚未发挥完全，虽然承载力对桩本身而言已到达要求，但并未起到优化作用，不能为设计提供依据。第二次是在延长了休止期后做的试验，结果显示，各桩的侧摩阻力和桩端阻力都得到了更好的发挥，可以为设计以及下一步工作提供依据。

（2）钢筋应力计测桩身侧摩阻力和桩端承载力在实际工程中可以发挥作用。

露天矿排土场边坡降雨入渗稳定性评价

郝 哲 陈殿强 张维正

（辽宁有色勘察研究院，沈阳，110013）

摘 要：露天矿排土场的稳定性直接关系到整个矿山的安全生产。排土场边坡对水的敏感性很强，大多数边坡地质灾害都是由于大量降雨入渗引起地下水动态变化所致。本文以弓长岭露天铁矿排土场边坡为例，在工程地质勘察和岩土物理力学性质分析基础上，进行了排土场边坡在降雨入渗和正常情况的稳定性分析和评价，给出了重要结论和建议，对现场排土场具有重要的指导意义。

关键词：排土场边坡；降雨入渗；工程地质勘察；稳定性评价

1 引 言

排土场是露天矿剥离物的堆积场所，占用大量土地，改变了矿山原有的地形条件与地貌特征，使绿色生态环境变成碎石遍地、寸草不生的荒坡。随着排土场堆高的日益增大，其稳定性问题也愈加突出。排土场由排弃物和基底两部分组成，排弃物可能是土岩混合物，基底可为土层或岩层。不同的排土场具有不同的稳定特点，同时影响排土场稳定性的因素也各不相同。排土场稳定研究起步较晚，直到目前仍未形成一套非常成熟的理论[1]。

排土场边坡对水的敏感性很强[2]，大多数滑坡、泥石流灾害都是以地面大量降雨入渗引起地下水动态变化为直接的诱导因素。在降雨条件下，雨水入渗使土体饱和度增加，孔隙水压力上升，基质吸力减小并引起抗剪强度下降，从而引发排土场边坡稳定性的降低。当降雨强度达到一定程度时，就容易诱发边坡失稳。

本文以弓长岭露天铁矿排土场为例，在岩土工程勘察的基础上，通过建立定量模型，分析降雨入渗对边坡稳定性的影响，对滑坡、泥石流灾害的预测和预防有重要指导意义，对于进一步的排土场灾害治理及矿山复垦等也具有重要的现实意义。

2 工程勘察

2.1 现场踏勘

弓长岭矿业公司露天铁矿是鞍山钢铁(集团)公司最大的铁矿石供应基地，目前已进入深凹开采状态。其中，棋盘岭排土场位于独木采区北端小北沟，承担露天铁矿独木采区的岩石排弃。随着开采不断进行，排土场容积越来越大，高度也在不断增加，一旦排土场边坡出现滑坡失稳，将对矿山采场生产人员和设备的安全造成极大威胁，严重影响矿山的生产活动。

经现场实地踏勘，排土场场区周边地貌类型较简单，发育构造剥蚀丘陵地貌单元。棋盘岭排土场利用小北沟天然的沟谷地形而建立。目前排土场高度堆积约140m，接近极限堆高，实际排土量 5972 万 m^3。距坡脚 100m 外有选矿厂、尾矿库和盘山公路，且有若干民居散布在边坡下。若发生大面积滑坡和泥石流等地质灾害，会对人民的生命财产构成严重威胁[3]。

2011 年 7 月，由于连日暴雨，棋盘岭东坡坡顶平台出现 4 条张拉裂缝，基本平行于坡顶眉线。

2.2 地层划分

通过工程地质测绘、岩土工程勘探、圆锥动力触探、标贯试验和纳米瞬变电磁物探的综合勘察，地层划分如下。

(1) 人工堆积物

① 堆积料主要为露天铁矿采场排出的废石土。建议在稳定计算时，可根据其密实程度为松散—稍密、中密或密实，定义不同排岩体类型和参数进行分析。

② 碎石素填土：土黄色、稍密，其物质成分由碎石、砂和黏性土等材料组成，以碎石为主。不连续分布于排土边坡脚。

(2) 天然地层

① 粉质黏土：黄褐色、可塑，内含铁锰质结核。

② 斜长角闪岩：灰色、片状构造、有光泽反应、强风化，局部区域有分布。

③ 花岗岩：黄褐色，根据风化程度可分为全风化、强风化和中风化 3 种类型。

排土场基底地层特征是依靠坡脚附近原始地层特征类比得到的，推断排土场基底地层由原始第四纪表土(粉质黏土层)和原始基岩(花岗岩层，局部斜长角闪岩)所构成。

2.3 水文地质条件

(1) 地下水赋存条件

场地范围内分布地层主要为素填土(碎石)、粉质黏土、强风化斜长角闪岩、中风化花岗岩和强风化花岗岩(节理裂隙发育)。区内地下水为孔隙潜水，含水层厚度 2.5 ~ 5.0m，水位埋深 2.8 ~ 4.0m。

(2) 地下水补给条件

大气降水是排土场区域的地下水主要补给来源，大气降水可直接入渗补给地下水；某些地段地下水可得到地表水的补给。

对于棋盘岭排土场而言，岩土介质主要为排弃的废石，自身渗透性较好。矿区降水量统计：以最多的 7 月份为例，近 3 年月平均降水量为 156.9mm。由于现场实际情况的复杂多变性，有必要开展降雨入渗定量研究。

2.4 岩土参数

现场实测棋盘岭排土场占地面积 0.762km^2，总排土量约 597 万 m^3。现场踏勘后，共布设 10 条勘探线，给出剖面形状。

排土场东侧实测排土标高范围：最小标高 244m，最大标高 436m，边坡堆积高度不等。堆积物的上部为松散碎石，下部为不同压实程度的排岩体，部分堆积体经多年沉积已经稳定[3]。经室内试验和工程类比，给出计算参数见表 1。考虑现场排岩体的压实程度，将其分为 3 种类型：松散排岩体、半压实排岩体和已压实排岩体。

表1 排土场排土边坡稳定性计算参数

岩土名称	重度/(kN/m^3)	内聚力/kPa	内摩擦角/(°)
松散排岩体	19.0	0	31.2
半压实排岩体	19.5	25	36
已压实排岩体	20.1	38	38
原始第四纪表土	19.2	33	19
原始基岩	23.5	100	47

3 稳定性分析方法

3.1 滑坡模式

研究表明，排土场边坡滑坡模式主要有排土场边坡内部滑坡、沿原始坡面滑坡以及基岩本身滑坡3种形式[4]。现针对现场排土场滑坡模式进行具体分析。

(1) 内部滑坡

棋盘岭排土场排土基本为混排方式，内部介质相对较均匀，内部滑坡被认为沿圆弧面或其他光滑曲面是合理的。

(2) 沿原始坡面滑动(基底滑动)

当排土场散体岩石与地基接触面之间的摩擦强度小于排土场堆料内部的抗剪强度时，易发生沿基底原始坡面的滑坡，滑坡一般多在地基倾角较陡或接触面为软弱夹层的情况下发生。棋盘岭排岩场原始基岩上部存在第四纪表土层，相当于构成了一层软弱基底，且部分基底为山坡面，在一定程度上存在基底滑动的可能性。

(3) 下部基岩滑坡

排土场下部基岩含有软弱地层或弱面时，由于软弱夹层强度或地基承载能力较低，在排土场散体岩石载荷或雨水等因素作用下易产生地基沉降或差异沉降、地基底鼓或滑动，从而产生基岩内滑坡。棋盘岭排土场区基岩为中风化花岗岩，力学指标较高，软弱夹层厚度并不大，节理裂隙等弱面的岩体结构较为稳定，不存在基岩内滑坡的可能性。此种滑坡形式也可以与废石场内部滑坡统一考虑。

综上所述，棋盘岭排土场破坏模式可能为排土场内部滑坡或基底滑坡，需分别针对这两种滑坡模式进行稳定性计算。

3.2 计算方法及安全系数

排土场边坡稳定性计算时，考虑排土场实际情况，在实地调查的基础上，以最危险地段剖面图为计算目标，采用极限平衡法的Bishop和Janbu法对比分析。

据《有色金属矿山排土场设计规范》GB50421—2007条文7.0.9的规定，排土场边坡稳定系数K_S宜取1.15~1.30，并应根据被保护对象的等级而定。当被保护对象为失事后会使村镇或集中居民区遭受严重灾害的建构筑物时，应取1.30；当被保护对象为失事后不致造成人员伤亡或者造成经济损失不大的次要建构筑物时，应取1.20；当被保护对象为失事后损失轻微的建构筑物时，应取1.15。

棋盘岭排土场下游有尾矿库、选矿厂和盘山公路等，属被保护对象失事后可使居民区遭受严重灾害的情况。因此，取$K_S=1.30$。

进一步，定义边坡稳定性状态：

$K_S \geqslant 1.30$——稳定；

$1.20 \leqslant K_S < 1.30$——基本稳定；

$1.10 \leqslant K_S < 1.20$——欠稳定；

$1.00 \leqslant K_S < 1.10$——稳定性差；

$K_S < 1.00$——不稳定。

4 稳定性分析

4.1 计算模型

现场共实测10条剖面，现以处于排土场东坡，堆高最大的2-2剖面为例进行分析。依据排土场现状平面图、现场实测地形剖面和实测工程地质剖面，参照物料堆积的年份不同与密实度差别，对排土场边坡进行分层，获得计算几何模型，见图1。

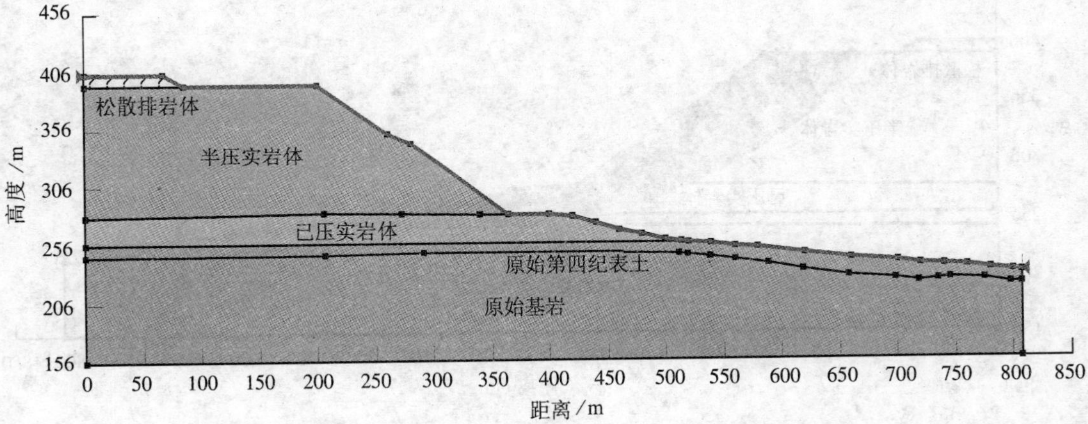

图1　计算模型(正常工况)

4.2 计算结果

根据选择的方案进行稳定性分析，内部滑动计算结果见图2~图3。

基底滑动计算结果见图4~图5。

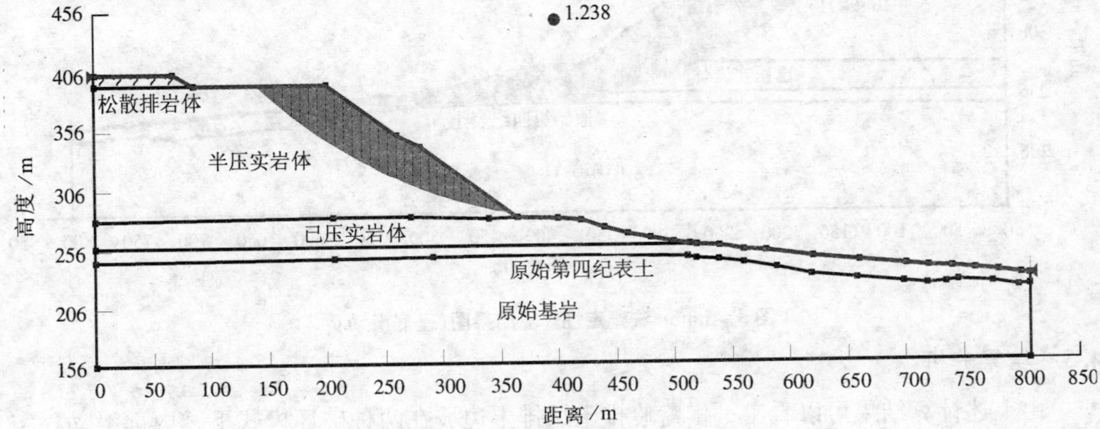

图2　Bishop法稳定性计算结果图(内部滑动)

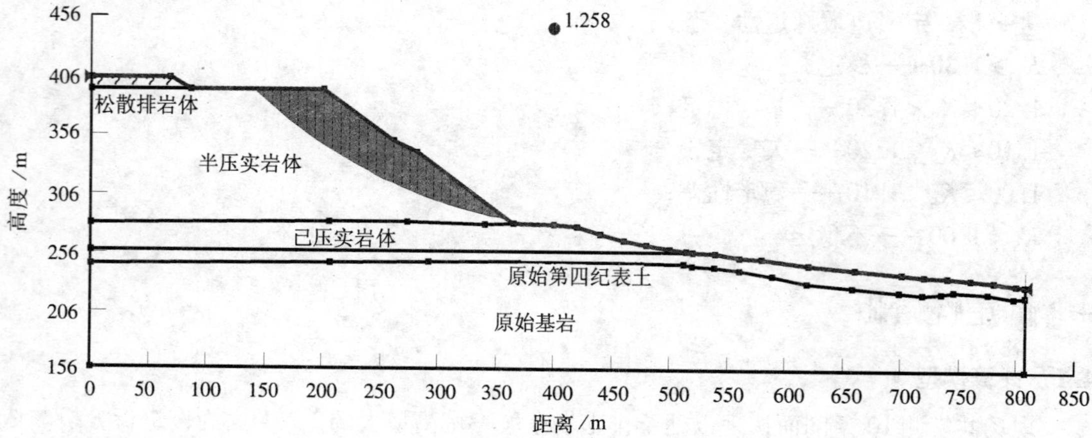

图3 Janbu法稳定性计算结果图(内部滑动)

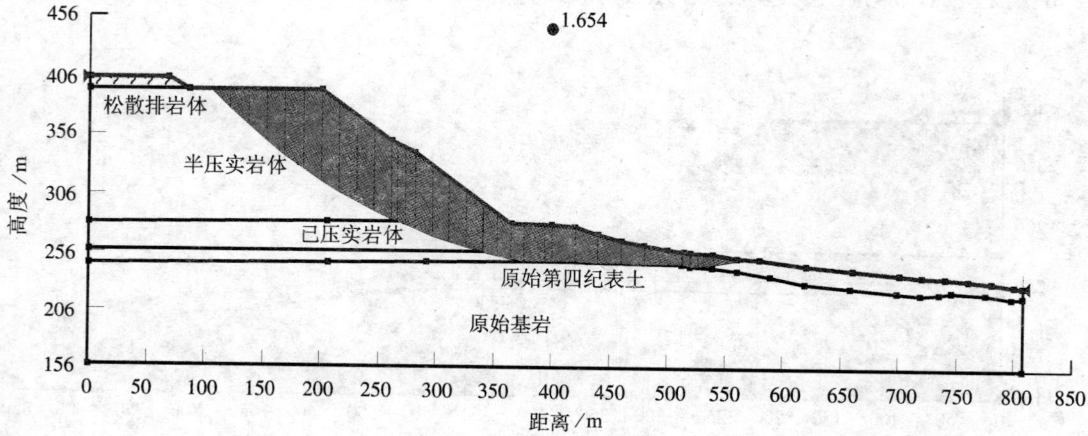

图4 Bishop法稳定性计算结果图(基底滑动)

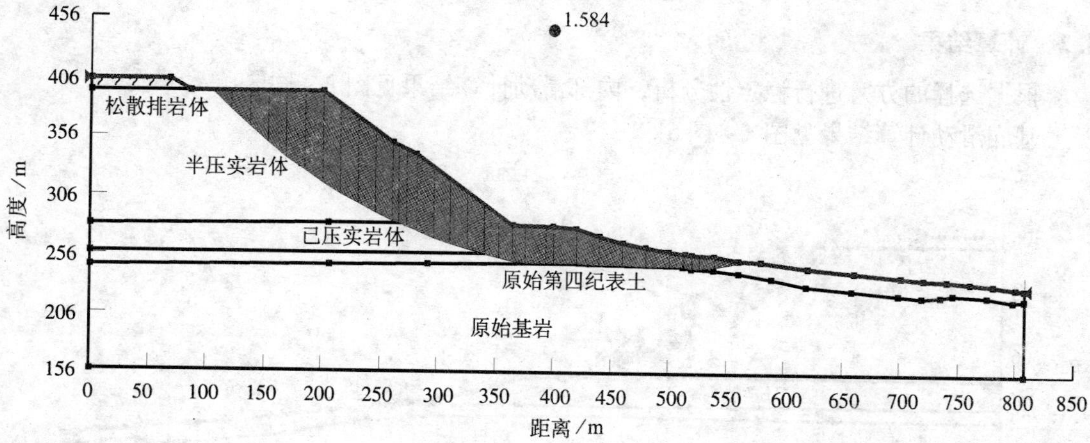

图5 Janbu法稳定性计算结果图(基底滑动)

4.3 结果分析

由上述计算结果可以看出，棋盘岭排土场排土边坡在两种破坏模式下，内部滑动稳定性系数更小，小于规范要求的最小安全系数。

内部滑动计算安全系数为1.283(Bishop法)和1.258(Janbu法)，略小于规范要求的1.30，可见该剖面有产生内部滑坡的可能性。2011年7月，由于连日降雨，棋盘岭坡顶平台出现4条裂缝，基本平行于坡顶眉线，最远处裂缝距边线约90m，而程序计算的坡顶滑面位置距边线约50m。剖析二者差异是由于降雨入渗导致排岩体物理力学指标比本文中所选值进一步降低，使滑面位置向深部扩展，并产生实际裂缝。剖析该剖面分层特征可见，松散排岩体高度堆积近140m，接近极限堆高，增加了滑坡的可能性。在坡顶裂缝处，矿方埋设了监测点，及时进行了变形监测。

分析认为，正常工况下该排土场总体稳定，仅个别剖面可能局部欠稳。

下面进一步开展降雨入渗情况下的稳定性分析。

5 降雨入渗时的稳定性分析

5.1 计算参数和边界条件

(1) 渗流计算参数

经综合分析，确定渗流计算参数见表2。

表2 排土场边坡渗流稳定性计算参数

岩土名称	渗透系数/(m/s)	饱和重度/(kN/m^3)	内聚力/kPa	内摩擦角/(°)
松散排岩体	0.0074	19.5	2.3	29.1
半压实排岩体	0.0001	20.5	22.1	32.4
已压实排岩体	1.2e-6	22.1	35.0	34.5
尾矿堆积物	9.6e-5	19.0	5.5	27.0
原始第四纪表土	6.5e-6	19.5	30.3	17.6
原始基岩	1e-8	24.0	89.2	42.0

(2) 边界条件

模型两侧：地下水位以上边界按零流量边界处理，地下水位以下为给定总水头边界条件(Dirichlet边界)。

入渗边界：土坡表面及斜坡处即入渗边界，取为流量边界或给定水头边界。当孔隙水压力小于零时为流量边界，反之变为水头边界。如果雨强小于表层土体渗透性，按流量边界处里，大小为降雨强度；如果雨强大于表层土体渗透性，一部分雨水沿坡面流失，会在坡面形成一薄层水膜，此时可按给定水头边界处理。弓长岭地区降雨量不大，因此采用流量边界(Neumann边界)。

模型底面为不透水边界。

(3) 降雨入渗强度

弓长岭地区多年平均最大24小时降雨量为90mm。据此，考虑最大降雨强度时对边坡渗流和稳定性的影响，将此指标略为提高，将排土场的降雨入渗强度计算指标确定为100mm/d。

5.2 计算模型

按有限元方法计算要求对排土场实测剖面进行网格剖分，计算模型如图6所示。

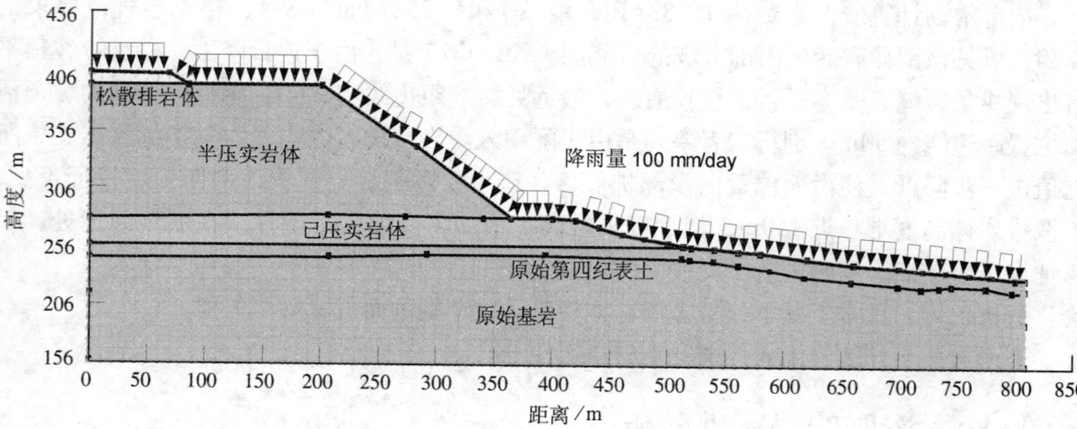

图6 计算模型(降雨入渗工况)

5.3 计算结果

(1) 渗流分析结果

根据选择的方案进行计算分析，得渗流计算结果见图7~图9。

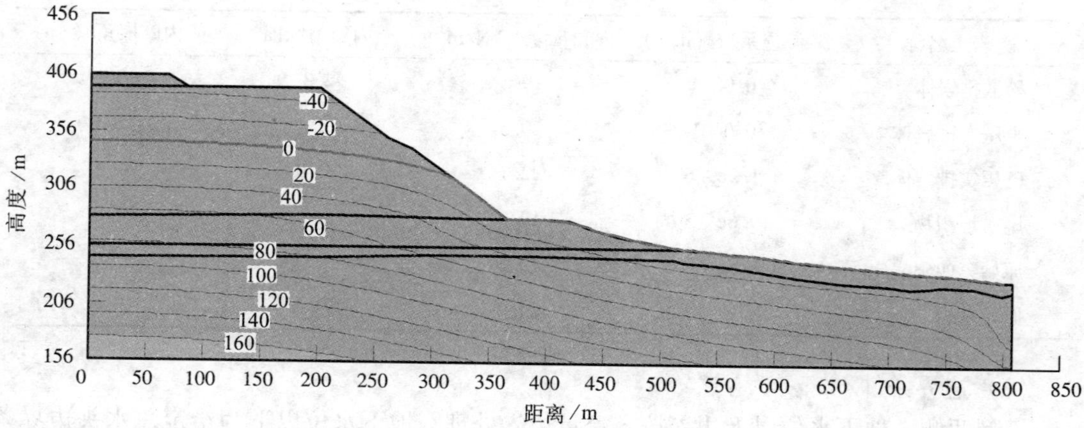

图7 降雨入渗压力水头图

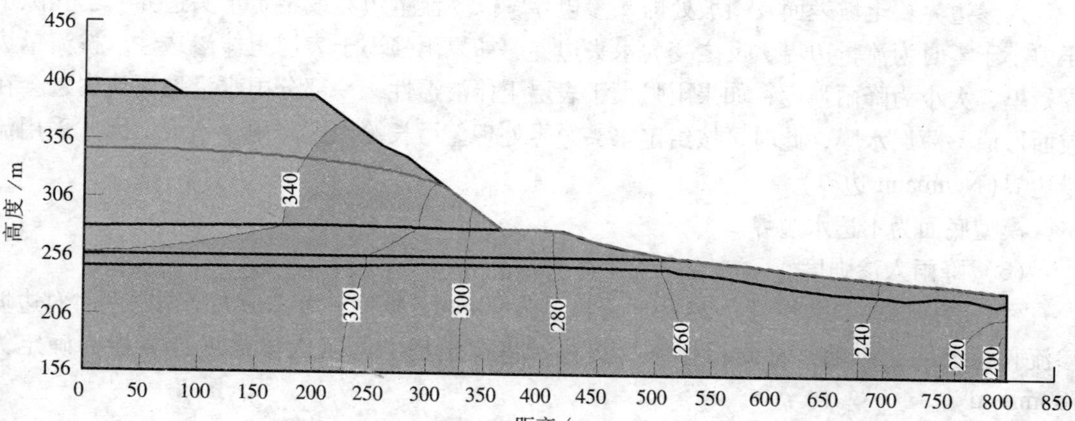

图8 降雨入渗总水头等势线图

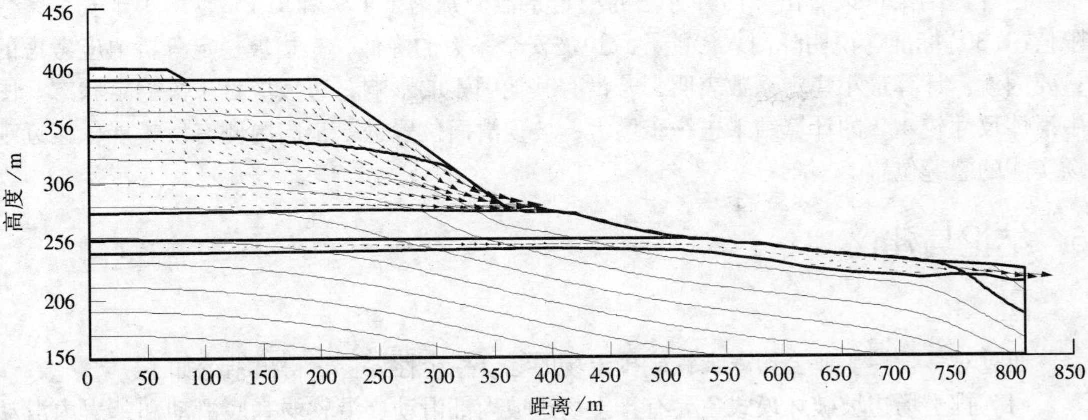

图9　降雨入渗矢量图

（2）稳定性分析结果

据渗流分析得到的浸润线和水头情况，利用极限平衡法进行进一步的稳定分析，结果见图10和图11。

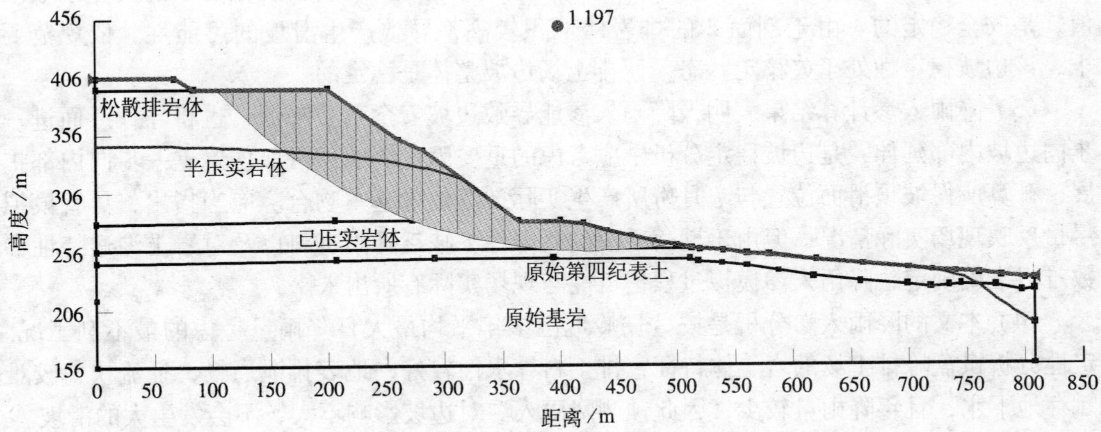

图10　Bishop法稳定性计算结果（考虑降雨入渗）

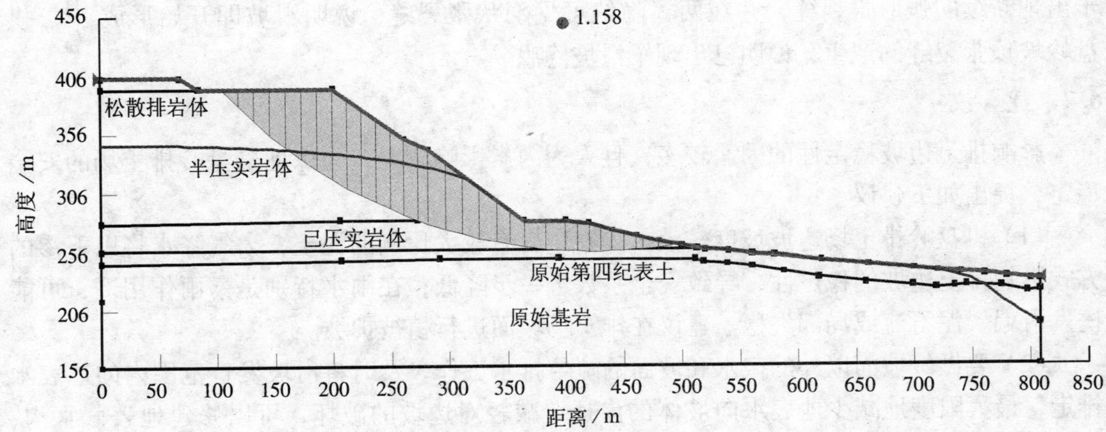

图11　Janbu法稳定性计算结果（考虑降雨入渗）

由计算结果可以看出，两种方法的稳定系数分别为1.197和1.158，均小于安全系数限值(1.30)标准，说明降雨入渗能导致边坡安全系数的降低，是边坡稳定分析中应考虑的重要因素。计算最小稳定系数表明，若没有其他因素的影响，边坡应处于欠稳定状态。图中滑体尺寸较4.2的计算结果进一步增大，坡顶滑面位置进一步向内侧有所扩展，接近现场实测的裂缝位置。

6 结论与建议

6.1 结 论

通过对弓长岭矿业公司露天铁矿排土场的综合稳定性评价，得出结论如下。

(1) 排土场边坡破坏模式主要有排土场边坡内部滑动、沿软弱基底滑动和基岩内滑动3种类型。现场调查，该排土场场地内第四纪地层主要为粉质黏土，其上覆素填土较薄，下伏稳定基岩，地基条件较好，因此该排土场主要破坏模式为排土边坡内部滑动和沿软弱基底滑动两种方式。

(2) 在两种破坏模式下，通过Bishop法和Janbu法对该排土场边坡的稳定性分析，结果表明：除剖面2内部滑动外，该排土边坡现状稳定性系数均大于规范要求的安全系数限值，是安全稳定的。由于剖面2的排岩体堆积较高，导致产生滑坡的可能性。依规范要求，该边坡稳定性处于欠稳定状态，而排土场边坡整体是稳定的。

(3) 降雨入渗计算结果表明，降雨入渗能导致边坡安全系数降低，也将导致滑面进一步向边坡内部延伸，是边坡稳定分析中应考虑的重要因素。坡顶滑面位置进一步向内部扩展，计算所得坡顶滑面位置与7月份所产生实际裂缝位置基本吻合。应当指出，尽管模拟尽量反映现场实际情况，但由于勘察手段的局限性，缺乏降雨资料以及对岩土渗透特性参数难以准确确定，降雨入渗模拟过程仍可能与现场实际有所出入。

(4) 本文的降雨入渗分析是按弓长岭地区多年平均最大日降雨量考虑的最不利工况。定性分析棋盘岭排土场的岩土体特征：排土料导水性较好，地表排泄通畅，径流快，较难赋存地下水，且年降雨量较少，因此预测降雨入渗对边坡影响不大，不会发生大的滑坡。

(5) 正确判定滑坡发展阶段是预测滑坡发展趋势的基础，掌握滑坡发展趋势是制定防灾预案的前提。滑坡裂缝理论指出：滑坡后缘出现张裂隙是边坡失稳的前兆，如后缘进一步出现断续的弧形张裂缝，并在两翼隐约可见羽状张裂缝，说明滑坡即开始形成[11]。棋盘岭坡顶张裂缝的产生，说明已出现了滑坡隐患。

6.2 建 议

影响排土边坡稳定性的因素较多，且人为因素影响较大，为保证棋盘岭排土场的安全稳定，提出如下建议。

(1) 棋盘岭排土场边坡坡度较大，碎石中含有较大比例的泥土，大气降水将以下渗的方式影响排土边坡的稳定性，导致安全系数进一步降低；在雨水特别是暴雨作用下，可能诱发滑塌、泥石流或局部失稳。建议在排土场坡面进行植被护坡。

(2) 要做好坡面以外的截水和坡面的疏导排水工作，及时将滑坡发育范围内的地表水排走，最大限度地减少地表水向坡体的渗透，减轻对边坡的破坏，可以修建地表截水沟、坡面和坡脚集(排)水沟等；除了地表排水措施外，还要有坡内深部排水，如坡内排水孔、排水平洞等。

（3）棋盘岭排土场东坡坡顶出现数条张裂缝，降雨入渗计算结果表明其处于欠稳定状态，存在滑坡隐患，不宜再在该侧排岩。

（4）裂缝附近已布置了变形监测点，但原监测频率过低、监测数据过少。今后必须按照规范提高监测频率，保持监测工作常态化进行，随时采集最新数据，不断更新数据进行分析和预报，并将最新计算结果反馈给主管部门和相关方面，根据规范选取适当防治措施，包括削坡减重、填方压脚、生物护坡和加筋挡墙等，避免滑坡的产生。

（5）应充分利用气象资料，加强对滑坡外部环境条件的监测预报，特别是加强对降雨的预报，强化雨季及汛期对坡体水位动态及坡体变形的监测工作，一旦发生较大变形，应及时采取防治措施，防患于未然。

（6）排土场发展是一个动态加载荷的过程，其稳定状态随时间不断变化，边坡应力也随时间在不断调整，破坏区随时间呈动态变化。因此，应合理安排和调整排土场的排弃强度，控制进度、分散排土，避免在某地段连续排土，导致压实时间短暂而诱发内部滑坡；同时，应严格控制在主汛期进行高强度排弃。

参考文献：

[1] 石建勋，刘新荣，廖绍波，等. 矿区排土场堆载对边坡稳定性影响的分析[J]. 采矿与安全工程学报，2011，28（2）：258-261.

[2] 刘小伟，刘高. 降雨对边坡变形破坏影响的综合分析[J]. 岩石力学与工程学报，2003，22（S）：2715-2718.

[3] 郝哲，冯鸿宽. 鞍钢集团矿业公司弓长岭露天铁矿棋盘岭排土场综合稳定性评价报告[R]. 辽宁有色勘察研究院，2011.

[4] 赵鸣展，马萃林，杨宝慧. 排土场边坡稳定性研究与安全分析[J]. 现代矿业，2010(7)：64-67.

[5] 陈鹏，陈鹏飞. 露天矿排土场边坡稳定性分析[J]. 辽宁工程技术大学学报，2010，29(6)：1028-1031.

[6] 有色金属矿山排土场设计规范[S]. 北京：中国标准出版社，2007.

[7] 蒋福兴，王永博. 歪头山矿排土场边坡稳定性分析[J]. 辽宁工程技术大学学报，2003，22（S）：109-111.

[8] 汪益敏，陈页开，韩大健，等. 降雨入渗对边坡稳定影响的实例分析[J]. 岩石力学与工程学报，2004，23(6)：920-924.

[9] 徐晗，朱以文，蔡元奇，等. 降雨入渗条件下非饱和土边坡稳定分析[J]. 岩土力学，2005，26(12)：1957-1962.

[10] 田阳辉，汪海洋. 降雨条件下某铁矿排土场边坡渗流场分布特征研究[J]. 工程勘察，2011（9）：51-55.

[11] 陈红凯，唐红梅，王林峰. 地质灾害理论与控制[M]. 北京：科学出版社，2011.

土岩结合地层深基坑支护方式计算模型探讨

刘 伟 于忠泽

（中冶沈勘工程技术有限公司，沈阳，210016）

摘 要：在“上部土层，下部岩层”的土岩结合的复杂地质条件地区，深基坑支护方式主要是上部土层桩锚、下部岩层锚喷的联合支护体系。本文对上述支护结构的计算模型进行探讨及合理简化，以满足现行相关规范的计算要求。利用深基坑支护结构设计软件进行了极限平衡计算分析。计算结果表明，使用简化的计算模型可靠。

关键词：土岩结合；深基坑支护；计算模型

1 引 言

在地质条件复杂的土岩结合地区，深基坑开挖侧壁上部为松散第四纪土层、下部为强度较高的风化岩层。此类型基坑支护的主要形式是上部土层桩锚、下部岩层锚喷相结合的支护体系[1]，该体系充分利用了风化岩层较强的自稳能力和承载能力，体现支护方案的技术先进性与经济适用性。

然而，由于桩锚和锚喷组合结构的受力复杂性、计算模型的不确定，在实践中对支护结构的内力分析和构件的设计，采用了工程经验类比和数值模拟技术等方法设计和分析[2,3]。不能按照现行基坑规范[4]提出的等值梁法、静力平衡法和弹性抗力法等方法对支护结构进行受力分析。

本文以抚顺地区某商业项目为例，就复杂土岩结合地层的深基坑工程上部桩锚、下部锚喷的支护形式的计算模型进行探讨，采用静力平衡法和弹性抗力法进行支护结构计算设计，可供类似土岩结合地层地区的深基坑支护设计计算提供参考。

2 工程概况

抚顺某商业项目总用地面积约5万m^2，总建筑面积约50万m^2。上部9栋高层公寓，下设大型商业综合体(2～6层)，地下室为2层。基坑平面尺寸为155m×305m，开挖深度约12m。场地周边均临街，考虑施工用地，基坑开挖允许放坡范围不超过3m。

场地地层典型结构如下。

（1）杂填土：松散，主要由建筑垃圾、砂土及黏性土等组成。

（2）粉质黏土：黄褐色，主要由黏粒及粉粒组成，可塑状态。

（3）圆砾：主要由石英岩、砂岩、花岗岩、角闪岩等结晶岩组成，冲洪积沉积，稍密状态。

（4）强风化花岗片麻岩(M)：灰—灰绿色，主要矿物成分为石英、黑云母、长石、角闪石等，结构构造已破坏，岩芯为碎块状，RQD < 5%，完整性指数 0.15，基本质量等级为Ⅴ级，节理裂隙发育，且有水锈现象，坚硬程度为软岩。

（5）中风化花岗片麻岩（M）：灰绿色，主要矿物成分由石英、黑云母、角闪石、长石等组成，片麻状构造，变晶结构，岩芯呈短柱状，RQD 为 60% ~70%，岩体完整程度属较完整，节理裂隙发育一般，完整性指数 0.6，基本质量等级Ⅲ级。

各土层主要计算参数见表 1。

表 1 岩土分层计算参数表

名 称	厚 度 /m	重 度 /(kN/m³)	抗剪强度指标 C/kPa	抗剪强度指标 φ/(°)
杂填土	2.1	18.0	10.0	10.0
粉质黏土	2.7	19.2	27.8	7.5
圆砾	3.5	20.0	0.2	36.0
强风化花岗岩	1.8	21.0	0.2	45.0
中风化花岗岩	8.3	25.0	0.2	55.0

3 计算模型及计算方法探讨

采用上部土层桩锚、下部岩层锚喷相结合的支护体系。

排桩采用长螺旋钻孔压灌桩，桩径 600mm，桩间距 1200mm，桩长 10.1m（嵌入强风化层）。土层设置两层锚索，平衡主动区土压力，防止由于桩前土台提供的被动土压力（或土的抗力）不足而导致支护桩顶部“倾倒”破坏和底部的“踢脚”破坏。桩间采用挂网喷射混凝土，用以阻挡桩间土的“挤出”破坏。

强风化岩顶面留 1m 宽土台，其下按 1∶0.2 放坡，坡面挂网喷射混凝土结合两道岩石全黏结锚杆，用以固定支护桩底脚和岩坡的自身稳定（见图 1）。

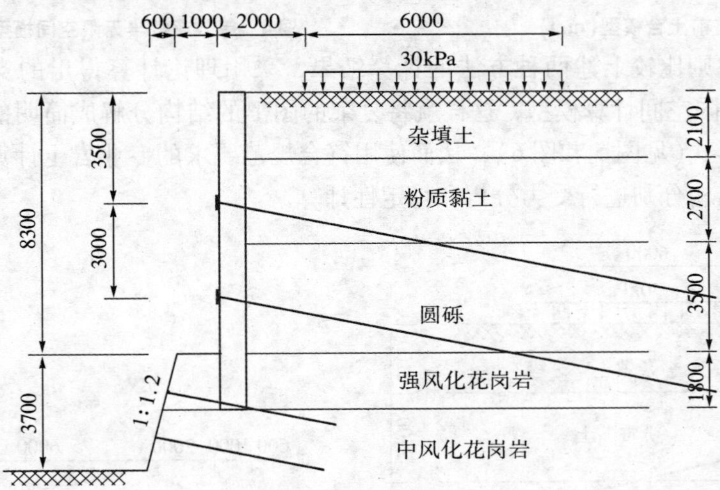

图 1 支护结构简图（mm）

分析图 1 的支护形式：中风化岩层以上部分是支护桩嵌入强风化岩的桩锚结构，这样可将其桩前土台看作桩前被动区，锚杆和桩前的被动区组成抵抗桩后主动土压力的抗力。强风化岩以下部分是锚喷结构边坡，可将上部土层看作作用在边坡顶面的超载。这样整个支护体系就可以分解成计算模型简明的土层结构和岩石层结构，分别进行结构内力计算和分析。

需要特殊注意的是，桩前土台提供的桩前抗力是有限土条被动土压力，不符合郎肯土压力理论的半无限空间应力状态的假定条件。为方便计算软件的计算，需要将有限土条的被动土压力等效为半无限空间应力状态。等效计算的方法主要有以下几种。

3.1 理论公式计算

文献[5]根据土的塑性上限理论给出了有限土体被动土压力的计算公式：

$$E_p = \left(1 - \frac{1}{2}m_p\right)m_p \gamma H^2 K_p + 2c_m pH\sqrt{K_p}$$

式中，$K_p = \tan^2\left(\frac{\pi}{4} + \frac{\varphi}{2}\right)$，$m_p = \frac{B}{H}\cot\left(\frac{\pi}{4} + \frac{\varphi}{2}\right)$。

按上式，根据被动土压力相等的原则，桩前土台的计算模型等效嵌固深度1071mm的半无限空间的计算模型如图2所示。

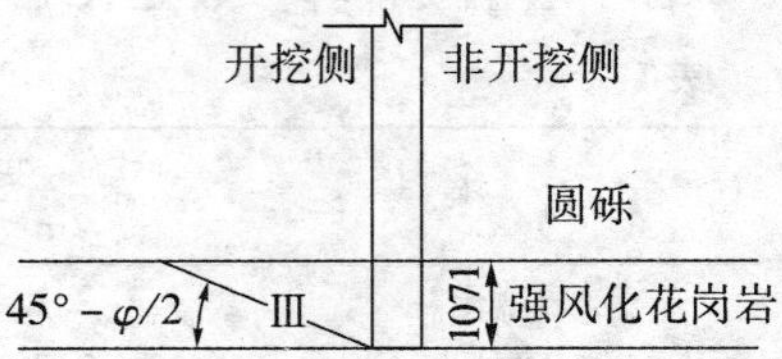

图2 理论计算桩前半无限空间模型(mm)

3.2 等效超载计算

假定被动区滑移线与水平面夹角为 $\pi/4 - \varphi/2$，按图3所示的滑移线与斜坡面的交点将有限土体分成Ⅰ、Ⅱ两个土体，土体Ⅰ按其重度均匀作用在Ⅱ上作为均布超载，土体Ⅱ视为半无限空间状态。按被动土压力相等的原则，桩前土台的计算模型等效嵌固深度1210mm的半无限空间的计算模型(见图4)。

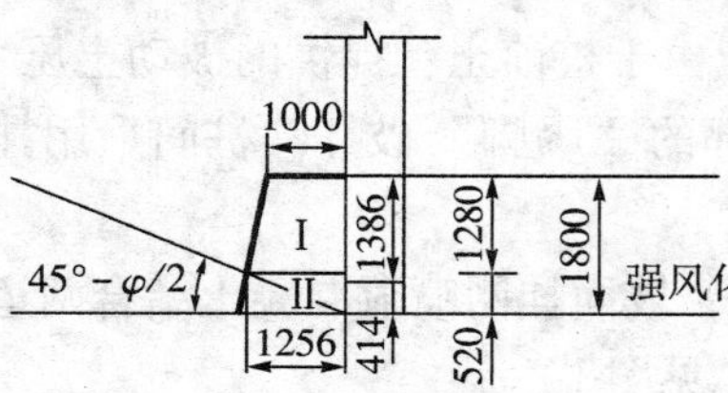

图3 桩前土台模型(mm)

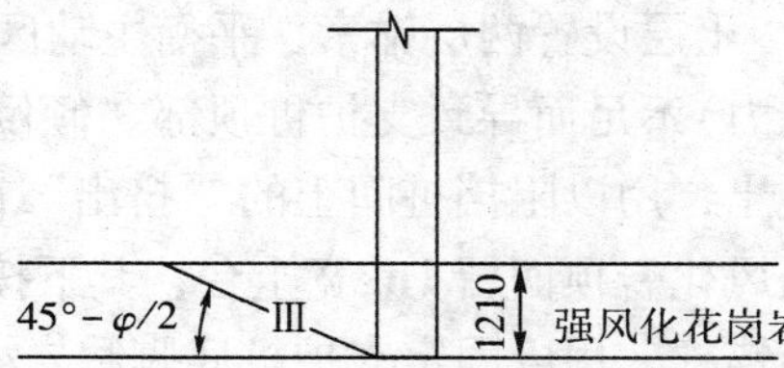

图4 等效超载半无限空间模型(mm)

按最不利原则比较上述两种方法的计算结果，采用理论计算得出的支护桩嵌固深度1071mm的半无限空间计算模型，这样就将复杂的图1的结构分解成简明的上部桩锚、下部锚喷的支护形式(见图5和图6)，从而使用符合规范要求的专业岩土计算软件分析系统对这两种支护结构分别进行受力分析和稳定性计算。

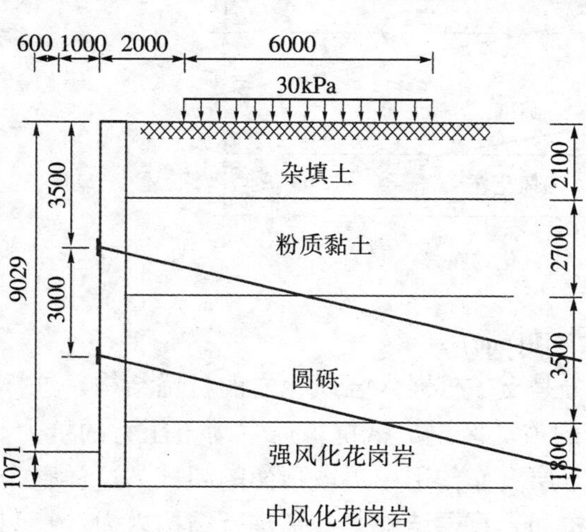

图5 上部桩锚结构计算模型(mm)

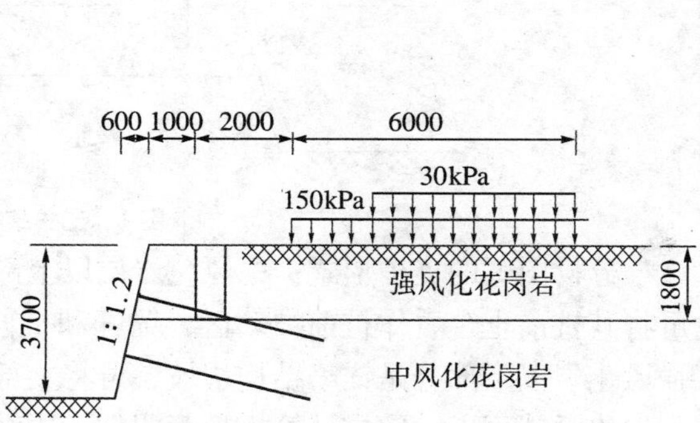

图6 下部锚喷结构计算模型(mm)

4 计算结果及校核

4.1 桩锚计算结果

按照上面提供的岩土参数和支护结构设计数据，输入理正公司的深基坑支护结构设计软件进行结构内力分析，计算结果见图7。

桩身最大位移14mm；

最大弯矩96.5kN·m；

最大剪力96kN；

整体稳定最小安全系数 K_s = 2.172；

抗倾覆最小安全 K_s = 2.626。

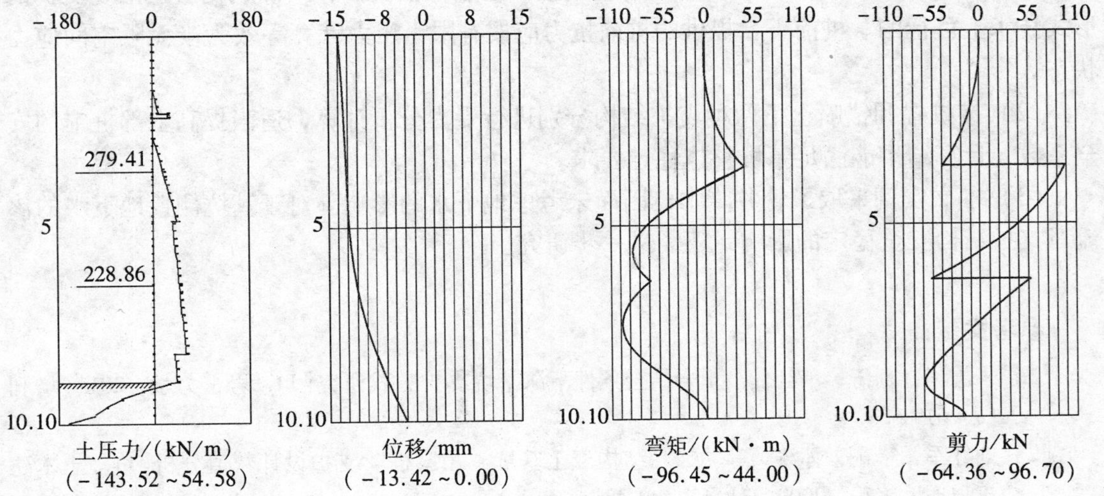

图7 桩锚部分结构内力计算结果

4.2 锚喷计算

设计坡面喷射C20混凝土80mm，内置 ϕ6.5@200×200钢筋网，锚杆全黏结锚杆1ϕ25。使用理正公司的边坡稳定分析系统软件对下部锚喷边坡结构进行稳定计算，计算结果如下。

最不利滑动面：

滑动圆心 =（-0.987，3.860)m；

滑动半径 = 3.990m；

滑动安全系数 = 1.442；

总的下滑力 = 168.896kN；

总的抗滑力 = 243.549kN。

4.3 整体计算校核

从上面计算的结果可以看出，无论是上部的桩锚体系还是下部的锚喷体系均满足了基坑的安全稳定要求。但是对于这种将整个基坑支护体系进行了垂直支护和边坡维护的分割计算的结果，是否能够满足整个基坑的稳定性呢？为此，有必要将分割的体系拟合起来，对两种支护体系的协同作用进行计算校核。

计算模型如图1所示，计算分析软件采用了国际著名的Rocscience公司的slide边坡稳定分析软件，计算方法采用基于极限平衡理论的瑞典圆弧法和简化毕肖普法。

整体计算结果安全系数：瑞典圆弧法为1.47，简化毕肖普法为1.43。与上面采用锚喷计算模型的安全系数1.44非常接近，而与桩锚计算模型的安全系数2.1相比差了很多，表明图1所示的支护结构的稳定安全取决于下部锚喷结构的安全度，也就是说锚喷段的岩层制约了整个支护体系的安全性，当然适当提高上部桩锚体系的安全储备是很有必要的。通过桩锚和锚喷的分开计算，能够满足支护结构设计的要求，再通过整体协调计算整个支护体系的安全性，这样既简化了计算过程，也满足了规范规定的设计计算需要。

5 结 论

（1）在土岩结合的复杂地质条件下采用上部土层桩锚支护，下部风化岩层锚喷支护的形式技术上可行的。桩前土台提供的桩前抗力应按有限土压力计算等效为半无限空间应力状态。

（2）按桩锚和锚喷上下两种支护结构分别进行受力分析计算，适当提高上部桩锚的安全系数，计算结果能满足基坑整体稳定要求。

（3）本文实例采取了管井降水，因而未考虑地下水的影响。对于基坑侧壁地下水的渗流对支护结构安全稳定的影响，还需进一步研究。

参考文献：

[1] 朱志华，刘涛，单红仙．土岩结合条件下深基坑支护方式研究[J]．岩土力学，2011(增刊1)：619-623.

[2] 刘红军，李东，孙涛，等．二元结构岩土基坑“吊脚桩”支护设计数值分析[J]．土木建筑与环境工程，2009，31(5)：43-48.

[3] 张勇，谢恒佐，安庆军，等．滨海土岩组合型基坑的支护设计施工实例分析[J]．青岛理工大学学报，2009，30(6)：41-44.

[4] 李华杰，史晓军，孙刚．岩土结合地质条件下深基坑工程施工技术[J]．青岛理工大学学报，2008，29(3)：111-114.

[5] 中国建筑科学研究院．JGJ120—99 建筑基坑工程技术规程[S]．北京：中国建筑工业出版社，1999.

[6] 高印立．极限分析法计算有限范围土体土压力[J]．建筑结构，2001，31（8）：66-68.

基坑开挖对邻近地铁隧道影响的数值模拟

黄忠福　李　松

（中国建筑东北设计研究院有限公司，沈阳，110002）

摘　要： 在地铁隧道附近进行深基坑开挖必然改变隧道周边的地层应力，从而导致衬砌受力变化和变形，对地铁隧道的使用功能和安全性产生影响。本文结合邻近沈阳地铁一号线某区间隧道的某建筑基坑开挖的工程实例，采用二维数值模拟的方法，分析了基坑开挖对邻近地铁隧道的影响，对类似地质条件下类似的工程设计和施工具有一定的参考价值。

关键词： 基坑开挖；地铁隧道；内力；位移

1　前　言

近年来，城市地下工程中出现了越来越多的基坑工程邻近地铁隧道的情况，而地铁对变形的要求极为严格：结构最大位移不得超过 20mm，隧道变形曲率半径必须大于 15000m，相对弯曲不大于 1/2500。如何预测和控制地铁隧道的变形成为此类基坑工程的难题。本文结合一项邻近地铁的建筑基坑工程，分析了地铁区间隧道的内力和变形变化，为今后类似工程提供一定的参考价值。

2　工程概况

沈阳地铁一号线某区间线路全长 1204m，隧道埋深在 10 ~ 12m。本区间隧道采用矿山法施工，隧道净高 5. 25m，净宽 4. 8m，左右隧道中心线相距 13m。衬砌采用 C30 模筑混凝土，厚 600mm。邻近的建筑基坑与地铁线路平行，基坑侧壁顶部距离地铁左线隧道 10m，沿地铁隧道方向长约 168m，宽度为 30m，深度为 11m，基底距离隧道顶部仅 1m。基坑采用放坡开挖，坡角为 30°。

该工程地质为富水砂砾层。该场地地基主要由第四系全新统和更新统黏性土、砂类土、碎石类土组成。地下水埋深按 9. 4m 考虑。

3　隧道施工和基坑开挖的数值模拟

采用 MIDAS-GTS 对该工程进行数值分析。隧道覆土厚度为 12m，模型上表面取至地面，下表面取至隧道底部 19m，侧向各取至隧道侧面左右 50m。

地层结构由上到下依次为杂填土、中粗砂、粉质黏土、粉细砂、砾砂；模型侧面和底面取位移边界条件，侧面限制水平位移，底面固定，模型上表面为地表，取为自由边界（见图 1）。根据岩土工程勘察报告和衬砌的物理力学性质参数，如表 1 和表 2 所示。

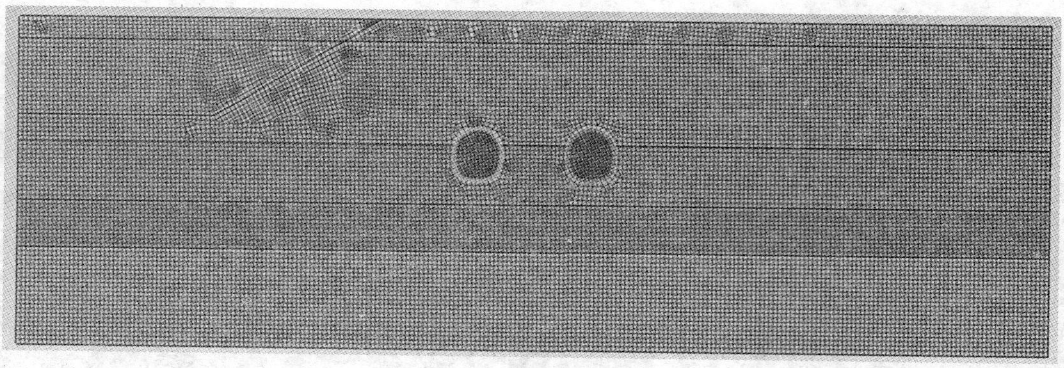

图 1　数值计算模型

表 1　各土层和材料的物理力学参数

土 层	厚度/m	泊松比	容重/(kN/m³)	弹性模量/MPa	黏聚力/kPa	摩擦角/(°)
杂填土	2.5	0.2	17	9	15	20
中粗砂	11.5	0.25	17.9	60	1.2	35
粉质黏土	6.7	0.32	19.6	70	30	19
粉细砂	5.3	0.26	19.4	100	2.5	30
砾砂	11	0.3	20.4	500	1.5	30

表 2　结构构件材料的力学参数

结构构件	容重/(kN/m³)	弹性模量/MPa	泊松比	说 明
衬砌	25	20×10^3	0.2	C30 钢筋混凝土

单元类型：衬砌采用梁单元模拟，视为弹性材料；岩土体材料模型采用摩-库仑准则，用平面单元进行模拟。按照实际的土体分层情况来模拟，将土体分为 5 层。

施工过程动态模拟的实现：首先模拟原始地应力状态，施加重力场，让土体在初始应力条件下平衡，并将土体的初始位移置零；然后加固隧道周边地层，钝化隧道内的土体，施作衬砌，再钝化基坑内土体，模拟整个施工过程，观察衬砌结构拱顶、侧墙和底部 $A\sim H$ 8 个点的位移和内力来分析基坑开挖对地铁隧道的影响(见图 2)。

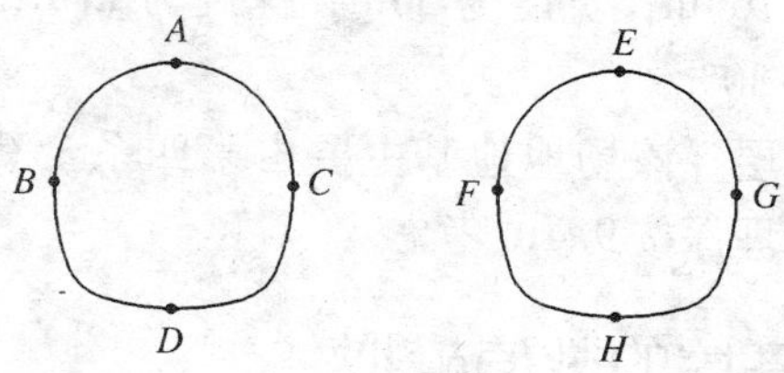

图 2　考察点 $A\sim H$ 点

4 结果分析

GTS 数值分析的重点是研究基坑开挖对地铁隧道内力和变形的影响，现就计算结果首先从地铁隧道的变形为研究对象，其次分析其内力的变化。

表 3 和表 4 给出了地铁隧道施工完成后各观察点的水平方向和竖直方向的位移。

表 3　左右线隧道各点水平位移变化　mm

	左线隧道				右线隧道			
	A	*B*	*C*	*D*	*E*	*F*	*G*	*H*
基坑开挖前	0.5	9.0	-6.4	0.1	-1.1	5.1	-7.6	-1.3
基坑开挖后	-9.7	-1.2	-16.3	-9.7	-8.9	-2.7	-15.1	-8.9

表 4　左右线隧道各点竖直位移变化　mm

	左线隧道				右线隧道			
	A	*B*	*C*	*D*	*E*	*F*	*G*	*H*
基坑开挖前	-10.0	-1.4	-3.9	10.4	-12.6	-3.9	-1.6	10.6
基坑开挖后	-9.8	-0.9	-3.5	11.0	-13.3	-4.6	-2.2	10.1

由表 3 可以看出，基坑开挖对地铁隧道在水平方向上的影响较大。左线和右线隧道在基坑开挖后均产生了大约 10mm 的水平位移。从表 4 可以看出，基坑开挖对地铁隧道在竖直方向上的影响很小。基坑开挖完成后，隆起变形以基坑底部最大，竖向隆起位移达到 36.9mm，且基坑随着坑底以下深度的增加逐渐减小。然而地铁隧道由于上方土体的卸荷，产生了一定量的上抬变形，但相对回弹量较小。

表 5 和表 6 给出了基坑开挖前、后衬砌的轴力和弯矩的计算结果。

表 5　左右线隧道各点轴力变化　kN

	左线隧道				右线隧道			
	A	*B*	*C*	*D*	*E*	*F*	*G*	*H*
基坑开挖前	310.6	649.8	651.0	330.8	344.3	550.8	611.3	367.6
基坑开挖后	264.6	724.0	715.3	286.7	295.3	619.1	676.7	325.3

表 6　左右线隧道各点弯矩变化　kN · m

	左线隧道				右线隧道			
	A	*B*	*C*	*D*	*E*	*F*	*G*	*H*
基坑开挖前	7.4	17.7	8.7	-12.6	-2.9	-32.1	-36.4	-12.5
基坑开挖后	-18.5	57.3	27.4	-29.5	-11.7	8.2	7.2	-24.9

由表 5 和表 6 可以看出，基坑开挖对地铁隧道衬砌内力的影响较大。衬砌结构侧墙的轴力在基坑开挖后增加了约 10%，而拱顶和底部的轴力则减少了 14%；左线隧道衬砌结构靠近基坑侧壁，基坑开挖后其各点弯矩均增加约 2 倍，右线隧道衬砌结构的弯矩方向变化明显，其大小却减少了。

5　结　论

（1）基坑施工对邻近地铁隧道的影响主要是侧向变形以及坑底隆起两部分，由于本工程距离地铁隧道有一定的距离，坑底隆起对邻近地铁隧道的影响有限。

（2）基坑施工对地铁隧道衬砌的内力影响较大，建议基坑施工加强侧壁支护，以减少隧道衬砌的内力。

（3）综合采取可靠设计、施工措施、参数试验、加强结构监测及检查等措施，最大限度地实施信息化施工，可有效掌握隧道变形状况，并控制基坑施工对地铁隧道的不利影响。

（4）基坑工程附近的地铁隧道变形的控制设计与施工是一个综合性的岩土工程问题，如何通过设计分析、施工工艺、现场监测和数值模拟相结合对其变形机理进行系统化的分析，还需要作进一步的探讨研究。

明挖隧道围护结构抗浮设计

马 荣　陈立敏

（中国建筑东北设计研究院有限公司，沈阳，110006）

摘　要：本文分别以成都双流机场隧道 D1K173 + 335—D1K173 + 400 围护桩段及 D1K179 + 600—D1K179 + 650 全放坡段为例，检算了是否需要进行围护桩抗拔处理，对需要抗浮处理的区段验算抗拔处理方式是否满足抗拔要求。通过检算，两段均需进行抗拔处理，并分别通过增加围护桩段冠梁界面尺寸及在全放坡段增设抗拔桩的方式来满足抗拔要求。

关键字：明挖隧道；基坑；围护结构；抗浮

1　工程概况

双流机场隧道地处成都平原区，地形平坦开阔，地面高程 488 ~ 494m，相对高差 2 ~ 6m。隧道于簇马路附近进洞，于大件路右侧邓家院子附近出洞，全长 6540m，其中 D1K173 + 260—D1K175 + 998 为双流 1 号隧道，D1K175 + 998—D1K176 + 941 为双流车站隧道，D1K176 + 941——D1K179 + 730 为双流 2 号隧道。整座隧道埋深一般 12 ~ 17m，进出口附近较浅。隧道上覆第四纪黏土，下部为砂卵石及泥岩，地下水位埋深 2 ~ 6m。

2　抗浮计算公式

根据《建筑桩基技术规范》（JGJ94—2008），基桩的抗拔承载力按如下公式计算：

$$N_k = \frac{T_{uk}}{r_s} + G_p \tag{1}$$

式中，N_k——按荷载效应标准组合计算的基桩拔力；

T_{uk}——基桩抗拔极限承载力标准值；

G_p——基桩自重，地下水位以下取浮重度。

其中，基桩抗拔极限承载力标准值按如下公式计算：

$$T_{uk} = \sum \lambda_i q_{sik} u_i l_i \tag{2}$$

式中，u_i——桩身周长；

q_{sik}——桩身表面第 i 层土的抗压极限侧阻力标准值；

λ_i——抗拔系数，本计算取值 0.5。

3　抗浮设计

3.1　围护桩段抗浮设计

D1K173 + 335—D1K173 + 400 段基坑深度为 13.6m 左右，冠梁标高为 490.61mm，地

表覆土1.33m左右。通过经济及施工工期等方面的综合比较，该段采用挖孔桩方案进行围护。挖孔桩直径1.2m，间距2.4m，采用C30钢筋混凝土，基底设20cm厚C20素混凝土垫层。钢支撑采用ϕ609（δ = 14mm）钢管，围檩采用56a双拼工字钢。钢支撑预加应力：第一排钢支撑200kN，第二排钢支撑200kN，临时钢支撑100kN。混凝土支撑及围檩采用C30钢筋混凝土，砼混凝土支撑截面尺寸60cm×80cm（宽×高），脚撑尺寸40cm×60cm（宽×高），混凝土围檩截面尺寸60cm×80cm（宽×高）。基坑顶部刷坡坡度为1∶1。坡面采用网喷混凝土进行防护。桩间边坡防护参数：喷C20混凝土厚8cm，钢筋网ϕ8@25cm×25cm，ϕ42钢花管长3m，壁厚3.5mm，倾角15°，间距1.5m×1.5m，采用梅花形布置，如图1所示。

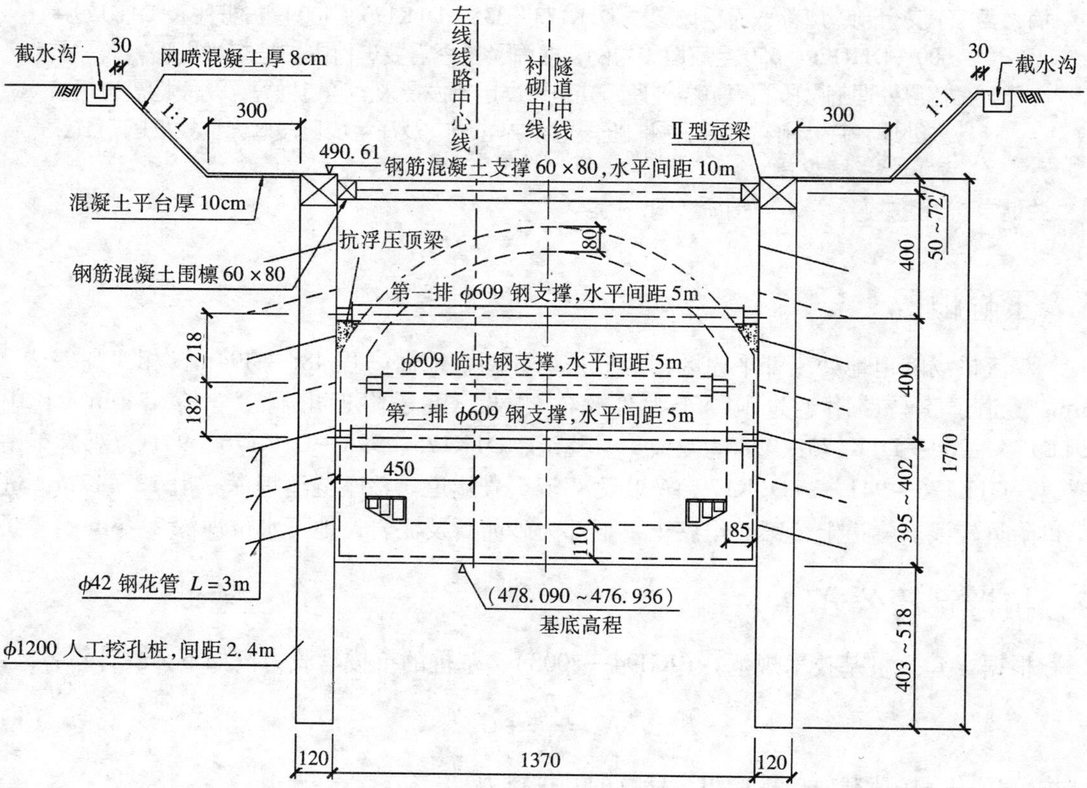

图1 横断面（单位：mm）

（1）抗浮验算

通过计算每延米隧道基地所受总浮力及衬砌自重和土重，可知衬砌结构所需抗浮力大小，并以此反算临界填土高度，判断是否需要进行抗浮处理。计算过程如表1所示。根据《成都地区建筑地基基础设计规范》（DB51/T5026—2001），抗浮力安全系数取1.2。

该段覆土厚度为1.33m，小于临界填土高度2.84m，需进行抗浮力处理。每延米需要的抗浮力标准值为273.06kN。

（2）抗浮设计验算

抗浮处理方式：原设计冠梁截面尺寸为120cm×100cm（宽×高），现拟将截面尺寸调整为150cm×100cm（宽×高），通过增加冠梁的自重来满足抗拔要求。

表 1　　衬砌结构抗浮力验算表

结构参数	衬砌外半径/m	7.54	底板厚度/m	1.1	边墙厚度/m	0.85
	衬砌内半径/m	6.74	拱部厚度/m	0.8	衬砌宽度 L/m	13.4
	衬砌外角度 α_1/(°)	62.6972	衬砌外高度 H/m	10.72	内轨顶面高度/m	0.52
	衬砌内角度 α_2/(°)	60.2581	内边墙高度/m	0.48	外轮廓 V_y/m^2	128.00
	衬砌内高度 h/m	8.3	内边墙宽度/m	0.84	内轮廓 V_n/m^2	91.26
	拱部两侧土面积/m^2	15.65				
材料参数		重力		浮力		临界填土高度/m
混凝土容重 γ_c/(kN/m^3)	25	衬砌体积/m^3	36.73	衬砌排水体积/m^3	128.00	2.84
水容重 γ_w/(kN/m^3)	10	衬砌自重＋土重/kN	1059.20	安全系数 K	1.2	
回填土容重 γ_s/(kN/m^3)	19	总重力/kN	1059.20	总浮力/kN	1535.94	

围护桩桩径 1.2m；桩长 16.7m，横向布置 2 根，纵向按 2.4m 间距布置，嵌固深度按照最小嵌固深度 4m 考虑，上部不考虑摩阻力。桩周按强风化泥岩层考虑，根据地勘资料，桩周极限摩阻力取 120kPa。

压顶梁自重 $W_{压} = 54kN$

围护桩自重 $W_{围} = 283.17kN$

$G_p = 54 + 283.17 = 337.17kN$

由公式(2)可知，$T_{uk} = 904.32kN$

由公式(1)可知，$N_k = 789.33kN$

根据桩的布置方式，以 2.4m 为一个段落来考虑桩的抗拔力计算：

① 长度 2.4m 范围内衬砌所受浮力标准值为 655.34kN；

② 长度 2.4m 范围内衬砌对应 2 根围护桩承载力标准值为 1578.66kN。

以上计算结果表明，抗拔桩承载力标准值为 1578.66，大于抗浮力标准值 655.34kN；满足设计要求，故增加冠梁截面尺寸的方式满足抗拔要求。

3.2　全放坡段抗浮力设计

D1K179＋600～D1K179＋650 段基坑深度在 13.7～15.3m。通过经济及施工工期等方面的比较，该段采用全放坡方案进行围护。边坡采用锚网喷防护。喷 8cm 厚 C20 混凝土，ϕ8 钢筋网格间距为 25cm×25cm，锚管采用 ϕ42 钢花管，壁厚 3.5mm，间距 1.5m×1.5m，每根锚管长 3.5m，梅花形布置，锚管与钢筋网片可靠焊接。喷混凝土施工时，初喷 4cm，挂钢筋网，然后喷至设计厚度。基底设 20cm 厚 C20 素混凝土垫层。坡面设置排水管，排水管采用 ϕ50 竹制水管，长度为 $L = 0.5m$，用土工布反滤，向下倾斜 10°，间距 3m×3m，梅花形布置。排水花管排水直径 6～8mm，纵向间距 10cm，交错布置。基坑开挖至基底后施作抗拔桩。抗拔桩采用 ϕ800 钻孔灌注桩，桩长 6m，沿线路方向间距 5m 一排，每排 2 根，桩身采用 C30 耐腐蚀钢筋混凝土。上下两片钢筋网片搭接长度为一个网格，采用焊接连接。对于＜3-1＞粉砂层和＜4-1＞中砂层，开挖过程中应及时施作防护，锚管加长至 5m。

（1）抗浮验算

通过计算判断该段是否需要进行抗浮处理，根据《成都地区建筑地基基础设计规范》（DB51/T5026—2001），抗浮力安全系数取 1.2。计算过程如表 2 所示。

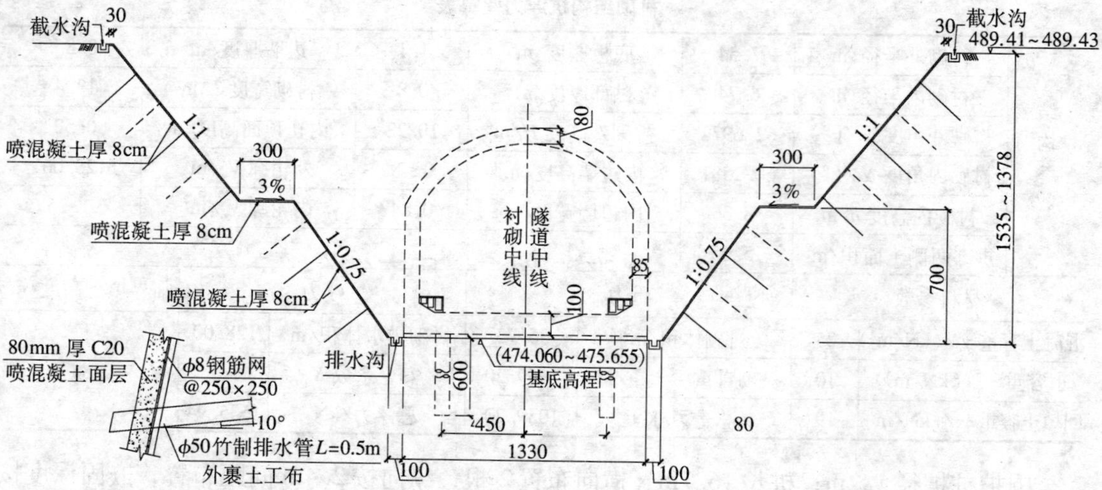

图2 横断面（单位：mm）

表2 **衬砌结构抗浮力验算表**

结构参数	衬砌外半径/m	7.42	底板厚度/m	1.1	边墙厚度/m	0.85
	衬砌内半径/m	6.62	拱部厚度/m	0.8	衬砌宽度 L/m	13.2
	衬砌外角度 α_1/(°)	62.8089	衬砌外高度 H/m	10.66	内轨顶面高度/m	0.52
	衬砌内角度 α_2/(°)	60.2581	内边墙高度/m	0.48	外轮廓 V_y/m^2	125.50
	衬砌内高度 h/m	8.24	内边墙宽度/m	0.84	内轮廓 V_n/m^2	89.19
	拱部两侧土面积/m^2	15.21				

材料参数		重力		浮力		临界填土高度/m
混凝土容重 γ_c/(kN/m^3)	25	衬砌体积/m^3	36.31	衬砌排水体积/m^3	125.50	2.77
水容重 γ_w/(kN/m^3)	10	衬砌自重+土重/kN	1044.72	安全系数 K	1.2	
回填土容重 γ_s/(kN/m^3)	19	总重力/kN	1044.72	总浮力/kN	1506.00	

该段覆土厚度在1.1~2.7m之间，小于临界填土高度2.77m，需进行抗浮处理。每延米需要的抗浮力标准值为235.56kN。

（2）抗浮设计验算

抗拔桩参数：桩径0.8m；桩长6.0m，横向布置2根，纵向按5.0m间距布置；由于桩周均为卵石土层，根据地勘资料，桩周极限摩阻力按150kPa考虑。

抗拔桩自重 $W_{抗}=45.24\text{kN}$

$G_p=W_{抗}$

由公式(2)可知，$T_{uk}=1130.4\text{kN}$

由公式(1)可知，$N_k=610.44\text{kN}$

根据桩的布置，以5m段落考虑桩的抗拔力计算：

① 长度5m范围内衬砌受到的浮力标准值 $=5\times260.64=1177.8\text{kN}$；

② 长度5m范围内衬砌对应2根抗拔桩承载力标准值 $=2\times630.03=1220.88\text{kN}$。

以上计算结果表明，抗拔桩承载力标准值为1260.06kN，大于浮力标准值1120.88kN；满足设计要求，故设计拟定抗拔桩尺寸满足要求。

抚顺莱河尾矿坝稳定性分析

于 丹[1] 张海洋[1] 周志广[2]

(1. 沈阳建筑大学，沈阳，110168 2. 辽宁有色勘察研究院，沈阳，110013)

摘 要：本文运用数值分析法，对抚顺莱河尾矿坝进行正常运行状态下的渗流分析、静力分析和动力分析。模拟计算所得浸润线位置与实测浸润线基本吻合，说明参数选择合理。渗流计算结果表明，尾矿库坝体目前出现的沿初期坝坡出逸现象系透水堆石坝正常排水，该尾矿坝处于稳定状态，满足规范要求。

关键词：尾矿坝；渗流分析；稳定性评价；动力分析

1 工程概况

抚顺莱河尾矿库初期坝为透水堆石坝，原设计坝顶标高 538.0m，坝顶宽度 4.0m，坝高 14.0m，坝内、外坡比均为 1∶2.0。在初期坝坝内坡面设置土工布、砾石、碎石反滤层，反滤层外铺设砂砾石及干砌块石保护层。初期坝外坡采用干砌石护坡；尾矿堆积坝采用“上游式”尾矿筑坝，坝上分散放矿，机械筑子坝，最终设计堆积标高为 620.0m，尾矿库最终设计有效库容 1293.54 万 m^3，外坡设计平均坡度 1∶4.0。

目前，该尾矿库现状堆积标高约为 584.0m，现状总坝高约为 60.0m，全库容约为 733.1 万 m^3，堆积坝外坡比约为 1∶2.76，干滩长度约为 141.7m。根据《选矿厂尾矿设计规范》ZBJ1—90 规定，该尾矿库等级标准为Ⅲ等库。

现状尾矿坝坝体地质结构分层图如图 1 所示，模型总长约为 290.0m，高约为 75.0m。

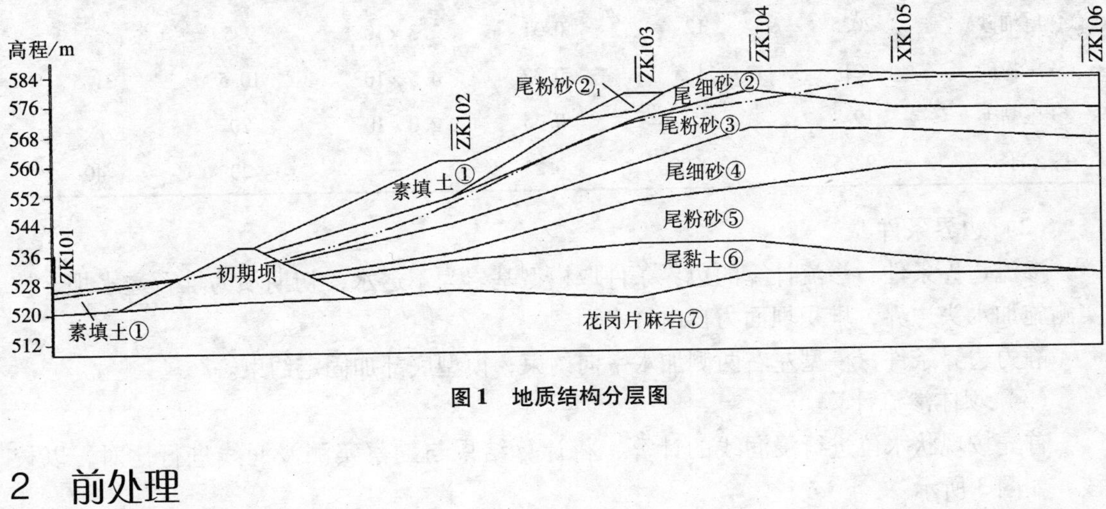

图 1 地质结构分层图

2 前处理

本文计算均按二维建立模型，按平面应变问题进行分析，单元统一采用三角形单元，并通过网格检验达到网格最优化。最终，坝体计算模型被划分为 2368 个三角形单元，

1270 个节点。最终生成的有限元模型及坐标位置如图 2 所示。

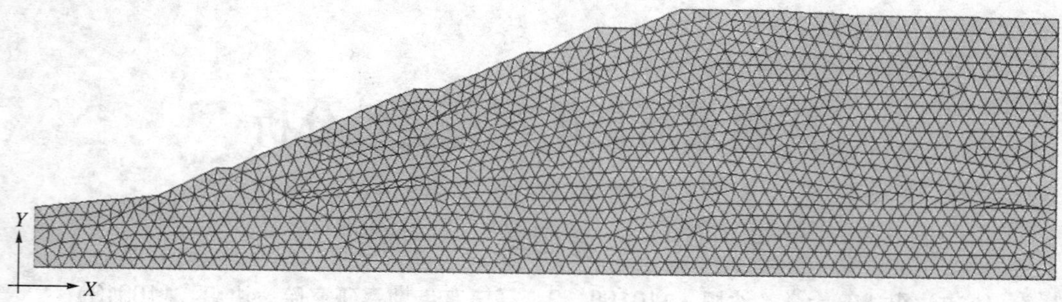

图 2 坝体有限元计算网格图

3 渗流计算及静力稳定性分析

3.1 渗流计算

（1）计算参数的选取

本次渗流计算及稳定性分析所用岩土物理力学参数是按照室内土工试验结果并结合以往经验综合选取的，其中渗流计算中将实测浸润线和计算浸润线进行多番对比、拟合，以验证、反演渗流参数，以为进一步稳定性计算提供合理的数据支持。其计算参数见表 1。

表 1 尾矿坝岩土体物理力学参数

项　目	天然重度 γ/(kN/m^3)	弹性模量 E/MPa	泊松比 μ	渗透系数 K_v/(cm/s)	内聚力 c/kPa	内摩擦角 φ/(°)
初期坝	22	60	0.27	8.5×10^{-3}	0	35
① 素填土	21	50	0.27	4.5×10^{-3}	0	33
② 尾细砂	19.5	10	0.33	7.3×10^{-3}	7.5	32.1
$②_1$尾粉砂	19	8	0.35	8.5×10^{-4}	8.5	30
③ 尾粉砂	20	9	0.34	7.5×10^{-4}	9.5	30.5
④ 尾细砂	20.5	12	0.31	2.3×10^{-3}	9.5	33
⑤ 尾粉砂	21	11.5	0.32	4.5×10^{-4}	10.5	31.5
⑥ 尾黏土	19.7	5	0.35	2.0×10^{-7}	20	8
基　岩	22.5	20000	0.25	—	20	40

（2）边界条件

渗流边界条件：渗流计算的边界条件取模型基岩为不透水，初期坝为堆石透水坝，按实测施加水头边界，堆积坝面为自由透水面。

静力边界条件：模型左右两侧加水平向约束；模型底部加固定约束。

（3）坝体渗流计算

首先按现状水位进行浸润线的计算，将计算结果与勘察实测浸润线进行比对，以校核，如图 3 所示。

从图 3 可以看到，坝体浸润线计算结果与实测结果吻合较好，说明参数选择基本合理，可为后续洪水位浸润线的推算分析所采用。从计算和实测结果可以看到坝体浸润线沿

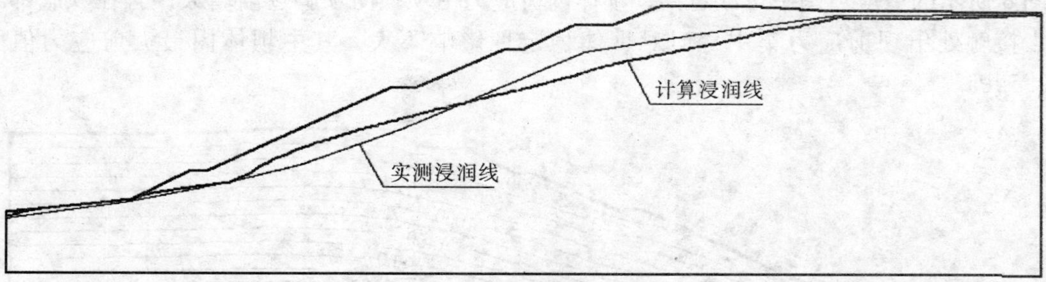

图3 坝体计算与实测浸润线

初期坝坝坡逸出，系透水堆石坝正常排水现象，因此不会对坝坡产生如管涌、流沙或表面沼泽化等渗流破坏。

由图4可以看出，坝体浸润线以下区域饱和，孔隙水压力为正；浸润线以上区域孔隙水压力逐渐消散为负，即产生负孔隙水压力，基质吸力增加，对坝体稳定有利。

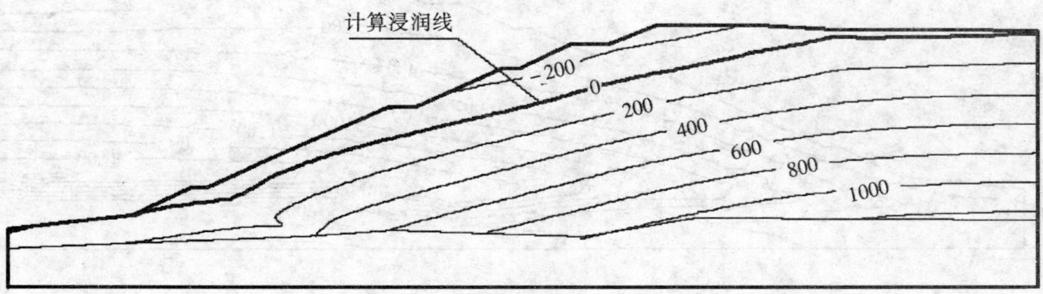

图4 坝体孔隙水压力等值线图

从图5所示流速矢量图可以看到，坝体最大(渗)流速发生在初期坝位置及库内近水边线位置，其中坝体最大渗透流速为3.7035 $\times 10^{-5}$m/s。

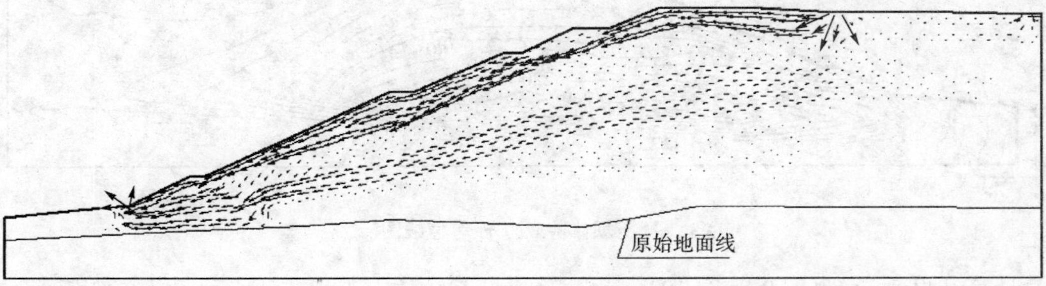

图5 坝体(渗)流速矢量

3.2 稳定性分析结果

本文对该尾矿库正常运行状态下的应力应变分析及基于极限平衡理论的条分法稳定性计算，计算结果如下。

从图6和图7所示的最大、最小正应力图可以看到，坝体内总体上在主应力坐标内呈压缩状态，而且应力分布均匀，仅在尾矿堆积物与基岩接触部位有应力集中现象发生，仅最小主应力在库内局部表层出现拉应力，对坝体稳定性影响不大，其中最大主应力最小值为10.94kPa，最大值为2777kPa；最小主应力最小值为－166.8kPa，最大值为1848kPa。

从图 8 所示的剪应力图中可以看到，坝体内剪应力由坝顶向坝脚逐渐增大，且在坝底部与基岩接触处出现剪应力集中，但对坝体稳定性影响不大，其中坝体内最大剪应力值为 312. 5kPa。

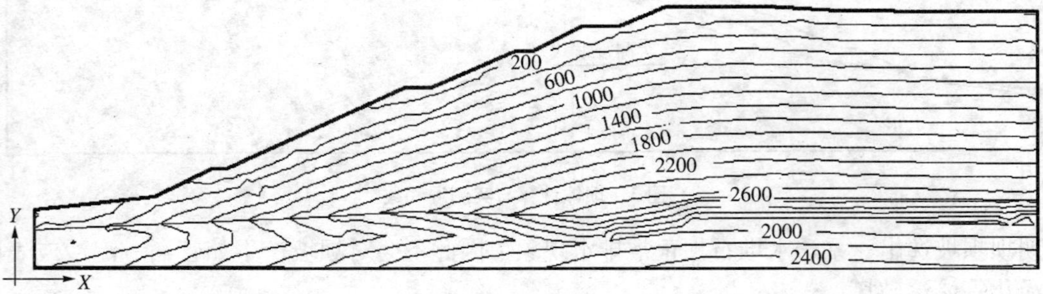

图 6　坝体最大主应力 σ_1 等值线图

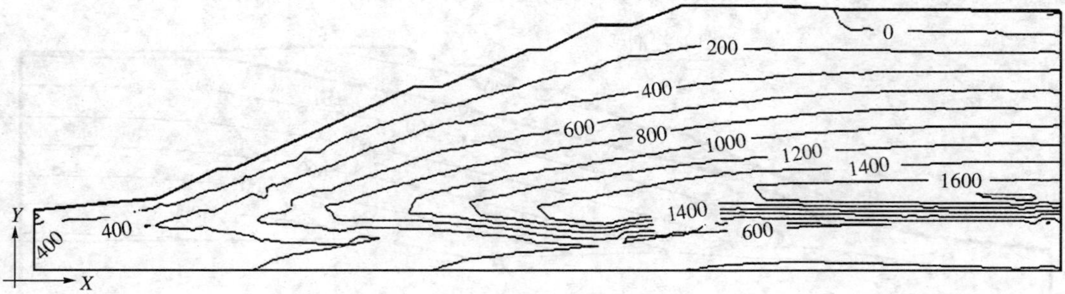

图 7　坝体最小主应力 σ_3 等值线图

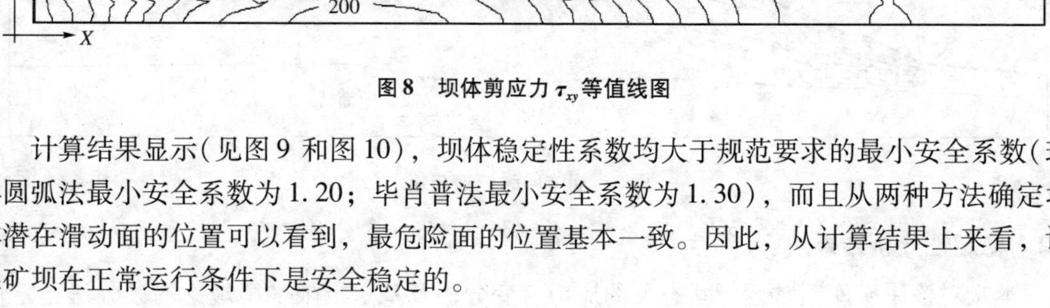

图 8　坝体剪应力 τ_{xy} 等值线图

计算结果显示(见图 9 和图 10)，坝体稳定性系数均大于规范要求的最小安全系数(瑞典圆弧法最小安全系数为 1. 20；毕肖普法最小安全系数为 1. 30)，而且从两种方法确定坝体潜在滑动面的位置可以看到，最危险面的位置基本一致。因此，从计算结果上来看，该尾矿坝在正常运行条件下是安全稳定的。

4　动力分析

4. 1　阻尼的选取

瑞利（Rayleigh）阻尼最初用于结构和弹性连续体的分析，以减弱系统的自然摆动模式的振幅，因此，方程式以矩阵形式表达。

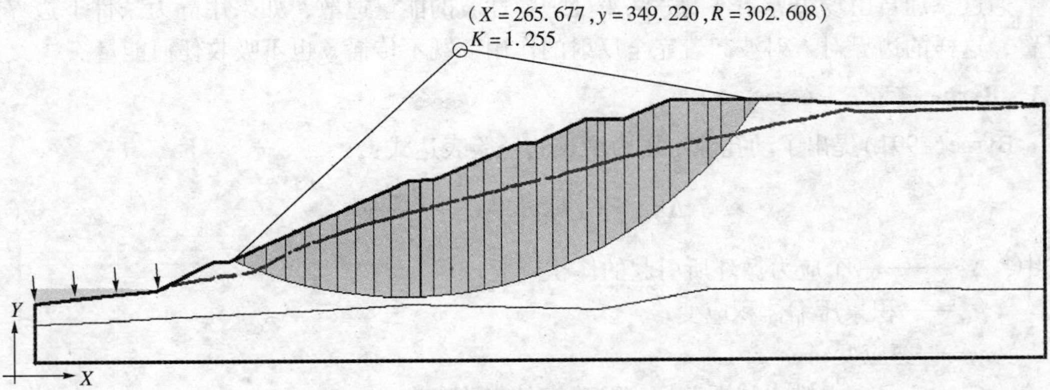

图9　毕肖普法稳定性系数 $F_s = 1.255$

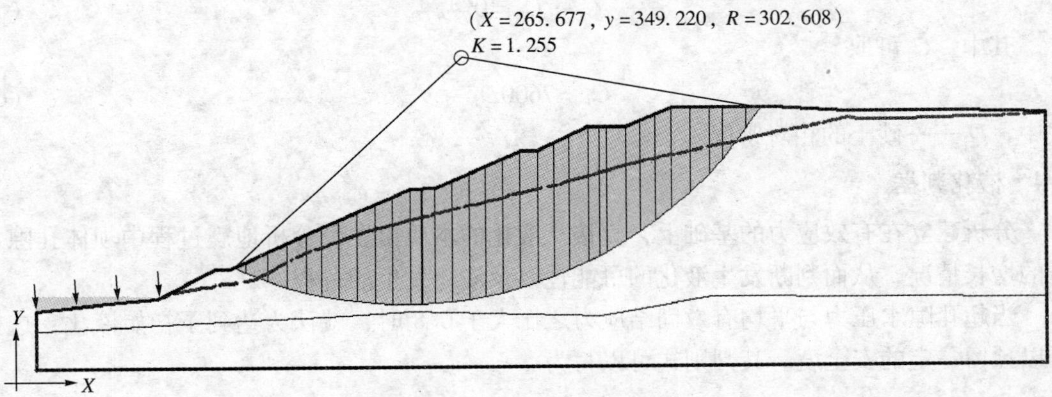

图10　瑞典圆弧法稳定性系数 $F_s = 1.486$

使用阻尼矩阵 $\boldsymbol{C}$，它的各分量同质量矩阵($\boldsymbol{M}$)和刚度矩阵($\boldsymbol{K}$)成比例：

$$\boldsymbol{C} = \alpha \boldsymbol{M} + \beta \boldsymbol{K} \tag{1}$$

式中：α——与质量成比例的阻尼常数；

β——与刚度成比例的阻尼常数。

对于一个多自由度的系统，在系统的任意角频率 ω_i 下，临界阻尼比 ξ_i 可以由式(2)或(3)得出（Bathe ，Wilson，1976）：

$$\alpha + \beta \omega_i^2 = 2\omega_i \xi_i \tag{2}$$

或

$$\xi_i = \frac{1}{2}\left(\frac{\alpha}{\omega_i} + \beta \omega_i\right) \tag{3}$$

临界阻尼比 ξ_i 同样可以理解为角频率为 ω_i 的 i 模式的临界阻尼部分。

由于刚度部分对高频振动波的削弱作用，因此本次模拟在采用材料阻尼的基础上加入少许瑞利刚度比阻尼以消除高频地震波。$\xi_{\min}$ 取为 0.5%，$\omega_{\min}$ 取坝体的自振频率。

4.2　边界条件

对于诸如大坝之类的地面结构，地震反应的数值分析需要对邻近基础部分区域的材料进行离散化。地震能量通常是由通过下部材料向上传播的面波来表示的，在模型各边处的边界条件必须考虑没有结构时仍存在着的自由场运动。

通过添加自由场边界条件的办法来处理弹性波的能量逸散，如果用静力条件下边界的设置，这样的边界对入射波起着完全反射的作用，既不传播，也不吸收任何能量。

4.3 Byrne 模型

Byrne(1991)提出了动孔隙水压力增长的经验表达式：

$$\Delta\varepsilon_{vd}=C_1\exp\left(-C_2\cdot\frac{\varepsilon_{vd}}{\gamma}\right)\gamma \tag{4}$$

式中，$\Delta\varepsilon_{vd}$——一个应力循环所引起的体积应变；

ε_{vd}——积累压缩体积应变；

γ——剪应变；

C_1，C_2——由排水往返剪切实验确定的实验参数。

一般有

$$C_1\cdot C_2=0.4 \tag{5}$$

其中，C_1可取

$$C_1=7600D_r^{-2.5} \tag{6}$$

式中，D_r——砂土的相对密度。

4.4 液化判据

分析建立在有效应力的基础上，直接从液化的本质出发，分析地震过程中坝体孔隙水压的增长情况，从而判断发生液化的可能性以及液化发生的过程。

当超孔隙水压力与平均有效固结应力之比大于0.8时，就认为达到了初始液化，这样可以预留一定的安全度。其判别式可以写为

$$\frac{p}{(\sigma_x'+\sigma_y'+\sigma_z')/3}>0.8 \tag{7}$$

本文是在有效应力原理下，直接从液化的本质入手进行液化分析，取用式(7)为判断液化的标准。当单元发生初始液化时，即认为液化在振动过程中一直持续。

4.5 输入的地震波

在分析坝体的性状中，不考虑地震引起的垂直运动影响，因为理论分析和实验观察都发现，动剪应力和动力破坏影响主要取决于地震水平运动，因此本文按剪切波输入。

按要求，设计基本地震加速度峰值为0.05g，采用现有地震波，并经过处理，按设计地震参数进行调整后得到输入地震时程曲线，输入地震波时程为10s。输入的地震波加速度时程曲线如图11所示。

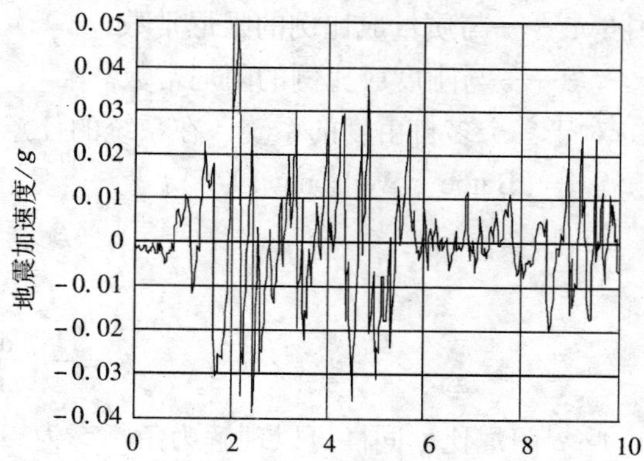

图11 输入地震波加速度时程曲线

4.6 计算结果及分析

一般认为，最大加速度反应发生在坝体最高位置，因此在本分析中对尾矿坝顶做加速度记录。

坝顶水平向的地震反应加速度在6.22s左右达到峰值，其值约为1.47m/s^2，放大系数

约为3.01；竖直向的地震反应加速度同样在3.6s左右达到峰值，其值约为0.356 m/s^2，放大系数约为0.726。总的来看坝体对此地震波的动力反应不大（见图12和图13）。

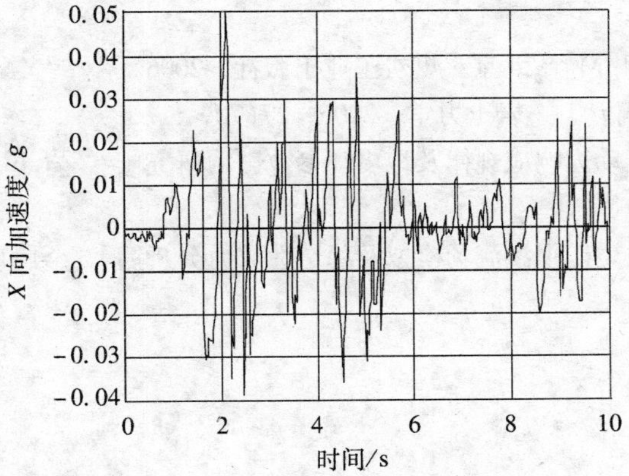

图12 坝顶X向加速度-时间图

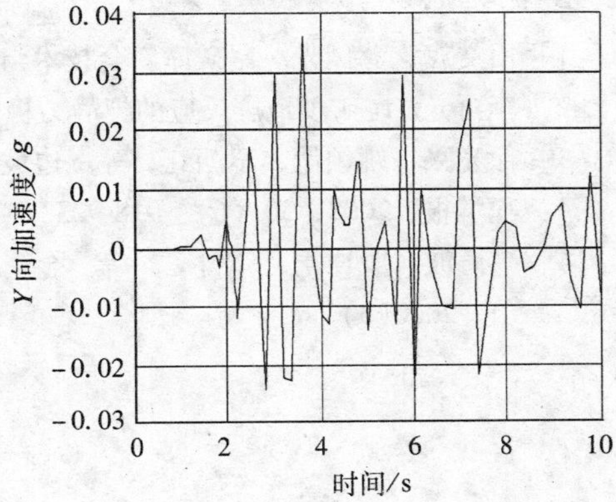

图13 坝顶Y向加速度-时间图

液化分析的目的在于确定尾矿坝内是否存在液化区域，勾画出存在液化的区域范围，并评价它对坝体稳定性的影响（见图14）。

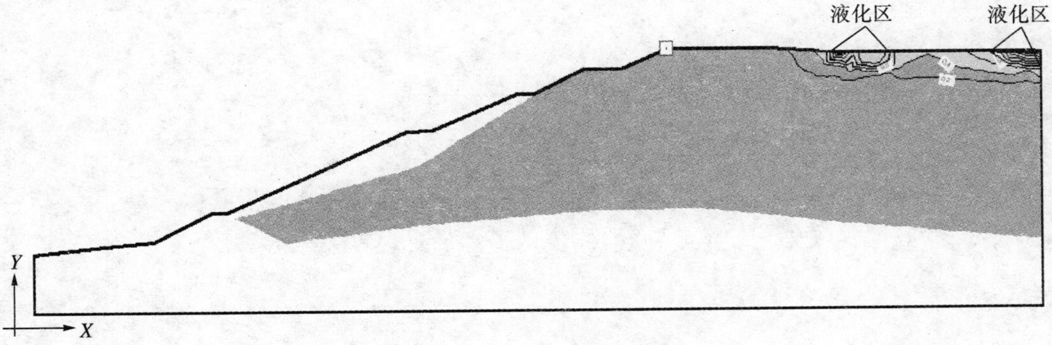

图14 坝体的液化区域图

从地震液化区域图中可以看到，液化范围稍大，但液化区域距离沉积滩滩顶较远，达100m以上，且下游尾矿堆积坝体内未见液化现象，因此液化不会对坝体稳定性造成实质性的影响。

5 结 论

根据对该尾矿库尾矿坝坝体的渗流计算，所得浸润线位置与实测浸润线位置进行对比分析发现，渗流计算的结果与实测结果基本吻合，说明参数选择合理，可以为其他运行条件下浸润线的确定提供合理的参数输入。渗流计算结果显示，现状尾矿库坝体在正常运行沿初期坝坝坡逸出，系透水堆石坝的正常排水现象。通过现场勘察，确定该尾矿库坝体最危险地段剖面(主坝现状坡比约为1∶2.76)，并以此剖面为计算对象，对坝体的稳定性进行了计算，计算结果显示，该尾矿库坝体在正常水位下表现为稳定状态。坝体的地震反应动力分析和液化分析结果显示，坝体在输入地震条件下的反应不是很强烈，虽然液化范围稍大，但距离尾矿沉积滩滩顶较远，且尾矿堆积坝坝坡处未见有液化现象，因此，尾矿库内的液化区对尾矿坝坝体的稳定没有影响。本文研究也说明通过模拟计算对尾矿坝进行分析是可行的。

参考文献：

［1］田文旗，薛剑光. 尾矿库安全技术与管理[M]. 北京：煤炭工业出版社，2006.

［2］李再光. 尾矿坝地震反应的拟静力稳定分析[J]. 岩土力学，2006，27(7).

［3］徐光兴，姚领侃，李朝红，等. 边坡地震动力响应规律及地震动参数影响研究[J]. 岩土工程学报，2008，30（6）：918-923.

［4］缪海波，殷坤龙，郭付三，等. 金属矿山尾矿坝渗流场模拟及稳定性数值分析[J]. 金属矿山，2010(3).

近地铁段深基坑的一种支护结构形式

戴武奎　尹　越　卫凌云

（中国建筑东北设计研究院有限公司，沈阳，110006）

摘　要： 在沈阳市某近地铁段基坑工程中采用桩 + 钢支撑的支护形式。本文讨论了该工程支护设计的问题，考虑到在建地铁段的稳定和变形，进行了基坑位移验算，以及该方案支护结构构件的计算，并提出了相应的构造措施，可供类似工程参考。

关键词： 基坑稳定；桩 + 钢支撑支护

1　工程地质概况

沈阳某工程位于沈阳市市中心，紧邻沈阳重要交通干线，地铁二号线临近基坑西北侧，距基坑最近距离约 7.5m（见图 1）。

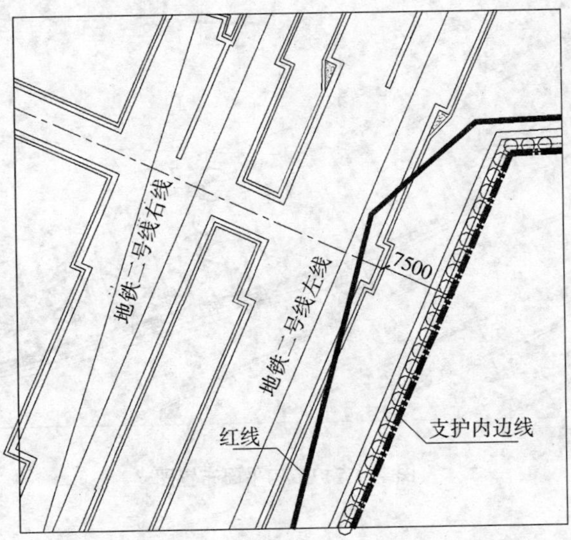

图 1　支护界限（单位：mm）

地铁二号线该段采用盾构施工方法，上方有一水渠与地铁二号线交叉通过，地铁二号线要求支护时预留 5m 安全距离，支护结构不允许进入安全保护范围之内。基坑坑深 20.1m，基坑安全等级为 1 级，设计时取等效地面超载 20kPa。

根据岩土工程勘察报告，场地地层情况如表 1 所示。

表1 土层参数表

岩土类型	密度/(g/cm³)	弹性模量/MPa	泊松比	摩擦角/(°)	黏聚力/kPa
杂填土	1.80	5.3	0.40	5	10
粗砂	1.88	21.4	0.28	35.4	0
砾砂	1.94	28.8	0.24	38.4	0
黏性土	1.87	8.0	0.30	7.8	32.4
圆砾	1.94	35.7	0.20	38.4	0

2 支护形式选用

该段基坑施工及使用期间地铁二号线处于施工阶段，根据地铁二号线区间轨道专业对施工期间地铁变形要求，结构整体水平位移最大值≤10mm；结构整体沉降量最大值≤30mm。这样对整个基坑围护结构的水平位移和沉降要求很严格，加之周边的环境因素及空间距离因素的影响，该处已不能采用沈阳常用的桩锚支护体系。故考虑采用内支撑结构作为首选方案。但该基坑面积较大，如全基坑采用内支撑体系会使造价大大提高。由于该段为建筑核心筒位置，因此考虑了利用剪力墙受力，楼板传力的方式设置内支撑，内支撑选用 ϕ609×16 钢管(见图2 和图3)。

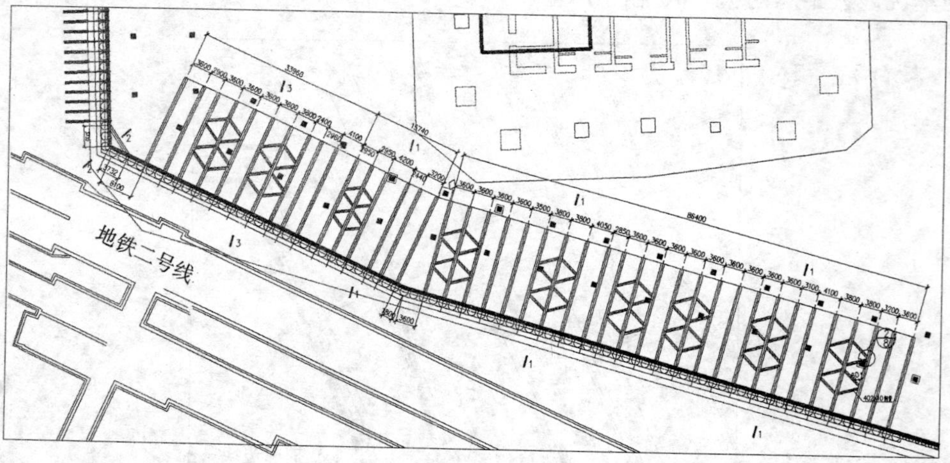

图2 支护结构平面布置图

3 支护结构设计

设计过程中，支护结构在基坑周边采用了支护桩作为支撑的传力构件，在楼板处采用了拼接工字钢作为支撑的传力构件，工字钢与楼板采用结构措施进行连接（见图4)。

考虑支护结构、内支撑结构及土空间整体协同作用，采用有限元方法分析了该方案支护结构的变形与内力。计算结果表明，支撑钢管最大位移为 11.8mm(竖向)，支护桩最大位移为7.45mm(水平向)。

此外，还采用有限元方法计算了基坑开挖对地铁二号线左线变形的影响，由位移图可知，待基坑开挖至基底后，地铁二号线左线由于基坑支护产生的向基坑方向的位移均小于

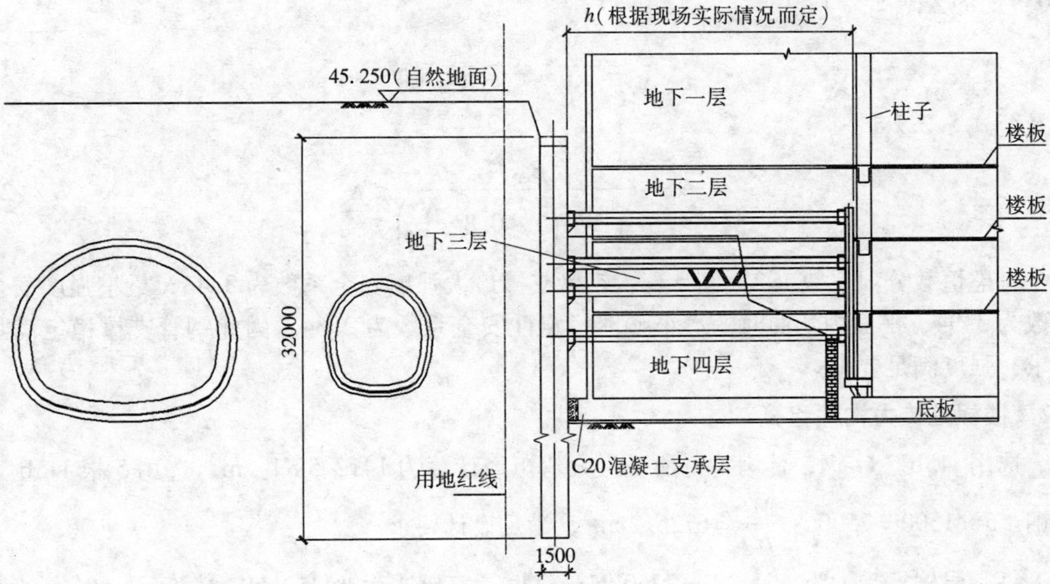

图3　支护结构剖面图

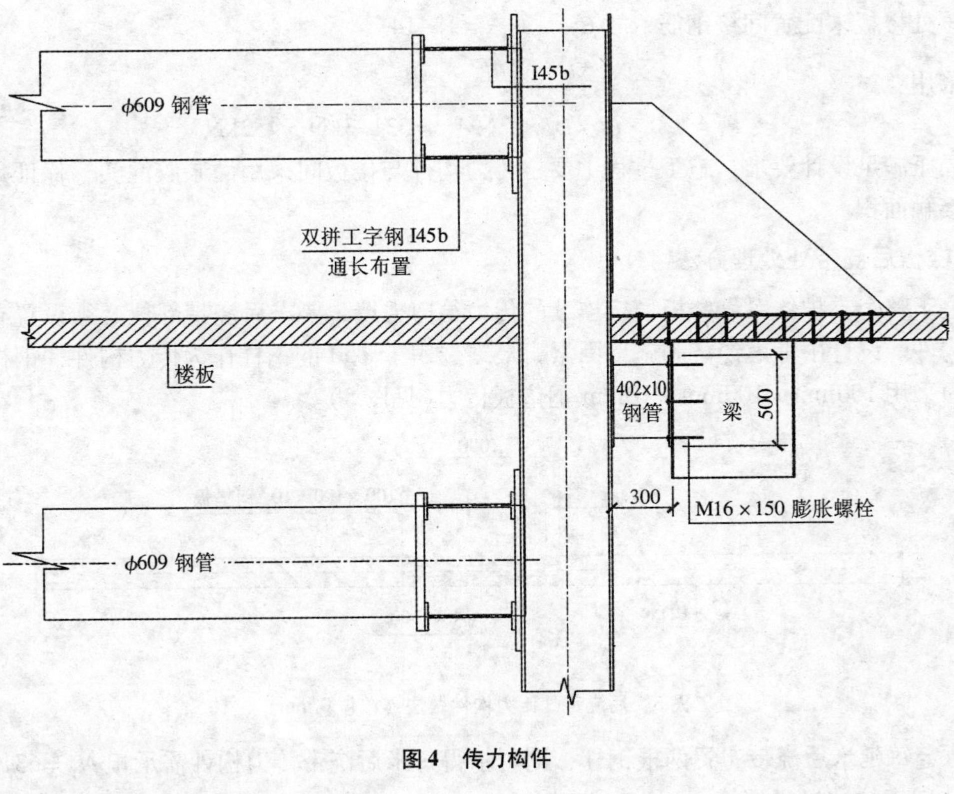

图4　传力构件

10mm，满足地铁位移要求。

根据计算结果，钢管支撑内力最大值为1130kN，钢管支撑长17m；支护桩间距为 $d=1.8$m；撑间距 $d_1=3.6$m。

3.1　钢管支撑强度计算

考虑钢管支撑自重的影响，按压弯构件考虑，根据《钢结构设计规范》（GB50017—

2003)中的公式5.2.1：

$$\frac{N}{A_n} \pm \frac{M_x}{\gamma_x W_{nx}} \pm \frac{M_y}{\gamma_y W_{ny}} \leqslant f \tag{1}$$

以及公式5.2.2-1：

$$\frac{N}{\varphi_x A} + \frac{\beta_{mx} M_x}{\gamma_x W_{1x}\left(1-0.8\dfrac{N}{N_{Ex}'}\right)} \leqslant f \tag{2}$$

考虑恒载分项系数1.2，经计算，钢管支撑最大强度安全系数为3.43，最小强度安全系数为3.34，平面内弯曲时的最小整体稳定性安全系数为2.64。因此钢管支撑稳定满足要求，强度满足要求。

3.2 楼板处传力构件验算

选用I45b工字钢，传力构件所受最大弯矩经计算为1412.5kN·m。选用5根I45b工字钢。$5\times1500=7500>\dfrac{M}{[\sigma]}=6726.2\text{cm}^3$，满足设计要求。

每一层楼板受力为$N'=2N=2260\text{kN}$，每根工字钢受力为452kN。楼板厚150mm，经计算，局压长度为300mm，$A_b=45000\text{mm}^2$，$A_1=22500\text{mm}^2$。

该处楼板未配置间接钢筋，故$\beta_1=\sqrt{\dfrac{A_b}{A_1}}=1.414$。

采用：

$$F_1=1.0\times\beta_1\times\beta_c\times f_c\times A_{1n}=531.3\text{kN}>452\text{kN}$$

局压满足设计要求，施工过程中要求传力构件与楼板间采用灌浆胶灌实，保证足够的有效接触面积。

3.3 楼板后浇带处处理方法

由于整个支护体系靠楼板稳定连续的传力给剪力墙，要求后浇带部位必须设置有效的传力构件。设计中考虑经济和施工因素，最终选用了$\phi50$的钢柱作为传力构件，钢柱与楼板之间采用100mm×100mm×10mm钢垫板传力(见图5)。

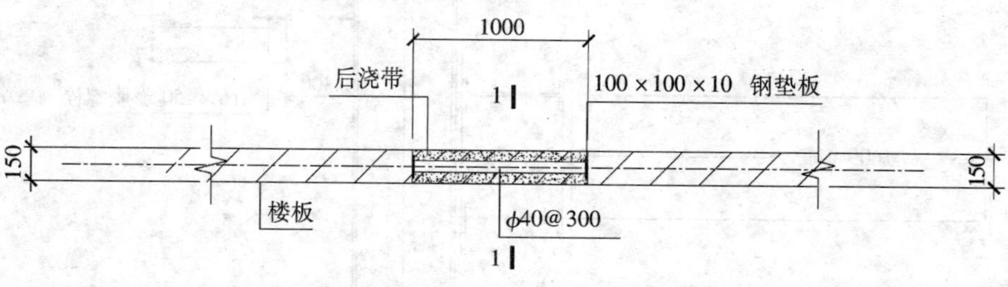

图5 后浇带处传力构件做法（单位：mm）

暂定每延米后浇带布置两根钢柱，则可求得每米后浇带传力构件需承担$N_1=631\text{kN}$。

(1) 钢柱的局压计算

单根钢柱受力：$F_1=1.0\times\beta_1\times\beta_c\times f_c\times A_{1n}=358\text{kN}$，选用$\phi50$@500钢柱。

$2\times358\text{kN}=716\text{kN}>628\text{kN}$，满足设计要求。

(2) 验算钢柱的整体稳定

$i_x = \frac{1}{4}d = 12.5\text{mm}$(钢柱属于 a 类截面)，$\lambda_x = \frac{l_{0x}}{i_x} = 77$。

根据 $\lambda_x\sqrt{\frac{f_y}{235}}$，查《钢结构设计规范》，$\varphi = 0.801$，故 $\varphi fA = 337.97\text{kN}$，$2 \times 337.97 = 675.94 > 628\text{kN}$，钢柱选择符合设计要求。

施工过程中要求垫板与楼板之间采用灌浆胶灌实。

3.4 构造措施

在钢管支撑水平向和竖向各设置了八字形钢支撑作为钢撑间连接构件(见图6)，保证其整体水平方向及竖直方向的稳定，在楼板处传力构件和楼板间设置支撑钢板保证传力构件与楼板的稳定(见图7)。另外，设计时考虑在施工过程中要求桩与已施工底板间设置预留土条，保证在设置钢管过程中支护构件的稳定。设置钢管支撑后，逐层挖除预留土条进行底板施工。最后，逐步施工地下室外墙，并自下而上逐层进行拆撑形成地下室。

图6 现场施工全景图

图7 传力构件和楼板间支撑钢板

4 结 论

经过现场跟踪监测，支护结构和地铁在基坑施工过程中变形和沉降均满足设计要求，对基坑临近主道路未产生不利影响。

该基坑支护方案是在道路、地铁、环境等诸多因素影响下形成的，方案结合了基坑常用的内支撑支护方法和结构上钢结构构件的设计方法，并利用了建筑主体结构作为支护结构一部分进行设计。实践证明，方案是可行的。随着地下空间项目的深、广的趋势发展，未来深基坑所面临的问题将会更加复杂和困难，多种支护结构联合采用的方法将更多地应用于基坑工程中。

预应力锚索在粉质黏土深基坑工程中的应用

宋志强　张祥雨　张立丰　张铁刚

（中冶沈勘工程技术有限公司，沈阳，110016）

摘　要：本文通过营口鲅鱼圈某项目基坑支护中预应力锚索施工，介绍了预应力锚索施工的各个技术环节，通过锚索的验收试验和应力监测，为以后在同类地区施工预应力锚索提供了经验。

关键字：粉质黏土；预应力锚索；监测

1 引　言

随着城市建设的发展，各类用途的地下空间已在各大中城市中得到广泛应用，诸如高层建筑多层地下室、地下停车场、地下商业街等，从而产生了大量的深基坑工程。预应力锚索在砂层地区已广泛应用于基坑工程中，它可以改善土体的应力状态，提高土体的承载力和稳定性，而在粉质黏土地层则应用较少。本文结合营口鲅鱼圈地区某基坑支护中预应力锚索的设计和施工，介绍了预应力锚索施工的各个技术环节。

2 工程概况

营口鲅鱼圈某广场位于营口经济开发区商业大厦南侧，昆仑大街西侧。基坑长167m，宽137m，周长约604m，拟建住宅楼4栋，高均为29层，地下3层。场地西侧三栋住宅楼尺寸均为45.20m×28.50m，开挖深度16.9m；东南角住宅楼尺寸为36.20m×28.50m，开挖深度17.2m，形状均为规则的长方形。住宅楼东侧为地下商场，高为5层，地下3层，尺寸为86.59m×136.85m，开挖深度14.85m。该基坑深度达到17.2m，基坑东侧与昆仑大街相距约17m，基坑北侧距离3栋住宅楼层约8m。由于该地区深基坑施工经验较少，因此基坑北侧锚索由4束钢绞线组成，设计长度达到33m。基坑周边地下管线埋深较浅，锚索对其不会造成影响。

3 场地工程地质条件

场地所处地貌类型为山前冲击平原地貌，地势起伏较小，底层岩性主要以粉质黏土、砂质黏土等，基岩为花岗岩。拟建场地基坑影响深度内地层自上而下分别为：① 杂填土：以建筑垃圾和拆房混凝土基础为主，层底埋深为0.3～2.8m，层厚0.3～2.8m。② 粉质黏土：以粉质黏土为主、黏土次之，饱和，可塑，中压缩性，层底埋深为2.4～4.1m，层厚0.6～50m。③ 粉质黏土：以粉质黏土为主，黏土次之，含少量中砂，饱和，可—硬塑，中压缩性，层底埋深为7.3～12.5m，层厚0.8～9.40m。④ 粉质黏土：以粉质黏土为主，黏土次之，局部混含少量细砂，饱和，可—硬塑，中—低压缩性，层底埋深为13.2～

18.9m，厚度2.6~9.3m。⑤ 中砂：稍湿，中密，层底埋深15.2~21.4m，层厚0.4~3.2m。⑥ 粉质黏土：以粉质黏土为主，黏土次之，含少量中砂，饱和，可—硬塑，中低压缩性，底层埋深19.4~28.7m，层厚1.5~6.4m。⑦ 砂质黏性土：以粉质黏土为主，中砂次之。层底埋深27.8~35.2m，层厚4.8~12.10m。各土层物理力学参数见表1。

表1　各土层物理力学参数

层号	名称	重度 $\gamma/(kN/m^3)$	黏聚力 c/kPa	内摩擦角 $\varphi/(°)$	压缩模量 E/MPa
①	素填土	17.6	10	5	3.2
②	粉质黏土	19.2	25.1	7.4	5.4
③	粉质黏土	19.2	28.3	5.8	5.98
④	粉质黏土	19.3	27.1	5.6	7.70
⑤	中砂	18.9		28.5	15.0
⑥	粉质黏土	19	29.1	5.0	6.02
⑦	砂质黏性土	19.5	31	5.2	5.61

4　预应力锚索支护

4.1　预应力锚索主要选取参数

（1）锚索采用无黏结预应力钢绞线，应符合现行国家标准《预应力混凝土用钢绞线》(GB5224)的规定，采用直径为7ϕ15.24mm，极限抗拉强度为1860MPa的高强度低松弛无黏结钢绞线，每孔锚索由3束或4束组成。

（2）锚孔孔径为ϕ150mm，倾角15°。

（3）要求锚索孔内自孔底一次性压满水泥砂浆，浆体强度大于35MPa，注浆压力大于0.6MPa，砂浆灌注必须饱满密实，第一次注浆完毕，水泥砂浆凝固收缩后，孔口应进行补浆。

4.2　锚索施工质量控制

预应力锚索体由锚梁、自由段、锚固段组成。锚索的施工质量直接影响到基坑的稳定性，在施工中应按设置锚孔、清孔、锚索装入、注浆、固定钢梁、张拉的顺序进行。

（1）锚索成孔。锚索成孔要求水泥浆护壁，以确保锚索施工不至于恶化边坡岩体的工程地质条件，并且保证孔壁的黏结性能。为确保锚孔深度，要求实际钻孔深度大于设计深度0.2m以上。钻进达到设计深度后，不能立即停钻，要求稳钻1~2min，防止孔底尖灭、达不到设计孔径。

（2）锚固注浆。注浆采用纯水泥浆，水灰比为0.5，水泥为425号普通硅酸盐水泥，用高压水冲洗钻孔并安放锚索杆体完成后，即可进行锚索注浆。由于注入的水泥浆较孔内残留的泥浆、清水比重大，故能依次将泥浆、清水置换出来，由孔底开始注浆，当孔口冒出的水泥浆与新浆相同时，再继续注浆2min即可。如一次注不满或注浆后产生沉降，要二次补充注浆，直至注满为止 。

（3）钢梁架设及焊接。腰梁采用28C热轧普通槽钢，腰梁背靠背放置，并在支点及跨中设置加肋板及连接板，腰梁每联至少两跨，两槽钢接头处焊接连接板，钢梁与护坡桩充分接触，如有接触不到的地方要求垫铁板。

（4）锚索的张拉。当注浆体的强度达到设计强度的75%时，可进行锚索张拉锁定，锚具底座顶面与钻孔轴线应垂直，确保锚索张拉时千斤顶张拉力与锚索在同一轴线上，张拉时先用20kN的荷载进行预张拉，使其各部位接触紧密，待钢绞线完全平整后，进行整体张拉，加荷等级分别为0.1N_u，0.2N_u，0.4N_u，0.6N_u，0.8N_u，1N_u，1.2N_u，观测时间分别为5min，5 min，5 min，10 min，10 min，10min，15 min（N_u为锚索轴向受拉承载力设计值）。

5 试验及监测

5.1 验收试验

为检验锚索的质量和锚索的实际作用，根据《建筑基坑支护技术规程》JGJ120—99，对相对标高－13m的MS4-4-50号等16根锚索进行验收试验。所用仪器包括：千斤顶1个，压力表1块，百分表2块（见图1和图2）。试验数据见表2。

图1 验收试验用压力表

图2 验收试验用的千斤顶和百分表

表2 MS4-4-50号锚索验收试验数据表

试验类别	验收试验	试验编号	YS14	锚索编号	MS4-4-50	最大张拉荷载		300.00 kN
张拉荷载/kN	压力表读数/MPa	观测时间/min	1	2	3	平均值	锚头位移量/mm	备注
0.00	0.00	—	0.06	0.06	0.06	0.06	0.00	
25.00	1.88	5	1.20	1.22	1.24	1.22	1.16	
50.00	2.78	5	2.18	2.20	2.25	2.21	2.15	
100.00	5.57	5	3.56	3.58	3.63	3.59	3.53	
150.00	8.34	10	5.00	5.02	5.07	5.03	4.97	
200.00	11.05	10	6.68	6.70	6.75	6.71	6.65	
250.00	13.70	10	8.68	8.70	8.75	8.71	8.65	
300.00	15.37	15	12.20	12.22	12.27	12.23	12.17	
25.00	1.88	—	5.20	5.20	5.20	5.20	5.14	

从图3中可以看出，在最大验收试验荷载300.00kN的作用下，锚头位移相对稳定；在荷载等级观测时间内，锚头位移不大于0.1mm；锚头最大位移量12.17mm，满足设计要求。

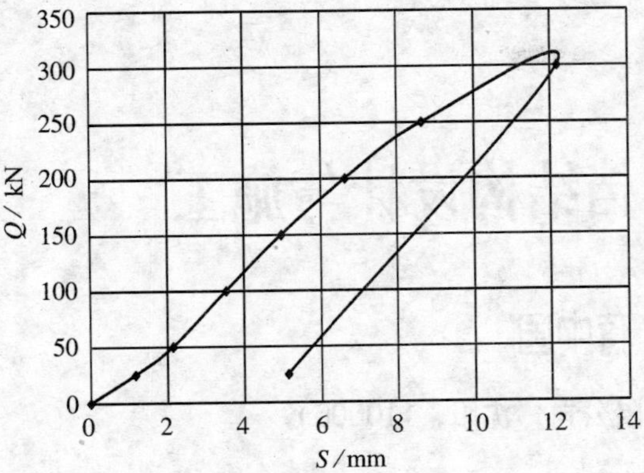

图3　MS4-4-50 号锚索验收试验曲线

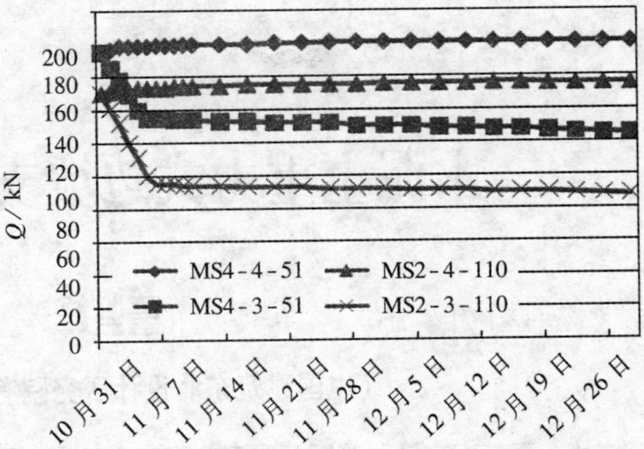

图4　锚索应力实测值随时间变化曲线

5.2　锚索应力监测

采用 GMS 型锚索测力计对部分锚索的预应力内力进行监测，锚垫板中心孔径必须小于或等于锚索测力计下垫板内直径，使锚索测力计的底平面全面坐落在锚垫板的端面上，锚垫板外表面必须平整、洁净。锚索下到孔内，锚固段砂浆固结后，将锚索测力计套入锚索，坐到锚垫板上，调整锚索测力计的位置，使其中心与锚索测力计的轴心对正重合。图 4 为锚索应力实测结果，表 3 为锚索实测值与设计值的比较。锚索应力监测结果表明，基坑北侧锚索应力较大，东侧锚索应力较小。由表 3 可以看到，北侧锚索实测值与设计值之比为 50% ~72%，而东侧锚索实测值与设计值之比为 35.2% ~62%。下面一道锚索张拉过程中会导致其上一层锚索土体松弛，使其应力降低。该工程锚索预应力损失后，基坑变形在允许范围内，支护结构稳定，基坑处于安全状态。

表3　锚索应力实测值与设计值比较表

锚索编号(位置)	应力实测值/kN	应力设计值/kN	应力实测值/设计值之比/%
MS4-4-51(北侧第四道锚索)	180	250	72.0
MS4-3-51(北侧第三道锚索)	125	250	50.0
MS2-4-110(东侧第四道锚索)	155	250	62.0
MS2-4-110(东侧第三道锚索)	88	250	35.2

6　结　论

由于基坑周边环境不同，且基坑施工过程中开挖不同步，导致锚索应力实测值相差较大，支护结构稳定，基坑处于安全状态。测试结果表明，锚索施工质量满足要求。该工程中预应力锚索的验收试验和应力监测为今后在营口鲅鱼圈地区的粉质黏土地层施工预应力锚索提供了宝贵经验。

水泥土重力式边坡支挡结构设计与施工

董鉴峰　　蒋中国

（中国建筑东北设计研究院有限公司，沈阳，110006）

摘　要：本文针对图们至珲春公路 K0—K1 公里处图们方向北侧山体滑坡，提出了采用水泥土重力式边坡支挡结构设计方案与施工措施。利用计算机程序的反算并考虑了水文地质、降水等影响因素对治理方案土体的力学指标给予正确可靠的评价。治理工程采用水泥土搅拌桩治理技术具有造价低、施工简便、无噪声污染、不破坏原状土体系平衡的优点。通过检测，证明治理方案提高了边坡的稳定性，得到了良好的治理效果。

关键词：山体滑坡；水泥土；重力式边坡支挡结构

1　引　言

近年来，水泥土墙技术在工程中得到了日益广泛的应用。水泥土搅拌桩是将原状土和水泥均匀搅拌后形成的一种土的加固体，采用特殊的搅拌机械在地基土中就地将原状土和固化剂强制搅拌，形成具有一定强度、整体性和稳定性的搅拌桩。水泥土重力式挡墙作为边坡支护结构具有如下优点：① 水泥土加固体的渗透系数较小，约为 10^{-7}cm/s，因此墙体具有良好的隔水性能，无需防水帷幕；② 水泥土支护墙一般采取自立式结构，不加内支撑，方便施工；③ 水泥土墙体的工程造价比较低，其经济效益较为显著。

2　工程实例

2.1　工程概况

图们至珲春公路 K0—K1 公里处，图们方向北侧山体下滑，滑动体将 5m 厚挡墙向前推移 50cm，同时使路面扭曲破碎，不均匀下沉，100m 左右路基本身参加位移，致使山坡下方房屋墙体破裂废弃，坡脚标高处公路路面开裂，为防治滑移体继续下滑，避免发生伤亡事故，该路段必须重新设立支挡结构。

2.2　滑移体下推力计算

（1）计算方法

根据地质报告，该路段滑坡为顺层滑坡，滑坡是沿着岩层斜坡面或软弱结构面滑动，山体上部为粉质黏土，下部为强风化泥灰岩（软弱结构面），下伏砂砾岩。夏季暴雨季节大量雨水不能及时排走，渗入坡体，引起岩土的重量增加，抗滑强度降低，从而导致滑坡；当下推力大于挡墙底部的抗滑力时挡墙滑移，带动路基下部土体共同移动，路面扭曲开裂，因此治理该路段的首要问题是计算滑坡体的下推力大小、方向和作用点，下推力是指滑坡体向下滑动的力与岩土抵抗抗滑力之差，又称为剩余下滑力。当滑动面为已知情况时，可采用《建筑地基基础设计规范》中计算式：

$$F_n = F_{n-1}\psi + K_t G_{nt} - G_{ns}\tan\varphi_n - C_n \cdot l_n \tag{1}$$

$$\psi = \cos(\beta_{n-1} - \beta_n) - \sin(\beta_{n-1} - \beta_n) \cdot \tan\varphi_n \tag{2}$$

式中，F_n，F_{n-1}——第 n 块、第 $n-1$ 块滑体的剩余下滑力；

ψ——传递系数；

K_t——滑坡安全推力系数；

G_{nt}，G_{ns}——第 n 块滑体自重沿滑动面、垂直滑动面的分力；

φ_n——第 n 块滑体沿滑动面土的内摩擦角标准值；

C_n——第 n 块滑体沿滑动面土的黏聚力标准值；

l_n——第 n 块滑体沿滑动面的长度。

按上述公式滑坡推力作用点，取在滑体厚度的1/2处，安全系数 $K_t = 1.25$。

（2）反算法的确定抗剪强度指标

按公式(1)和(2)逐段计算剩余下滑力，当最后一段滑坡体的推力为零或为负值时，说明整个滑坡体是稳定的；为正值，则不稳定，必须设置支挡结构。下推力的计算精度取决于抗剪强度指标的数值，而 C，φ 值随温度、地表水的深入而变化，因此地质勘查报告提供的数值，仅仅反映在当时环境条件的土样试验结果，不能反映周围环境改变时最危险情况，为避免挡墙再次发生滑移，找到最不利条件下的 C，φ，特编制计算程序，利用反算法求解该值。

具体解法是编制下推力计算程序，先固定黏聚力 C 值，将内摩擦角 φ 值以 $\Delta\varphi = 1°$ 的参数值递减，计算下推力，直至其结果为正值为止。然后固定 φ 值的10个数据，将黏聚力 C 值以 $\Delta C = 2\text{kPa}$ 的数值进行递减，计算推力，直至其结果为正值为止，将出现下推力下的 C，φ 值加权平均即得反算的滑动面上的 C，φ 值。根据该解法，运用反算法的计算结果表明：当 $\Delta C = 20\text{kPa}$，$\varphi = 8°$时是比较危险的。该数值比地质报告给出的 $\Delta C = 57\text{kPa}$，$\varphi = 8°$的数值低，说明在夏季降暴雨时，雨水渗入透水性强的疏松土壤中，并继续下渗，而基岩表面界面处受阻并富集，该处土的含水量大幅度增高，土质变软，抗剪强度降低，最终导致滑移，因此确定最危险的状态指标是不发生第二次挡墙滑移的关键。

2.3 水泥土重力式支挡结构的设计

2.3.1 水泥土重力式支挡结构的平面布置

该事故发生的原因是滑动面下移到挡墙的底部，使底宽5m，上宽2m的挡墙顺层滑移，而强风化层的存在使滑动面下移成为可能，因此需选择可以嵌固在基岩中的挡墙解决此问题。采用深层搅拌桩组成重力式挡墙，将此支挡体系嵌固在下部基岩中，即可彻底解决滑动面下移问题，又可有效地隔绝地下水渗入。

深层搅拌桩利用水泥作为固化剂通过深层搅拌将土和水泥强制拌和，经过物理化学反应硬结成有一定强度的水泥土排桩，其横断面采用格栅结构。为保证水泥壁与土形成复合体，格子间的土体面积应满足：

$$F \leqslant (0.5 \sim 0.7)\,\frac{C \cdot U}{\gamma} \tag{3}$$

式中，F——格子内图的面积(m^2)；

C——格子内土的黏聚力(kPa)；

U——格子周长(m)；

γ——格子内土的重度(kN/m^3)。

水泥土桩间搭接10cm，平面布置如图1所示。

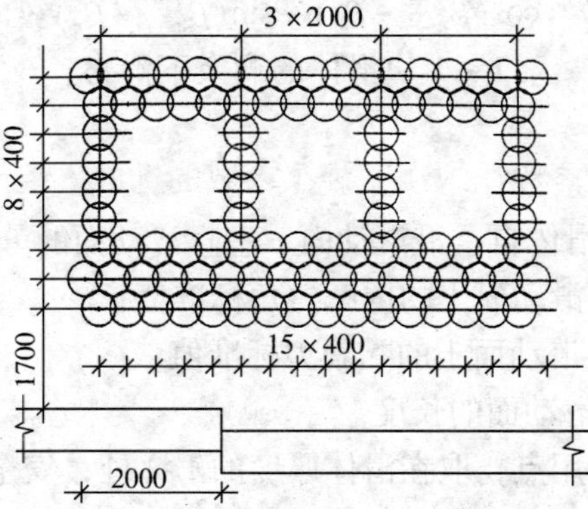

图1 水泥土桩布置图（单位：mm）

根据平面布置格内土面积为$2.56m^2 < \frac{C \cdot U}{\gamma} \cdot 0.5 = 3.4m^2$，符合构造要求。支挡结构嵌固在基岩0.5m内，支挡体系底宽3.6m，支挡高度6m，埋深近似为0.5m。

2.3.2 整体稳定性验算

由地质报告得知滑坡体多沿覆盖层与基岩接触面蠕滑，该接触面分布有2~3cm的软塑状灰绿色黏土，该土体含蒙脱石34%、伊利石55%、高岭石11%，因而亲水性强，遇水后膨胀软化，同时长期浸泡水使滑动面下移，容易形成滑动面下移至挡墙底部。采用深层搅拌桩墙可以克服这一弱点，致使支挡体系处于稳定状态。

（1）抗倾覆稳定安全系数

抵抗倾覆力矩支挡体系自重产生$G = 540kN/m$，作用在支挡宽度的中心。倾覆力矩由土压力产生，$E_a = 210kN/m$，作用点距底部1.8m，被动土压力$E_p = 0$。抗倾覆稳定安全系数计算如下式所示。

$$K_q = \frac{540 \times 1.8}{210 \times 1.9} = 1.97 > 1.5 \tag{4}$$

（2）抗倾滑移稳定安全系数

对以嵌固在基岩中支挡体系，土压力作用下不是滑移问题，而是验算根部的抗剪与桩墙内部在水平力作用下弯矩产生拉应力，拉断桩截面的问题。为得到实际上可靠的数据，进行两组水平承载力试验：一组是对单根水泥土桩进行，另一组是由6根水泥土桩组成双排桩墙。实验结果表明：单根水泥桩在水平推力为40kN时，于1.5m处断裂，而6根双排桩墙在400kN推力下位移2.85m，卸荷后回弹，残余水平位移3mm。由图1可知延长米布桩，工字型断面，上翼为8根/m，下翼为4根/m，共计12根/m，因此抵抗土压力产生水平推力210kN/m，满足要求。抗滑移安全系数如下式所示。

$$K_h = \frac{12 \times 40}{210} = 2.2 \tag{5}$$

（3）墙身强度验算

体系底部产生最大压应力值σ_{max}，其计算方法为

$$\sigma = \gamma \cdot Z + q + \frac{M_v \cdot x}{l} = 20 \times 8 + 20 + \frac{210 \times 1.9 \times 1.8}{7.89} = 271\text{kPa} \tag{6}$$

由地质报告知基岩承载力标准值为350kPa，因此满足要求。实验报告表明：水泥土桩取芯试样的单轴无侧限抗压强度为22.3MPa，同时满足$\sigma_{max} < 0.5q_u$的要求。

水泥土桩的水泥掺入量13%，水灰比为0.9。

2.4 水泥土重力式支挡体系的施工

该体系是否可以达到设计要求取决于施工参数的选取，施工设备的能力。该工程采用JBZ-2型深层搅拌钻机。11月份首次试桩时，开挖检查实际桩径为350~450mm，没有达到设计要求，分析原因一是水泥泵的压力小；二是土中夹有砂砾，钻头界面磨损快，钻头叶片直径减小，成桩尺寸不能保证。第二次试验工程将自制的十字形钻头替换原厂的螺旋式钻头，同时将喷嘴直径及位置进行了相应的改进，这样保证了其具有较高的搅拌性能，同时也大大地减少了钻进时的阻力，使水泥浆以射流状态喷至孔壁。至于注浆压力与搅拌次数，注浆压力提高为2MPa，注浆搅拌经过下降、上升、下降三个单程。第二年6月份进行开挖检查，桩径均在500mm，两桩之间咬合100mm，桩截面断裂后，观察搅拌情况，在可间段水泥搅拌均匀，单桩水平承载力20kN，达到设计要求。

施工的又一个难点是如何检测水泥土桩墙是否嵌固于基岩中。为切实解决此问题，进行现场二次勘查，确认滑动面为 -6.2m。基岩顶板 -8m，同时以深层搅拌钻机上的电流表数据进行控制，粉质黏土层电流表显示数值为15A左右。当钻进至风化层电流表逐渐升高，钻至9m左右电流表升至40A以上，钻机卡钻严重，此时确认该桩已进入基岩，可以提钻。

为检验支挡体系的工作状态，于第2年11月在原支挡土墙错位处和砌石挡墙顶部内边缘放置7个观测点，用经纬仪、水准仪测挡墙水平位移，沉降值。近10个月的观测数据表明，位移基本为零，公路沥青路面裂纹没有开展，基本稳定。

3 结论

（1）对图们至珲春公路K0—K1公里处山体滑坡提出了切实可行的治理措施，采用水泥土重力式支挡结构，提高了边坡的稳定性，得到了良好的治理效果。

（2）利用计算机程序的反算并考虑了水文地质、降水等影响因素对治理方案土体的力学指标给予正确可靠的评价，为治理方案的提出提供了可靠依据。

（3）本工程所采用的水泥土重力式支挡结构，即水泥土搅拌桩治理技术具有造价低、施工简便、无噪声污染的优点，更具有不破坏原状土体系平衡的特点，因此具有很强的实际应用性。

某高速铁路膨胀土挖方边坡的防护措施

孙振华

（中国建筑东北设计研究院有限公司，沈阳，110006）

摘　要：本文结合实际工程，对膨胀土路基边坡的防护措施进行探讨，为以后存在相似地质条件的高速铁路路堑边坡防护提供借鉴。

关键词：膨胀土；支撑渗沟；挡土墙；预加固桩

1　引　言

膨胀土指土中黏土矿物主要由亲水矿物组成，具有吸水膨胀、软化、崩解和失水急剧收缩开裂等特性，并能产生往复变形的黏性土。膨胀土具有干缩湿胀、强度随干湿循环产生剧烈衰减，残余强度远低于峰值强度等特性，而且膨胀土裂隙面往往充填灰白、灰绿色高塑性黏土，有地下水时，结构面强度大大降低，易使路堑边坡失稳。

关于膨胀土的破坏机理，不同的学者在不同的研究基础上提出了不同的理论，主要有廖世文的胀缩效应理论[1]、Bjerrum 的渐近性破坏理论[2]、Bishop 和 Bjerrum 的滞后破坏理论[3]，以及以 Fredlund 双变量理论[4]为代表的非饱和强度理论等。

膨胀土路堑边坡的破坏形式是多样的，但从破坏的深度上来区分，可归纳为浅层破坏与深层破坏两种类型。浅层破坏是指发生在气候影响层内的边坡变形，超过这层厚度的边坡变形便是深层破坏[1]。

2　膨胀土路堑边坡的防护措施

根据以上的分析，路堑边坡应着重从上面分析到的几种破坏形式入手进行防护：

（1）浅层破坏由于是受气候变化、风化程度、裂隙发育程度等因素的影响，所以对于可能发生的浅层破坏，宜采取相对保湿防渗措施；

（2）对于深层破坏一般采用抗滑桩加挡土墙的设置方式；

（3）对于地下水发育的地段宜设置倾斜排水孔、支撑渗沟和纵向盲沟等地下排水措施。

随着我国经济的发展，铁路建设事业也进入了蓬勃发展期，在这之中难以避免会遇到膨胀土地段的路堑边坡，由于膨胀土的液限、塑限和塑性指数较大，在一般状态时比较坚硬，通常都容易被勘察、施工人员所忽视，但却在工程中留下了严重隐患，对于工程的后期建设运营有着非常大的危险。因此，对高速铁路膨胀土路基边坡进行综合防治十分必要。

3 工程实例

3.1 工程概况

本工程位于成蒲城市铁路 DK77 + 712—DK77 + 815 段右侧，长 103m。本段上覆全新统残积黏土，中更新统冰水-流水堆积层卵石土。各地层岩性如下。

① 黏土(Q_4^{el})：棕红、棕黄、褐黄色，坚硬—硬塑状，偶含卵砾石，干钻岩心，多见饼状及短柱状，下部见柱状，多见斑点状结构，具有典型裂土特征。

② 卵石土(Q_2^{fgl-al})：褐黄色，密实，稍湿—潮湿状，卵石 ϕ60 ~ 120mm，含量 50% ~ 60%，分选性差，浑圆状，其成分以全、强风化的花岗岩、砂岩为主。漂石 ϕ200 ~ 300mm，含量 10% ~15%。其余为黏土充填，含有少量中砂。段内均有分布。厚度大于 20m。

本段地表水以沟水、鱼塘水为主。流量受季节变化影响大，冬季水量较小，夏季较大。主要受大气降水补给，径流途径较好，以蒸发、下渗和径流等形式排泄。

地下水主要为第四系孔隙水，主要赋存于黏土孔隙、卵石土及砂层中，土体透水性弱—中等、渗透系数 K = 15m/d。

测区地震动峰值加速度为 0.1g，地震动反应谱特征周期划分为 0.45s。

3.2 边坡支护方案

据工程地质及水文地质条件，遵循缓坡率、宽平台、加固坡脚及防护相结合的原则，本工程采用了桩间挡土墙、骨架护坡、支撑渗沟相结合的方式(见图 1)。

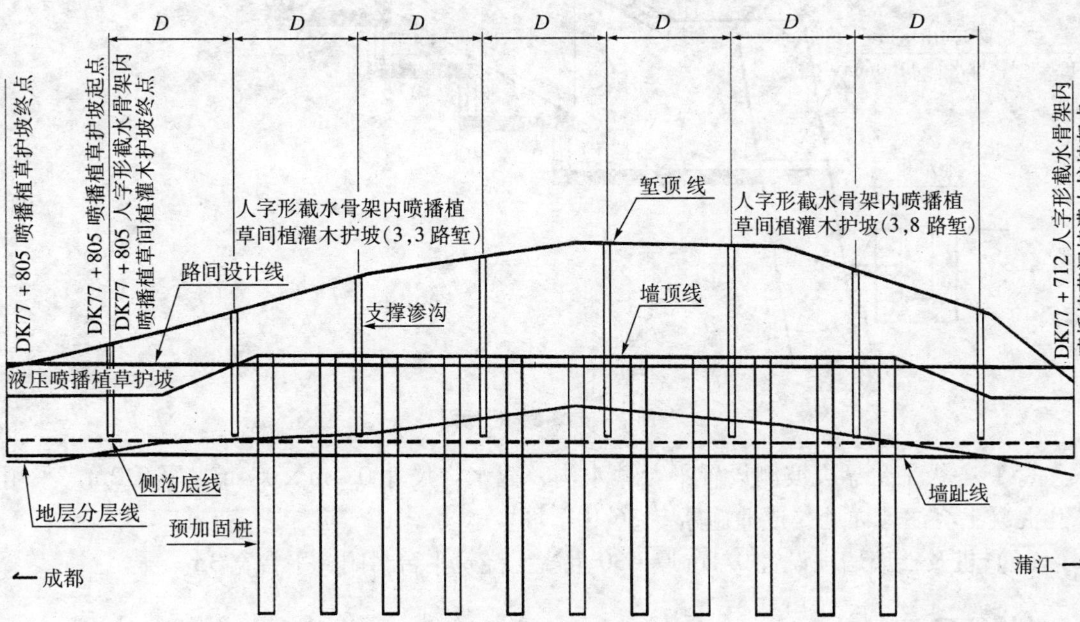

图 1 DK77 + 712—DK77 + 815 右侧支挡结构正面图

(1) DK77 + 730—DK77 + 790 段线路右侧长 60m，设置路堑桩间挡土墙预加固桩。预加固桩桩间距(中—中)6.0m，桩截面采用 1.5m × 2.0m 矩形截面，桩靠线路侧边缘距左线线路中心距离为 17.5m，桩长 13m，共设置 11 根预加固桩。

（2）DK77 +720—DK77 +800 段右侧长 80m，设置重力式路堑挡土墙，墙背设置反滤层，反滤层采用一层复合防排水网 +0.5m 厚的袋装砂卵石层。路堑挡土墙最大墙高 5m，最小墙高 3m。

（3）DK77 +712—DK77 +805 段线路右侧长 93m，墙顶边坡采用人字形截水骨架内喷播植草间植灌木护坡，采用主骨架净距 3m，支骨架净距 3m。骨架采用 C25 混凝土现浇。段内其余边坡采用液压喷播植草护坡。

（4）DK77 +721—DK77 +805 段，线路右侧长 84m，每隔两个主骨架设置 1 道支撑渗沟，共 8 道，渗沟宽度 1.5m，深 2m。支撑渗沟轴线为人字形截水骨架护坡主骨架轴线位置，若该支撑渗沟与预加固桩发生冲突时，可根据现场情况适当调整位置，该支撑渗沟处取消原人字形截水骨架护坡主骨架。每级每段边坡支撑渗沟应先于该级该段骨架护坡施工（见图 2 和图 3）。

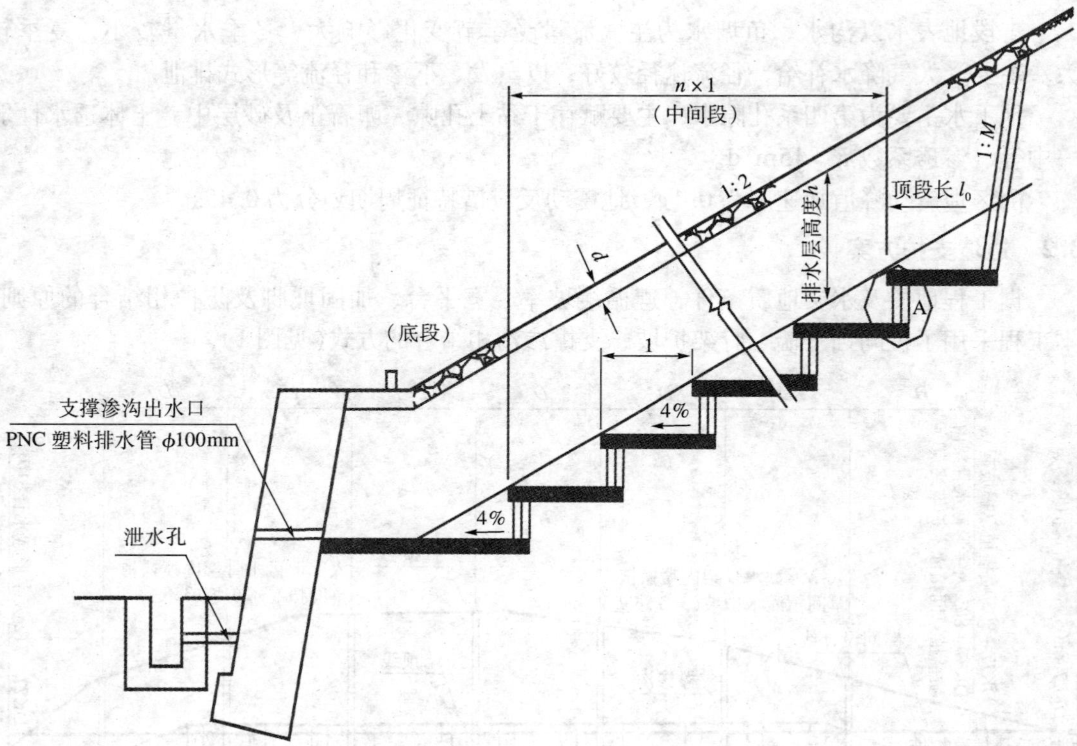

图 2　支撑渗沟横断面

（5）各级平台靠边坡侧设置平台截水沟，截水沟尺寸 0.4m × 0.4m，厚 0.2m，采用 C30 混凝土浇注，详见“成蒲施路专-36-10”图。

（6）桩及挡墙墙顶设置 0.1m 厚 C30 混凝土浇筑平台封闭，平台宽 3m。

4　结论及建议

（1）膨胀土边坡坡面处理应立足于坡面排水，加强坡脚支挡，坡面植草进行防护。

（2）渗沟、桩板墙、抗滑桩均为路堑边坡加固防护行之有效的方法。

（3）膨胀土边坡的设计方法通常采用工程地质类比法结合一般黏土的计算方法，还没有一种完全适用于膨胀土边坡的计算方法。因此，在以后的工作中仍需要进一步研究膨胀

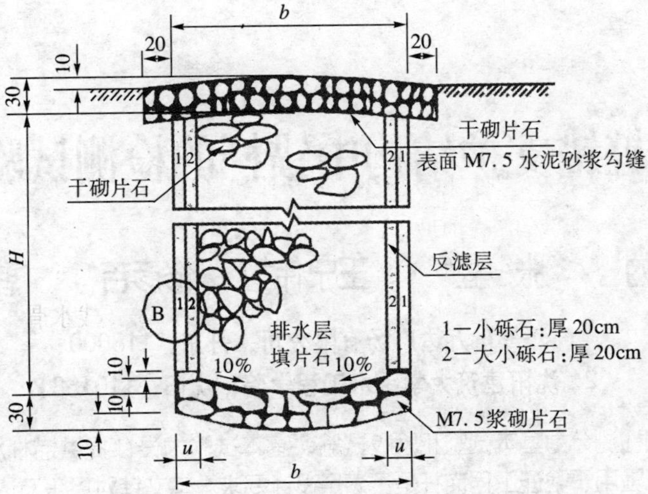

图3 I－I 剖面图

土边坡破坏的规律性及其适用的计算方法，以使以后的膨胀土边坡的设计方案更加经济合理。

参考文献:

[1] 廖世文．膨胀土与铁路工程[M]. 北京：中国铁道出版社，1984.

[2] Bjerrum L. Progress failure in shopes of overconsoli-dated plastic clay soil[J]. Mechanics and Foud Div，ASCE，1967，93（5）：3-50.

[3] Bishop A W，Bierrum L. The relevance of the triaxial Test to the solution of stability problems [J]. Research Conference on Shear Strength of Cohesive Soils，ASCE，l960，75(3)：437-501.

[4] Fredlund D G，Rahordio H. Soil mechanics for unsaturated soils[M]. NewYork：John Wily and Sons，inc，1993.

桩锚支护结构中锚杆的检测试验

朱作为[1] 张 雷[2] 王宁伟[2] 修彦吉[2] 韩舰辉[2]

(1. 丹东万达广场有限公司，丹东，118000；
2. 沈阳建筑大学土木工程学院，沈阳，110168)

摘 要： 锚杆的检测分为基本试验和验收试验，基本试验为设计提供锚杆承载力设计依据，验收试验用于验证工程锚杆是否满足设计要求。本文针对丹东万达广场大商业区基坑工程中的锚杆进行了现场试验，并给出了锚杆基本试验和验收试验的结果。

关键词： 锚杆检测；基本试验；验收试验

1 工程概况

丹东万达广场大商业区位于丹东市振兴区人民路北侧(原丹纸北厂及其周边)，包括1栋4层酒楼、1栋9层商务酒店、1栋4层洗浴中心、1栋19层五星级酒店(4层裙房)、2栋23层甲级写字楼及2~6层商业裙房组成。地下室基础底部埋深约-12.0m。

本场区的工程地质情况如下：上层为第四系，自上而下依次为杂填土、粉质黏土、砾砂、碎石和圆砾，各层厚度分布不匀；下层为强风化变粒岩、中风化变粒岩。主要的含水层为碎石、强风化变粒岩及中风化变粒岩。地下水主要为赋存于砾砂层和圆砾层中的孔隙潜水，具一定承压性。地下水与地表水联系密切，由于鸭绿江水水位受潮汐影响较大，使地下水位埋深受潮汐影响较大。其补给来源为大气降水及鸭绿江江水及花园河水。勘察期间勘探深度内地下水初见水位埋深2.80~5.40m，稳定水位埋深2.80~4.60m。

基坑深度为-13.0~-12.0m，采用桩锚支护结构，支护桩为ϕ600mm的长螺旋灌注桩，采用两排预应力锚杆(索)，局部地段为三排锚杆。本文给出了锚杆基本试验和验收试验的检测结果。

2 试验方法

锚杆的拉拔试验是采用分级循环加荷的一种试验方法。锚杆试验的最大试验荷载不宜超过锚杆杆体极限承载力的80%。对于锚杆的基本试验和验收试验，加荷应按相应的标准执行。试验所采用的计量仪表(压力表、测力针、位移计)应满足测试的精度；试验用加荷装置(千斤顶、油泵)的额定压力必须大于试验压力。

(1) 基本试验

对于一种新型锚杆或用于未应用过的地层时，必须进行极限抗拔试验，且其采用的地层条件、杆体材料、锚杆参数和施工工艺必须与工程锚杆相同，检测试验数量不应少于3根；其次锚杆极限抗拔试验应采用分级循环加荷，加荷等级和位移观测时间如表1所示。

表1 锚杆极限抗拔试验的加荷等级和观测时间

加荷增量 $A_s f_{ptk}$/%	初始荷载	—	—	—	10	—	—	—
	第一循环	10	—	—	30	—	—	10
	第二循环	10	30	—	40	—	30	10
	第三循环	10	30	40	50	40	30	10
	第四循环	10	30	50	60	50	30	10
	第五循环	10	30	60	70	60	30	10
	第六循环	10	30	60	80	60	30	10
观测时间/min		5	5	5	10	5	5	5

表中规定第五循环前加荷速率为100kN/min，第六循环的加荷速率为50kN/min，且在每级加荷等级观测时间内，测读位移不应少于3次，当位移增量小于0.1mm时，可施加下一级荷载，否则应该延长观测时间，直至位移增量小于2.0mm时，方可施加下一级荷载。

在一般试验过程中，如果后一级荷载产生的锚头位移量达到或超过前一级荷载产生的位移增量的2倍或锚头位移持续增长或杆体破坏时，则说明锚杆破坏，达到极限荷载。

（2）验收试验

在验收试验中，永久性锚杆的最大试验荷载应取锚杆轴向拉力设计值的1.5倍，临时性锚杆取1.2倍，而且锚杆数量不得少于锚杆总数的5%，不得少于3根；基坑锚杆一般属于临时性锚杆。验收试验应分级加荷，初始荷载宜取锚杆轴向拉力设计值的0.1倍。分级加荷值宜取设计值的0.50，0.75，1.00，1.20，1.33和1.50倍，在验收过程中，每级荷载均应稳定5~10min，并记录位移增量。最后一级应维持10min。如在1~10min内锚头位移增量超过1.0mm，则该级荷载应再维持50min，并在15，20，25，30，45和60min时记录锚头位移；然后，当加荷至最大试验荷载并观测10min，待位移稳定后卸载至$0.1N_t$，加荷至锁定荷载锁定。绘制$Q-S$曲线；当符合下列要求时，应判定验收合格：

① 拉力型锚杆在最大试验荷载下测得的总位移量，应超过该荷载下杆体自由段长度理论弹性伸长值的80%，且小于杆体自由段长度与1/2锚固段长度之和的理论弹性伸长值；

② 在最后一级荷载作用下1~10min锚杆蠕变量不大于1.0mm，如超过，则6~60min内锚杆蠕变量不大于2.0mm。

3 现场试验结果分析

3.1 岩土锚杆拉拔基本试验

根据现场记录，锚杆基本试验结果见表2，锚杆拉拔基本试验曲线如图1~图4所示。

表2 岩土锚杆拉拔基本试验成果汇总表

序号	试验编号	锚杆长度/m	锚杆孔径/mm	最大试验荷载值/kN	对应位移/mm
1	IJ（1-1）16	15.0	150	368	22.10
2	CD（1-1）21	16.0	150	400	22.63
3	FG（1-1）9	13.0	150	464	25.06
4	AB（1-1）27	16.0	150	616	22.56

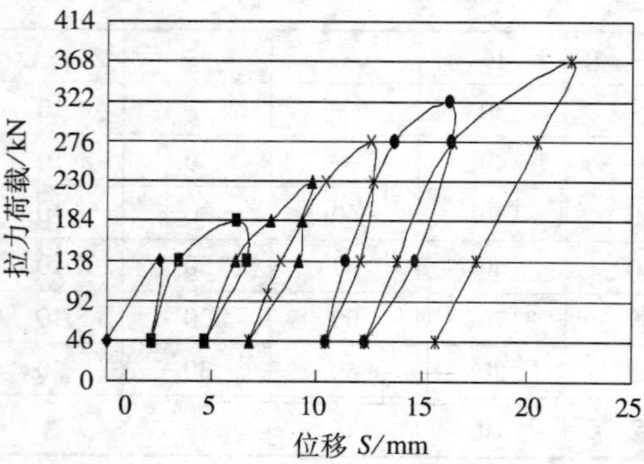

图 1 IJ(1-1)16 锚杆 $Q-S$ 曲线

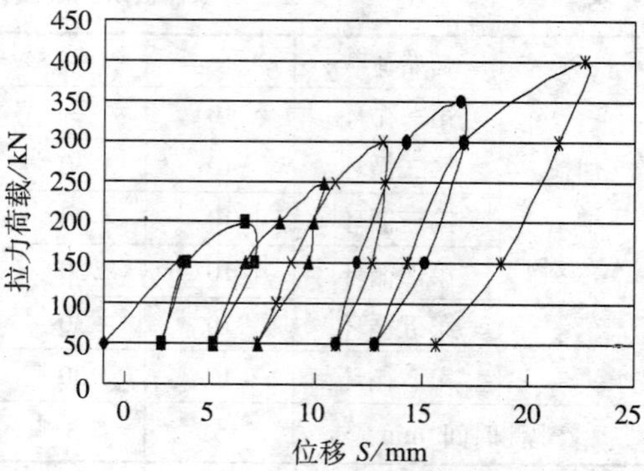

图 2 CD(1-1)21 锚杆 $Q-S$ 曲线

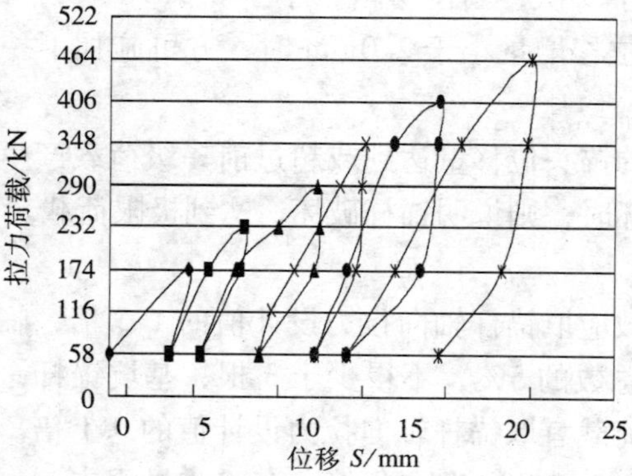

图 3 FG(1-1)09 锚杆 $Q-S$ 曲线

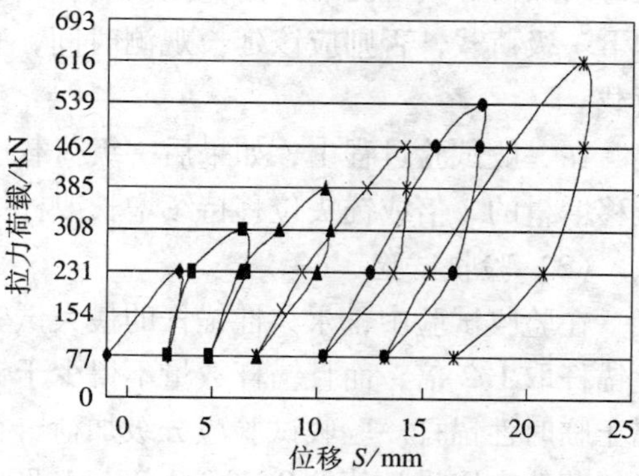

图 4 AB(1-1)27 锚杆 $Q-S$ 曲线

根据试验曲线及表 2 数据得出，加载设计值后变形稳定，抗拉拔锚杆黏结强度特征值满足设计要求。

3.2 岩土锚杆拉拔验收试验

根据现场记录，锚杆验收试验结果见表 3，锚杆拉拔验收试验曲线如图 5 ~ 图 8 所示。

表 3 岩土锚杆拉拔验收试验结果汇总表

序 号	试验编号	锚杆轴向拉力设计值 N_t/kN	设计荷载对应位移/mm	试验最大加载值/kN	累计最大位移/mm	残余位移/mm	回弹率/%
1	HI(1-1) 16	240.00	9.00	288	10.70	5.52	48.41
2	BC(1-1) 4	260.00	8.77	312	10.97	4.91	55.24
3	FG(1-1) 6	300.00	18.72	360	23.93	9.45	60.50
4	AB(1-1) 8	400.00	9.55	480	12.11	5.17	57.30

根据试验曲线及表 3 数据得出，加载到设计值后变形稳定，锚杆轴向拉力设计值分别为 240，260，300，400kN。

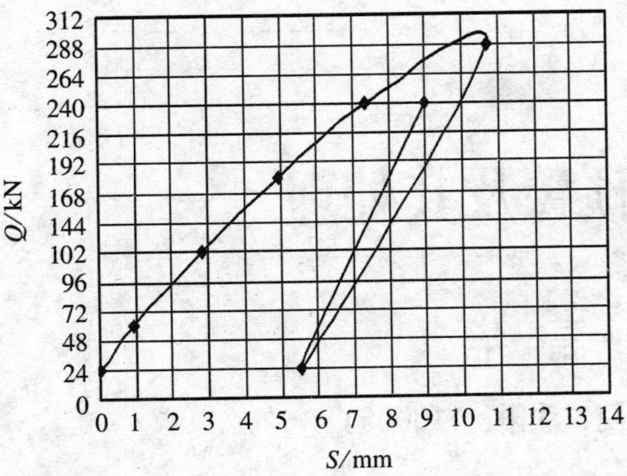

图 5　HI(1-1)16 锚杆验收 $Q-S$ 曲线

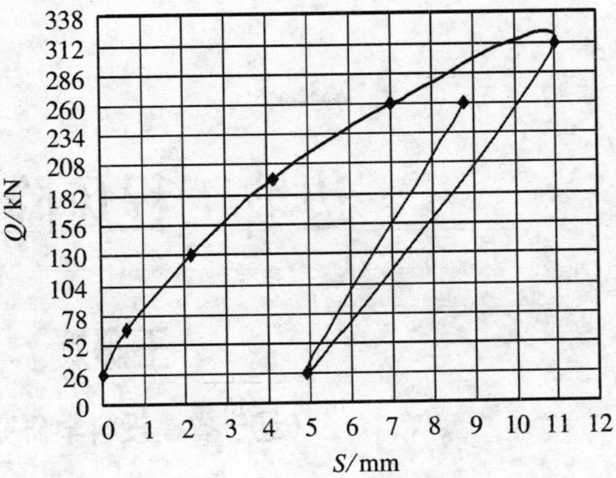

图 6　BC(1-1)4 锚杆验收 $Q-S$ 曲线

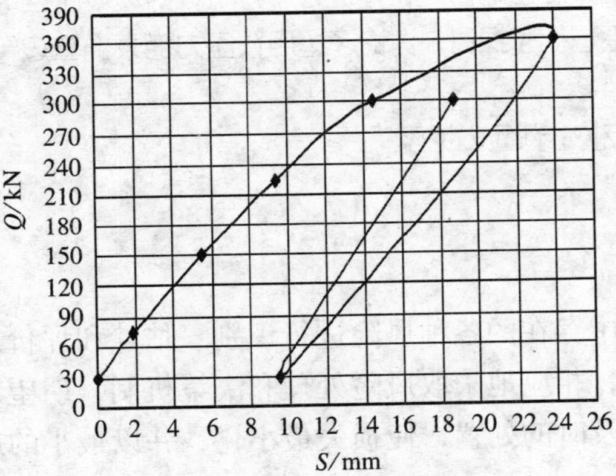

图 7　FG(1-1)6 锚杆验收 $Q-S$ 曲线

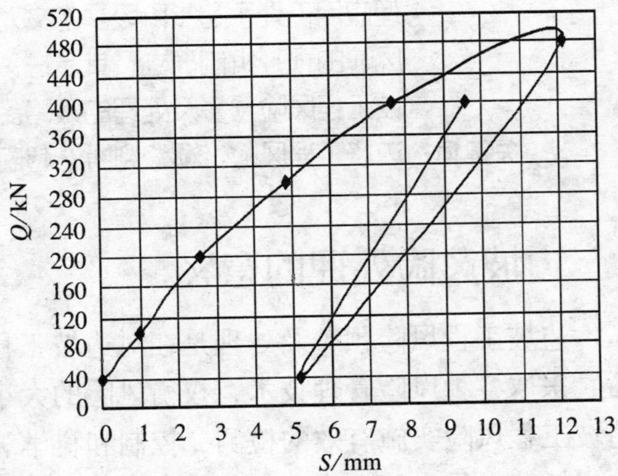

图 8　AB(1-1)8 锚杆验收 $Q-S$ 曲线

边坡工程风险预警及其处理

王媛媛　　高　华

（辽宁省建设科学研究院，沈阳，110005）

摘　要： 工程实践表明，由于边坡土参数变异以及计算方法等的不同，边坡安全系数取值存在的不确定性，以及对边坡风险的机理认识不够深入，边坡风险预警及管理应用仍处于初步阶段。本文对边坡工程的稳定特性进行了分析，对边坡工程风险的预警机制确立及其演进关系进行了探讨，讨论了运用预应力锚索确立边坡工程风险预警及处理的策略。

关键词： 边坡工程风险；预警判断；超前支护；预应力锚索

1　边坡风险处理的意义

边坡工程风险预警及处理是在对边坡工程中存在的各种风险进行识别、估计和评价之后，采取各种风险管理技术，权衡风险的大小，相应地采取风险处理和决策机制，期望对边坡工程风险实施有效的检测、控制和科学、及时的处置，使损失最小化，并以最小的成本损耗获得最大的工程安全保障[1]。

边坡稳定问题是岩土工程经典问题之一。我国现有高陡边坡存在抗震性能弱、耐久性差、风险度较高等问题，边坡工程存在地质灾害的成因机理、形成条件和诱发因素等的复杂性、多样性以及其变化的随机性、非线性等特征。在边坡工程实践中，由于工程技术设计、施工人员未考虑到边坡的工程地质构造和力学性质，或对施工边坡的性质产生错误的判断，进而采取不恰当的施工方式，甚至采取强加固措施造成浪费，或者未意识到隐藏结构面对边坡稳定性的影响，没有采取任何措施，都会给工程留下安全隐患。可以说，边坡风险的预警及处理决策是一个复杂的系统工程，它涉及经济、技术、环境及专家和决策者的个人素质等综合性因素。

边坡的稳定性失衡形成状态是一个伴随一定的可预见性、可测试性的破坏而从量变到质变的渐进式发展过程。对边坡进行周密监测，适时了解坡体的稳定性失衡状态，基于监测数据对边坡状态进行分析，并作出发展趋势预测和长期评价，已成为边坡稳定性研究的一个重要方法。加强边坡稳定性的检测和监测，基于以上工作获取的应力、位移等多源信息为基础，进行预测预报，并依据滑动模式和变形破坏机理，判断边坡失衡的安全等级，进而构建边坡稳定状态的综合预测方法与安全预警体系。在实际风险处理过程中，边坡风险预警及处理是一个系统工程与知识工程的耦合系统，涵盖大量与工程风险相关的定性、定量因素及风险经验和专业性专门知识。

边坡工程风险预警及处理是岩土工程的重要领域。开展边坡稳定性预测、预警研究，是当今国际边坡稳定性研究和环境地质研究领域的前沿课题[2]。边坡工程风险预警及处理对局部场地或区域的边坡灾害进行有效的风险管理，减少边坡失事造成的生命及财产损失，都具有极为重要的现实意义。

2 边坡工程风险的预警

边坡工程风险预警机制的建立主要依赖模糊综合评价，也就是对受多种因素影响的事物作出全面评价的一种十分有效的多因素决策方法。模糊综合评判的基本思想是利用模糊线性变换原理和最大隶属度原则，考虑与被评价事物相关的各个因素，对其作出合理的综合评价。在总结影响边坡预警判据的 m 个因素的基础上，采用专家意见法给出每个影响因素的权重，同时给出每个因素对各个评价等级相应的隶属度，形成因子权重矩阵和模糊关系单因素评判矩阵；利用模糊线性变换原理综合考虑相关因素的耦合作用，求出模糊综合评价集；依据最大隶属度原则进行综合评判。模糊综合评判原理如图 1 所示[3]。在对边坡风险识别、风险分析和评价后，当边坡的风险水平不可接受时，就必须根据边坡的风险程度进行处理，选择风险决策对边坡进行治理。

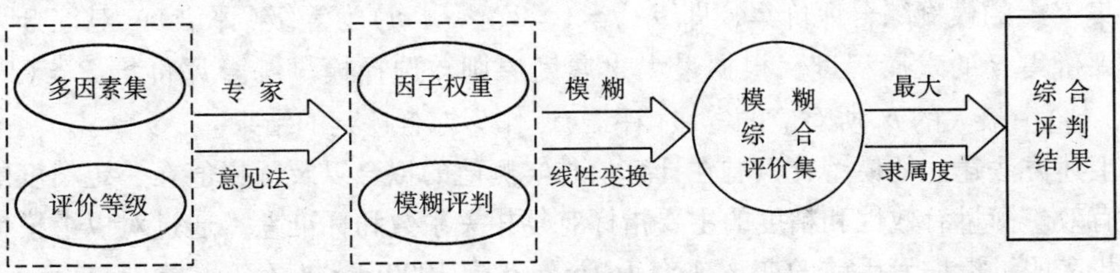

图 1 模糊综合评判原理图

模糊综合评判的具体步骤如下。

（1）建立因素集和评价集

在分析和提炼影响边坡预警判据修正程度因子的基础上，把影响边坡预警判据的 m 个因素作为因素集 U 中的因素，则可以表示为

$$U=(u_1, u_2, u_3, \cdots, u_m)$$

进而定义边坡预警判据修正级别集为 V，共分 n 个级别，则评价级 V 可以表示为

$$V=(v_1, v_2, v_3, \cdots, v_n)$$

其中，v_1，v_2，v_3，…，v_n 为根据问题划分的多级指标。

（2）建立单因素模糊评判矩阵

根据具体策略的值数选用适合的隶属函数，求出每个因素对各个评价等级相应的隶属度，对单个因子价 u_j（$j=1, 2, \cdots, m$）作模糊评判，得到反映 U 和 V 的模糊关系单因素评判矩阵：

$$\boldsymbol{R}=\begin{bmatrix} r_{11} & r_{12} & \cdots & r_{1n} \\ r_{21} & r_{22} & \cdots & r_{2n} \\ \vdots & \vdots & & \vdots \\ r_{m1} & r_{m2} & \cdots & r_{mn} \end{bmatrix}$$

换言之，由模糊值映射 F 到 U 和 V 的模糊关系，即 $\boldsymbol{R}_f \in F(U \times V)$，使 $\boldsymbol{R}=\boldsymbol{R}_f=(r_{ij})_{m \times n}$，称 $\boldsymbol{R}$ 为综合评判矩阵，$\boldsymbol{R}$ 中第 i 列反映的是被评对象的第 i 个因素对于评价集中各等级的隶属度；第 j 行反映的是被评对象各因素分别取评价集中第 j 个等级的程度。

(3) 确定因子集的权矩阵

在建立单因素模糊评判矩阵基础上，建立各因素的权重，并构成一个模糊向量：

$$A = (a_1, a_2, a_3, \cdots, a_m)$$

式中，a_j 为第 i 个因素 u_i 所对应的权，归一化条件为

$$\sum_{i=1}^{m} a_i = 1 \quad (1)$$

(4) 模糊综合评判

当因素重要程度模糊集 A 和综合评判矩阵(模糊关系) $\boldsymbol{R}$ 已知时，通过 $\boldsymbol{R}$ 作模糊线性变换，把 A 变为评语集上的模糊子集：

$$B = A * \boldsymbol{R} = (b_1, b_2, b_3, \cdots, b_m)$$

其中，* 表示广义模糊合成运算，即

$$b_j = (a_1 \wedge ※ r_{1j}) \vee ※(a_2 \wedge ※ r_{2j}) \vee ※ \cdots \vee ※(a_m \wedge ※ r_{mj}) \quad (j = 1, 2, \cdots, n)$$

这里“∧※”表示广义模糊“与”的运算，“∨※”表示广义模糊“或”的运算。称 B 为评语集 V 上的模糊综合评价集，即 $b_j(j = 1, 2, \cdots, m)$ 为等级(评语) v_j 对综合评判所得模糊评价集 B 的隶属程度。根据最大隶属度原则，选择模糊综合评价集 $B = (b_1, b_2, b_3, \cdots, b_n)$ 中最大的 b_j 所对应的等级(评语) v_j 作为综合评判的结果。

用上述方法建立的模型，只有在计算值与实测值的拟合以及预报值在一定精度的条件下才能有效。衡量有效性和精度的主要指标有复相关系数和标准差。通过对以上模糊综合评判分析表明，滑坡发生前的变形速率为1mm/d到1000mm/d不等，差别较大。堆积层滑坡的临界变形速率差别较大，滑坡发生的临界降雨量随地区的不同而不同，而且与滑坡体的规模有关。位移矢量角的突然增大或减小，蠕变曲线切线角大于70°等均可作为滑坡发生的判据。边坡工程风险预报必须建立在深入研究其变形特点和形成机制的基础上，利用定量判据指标，运用综合信息预报方法对边坡风险进行预测预报。

3 边坡工程风险的处理及其策略

边坡坡体介质与预应力锚固体间的耦合作用，对该类边坡的预应力锚固行为具有重要作用。随着我国工程建设的发展，预应力锚索框架在边坡工程风险的处理中发挥着越来越重要的作用，并且广泛应用于边坡的加固之中。

3.1 边坡的允许风险标准

制订一个合适的允许风险标准，是运用预应力锚索进行风险管理的重要前提性因素。在作边坡失稳风险评价即滑坡灾害风险评价时，需要有一套完整的标准帮助决策者对边坡工程风险进行核心部位的判断，即风险的可接受度和控制方式。允许风险通常以每年每一个人被摧毁的概率来计算，一般以人员伤亡、经济损失以及社会环境价值损失来表征。边坡允许风险水平应该因地、因时而异地设立适当的风险标准，同时也涉及社会、政治、经济、工程技术、自然环境、文化背景等多种因素。对人员伤亡来说，目前主要采用 F(滑坡概率)-N(人员伤亡)准则法；对于经济损失，一般采用损益比(Cost-benefit Ratio)、不同年概率条件下的经济损失值等来表示。

我国可靠度设计规范对各种建筑物的允许可靠度指标作出了规定(见表1)。可靠度指标和失效概率的关系如表1所示。我国水利水电工程结构可靠度设计统一标准规定，持久

状态结构承载力允许可靠度设计指标如表 2 所示。其中，第一类破坏指非突发性破坏，破坏前能见到明显征兆，破坏过程缓慢；第二类破坏指突发性破坏，破坏前无明显征兆，结构一旦失事难以弥补或修复。规范同时规定了建筑物的设计基准期，这样允许可靠度指标也可以与以年计的允许风险建立关系。

表 1 可靠度指标和失效概率的关系

失效概率 P_f	0.5	0.25	0.1	0.05	0.01	0.001	0.0001	0.00001
可靠度指标 β	0	0.47	1.28	1.65	2.33	3.1	3.72	4.25

表 2 规范规定的持久结构承载力允许可靠度设计指标 β

结构安全级别	Ⅰ级	Ⅱ级	Ⅲ级
一类破坏	3.7	3.2	2.7
二类破坏	4.2	3.7	3.2

对于会造成较大人员伤亡及财产损失的天然斜坡及人工边坡，当风险体为被动风险承受者时，我国边坡以年计允许风险值应在 $10^{-6} \sim 10^{-5}$之间。如果风险标准选用偏低，则边坡工程的安全可靠度不足，存在安全隐患，且具有较高的风险度；同时，如果标准选得太高，又难以实现应有的合理经济收益预期，会造成资源的浪费。实质上，边坡工程风险标准的取值，是在政治影响、经济效益、环境评价、个体价值与边坡安全之间反复权衡的结果。

3.2 预应力锚索

预应力锚索框架梁加固滑坡体，作为一种主动加固方法，能调动坡体自稳能力，改变坡体的应力状况，且安全稳定、美观轻巧，综合造价及社会经济效益明显优于传统的支护结构，在边坡治理中有广泛的应用前途。锚索的锚固力直接改变了滑面上的应力状态和滑动稳定条件。锚索受力情况如图 2 所示。

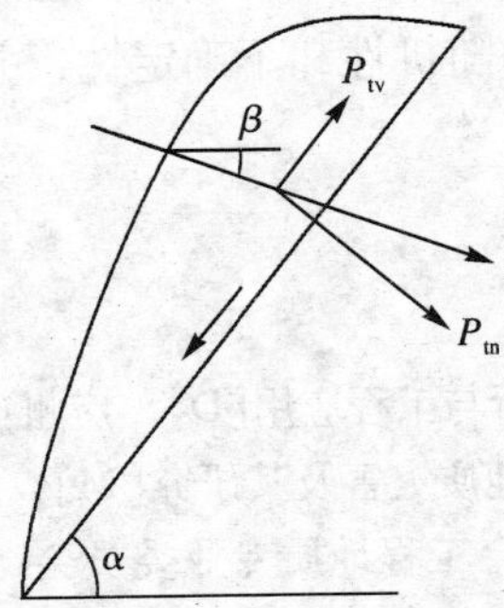

图 2 锚索受力图

由预应力锚索的锚固力所增加的抗滑阻力增量 P_{tf}为

$$P_{tf} = P_{tn}\tan\varphi + P_{tv} = P_t[\sin(\alpha+\beta)\tan\varphi + \cos(\alpha+\beta)] \tag{2}$$

式中：P_t——锚索设计拉力值；

P_{tn}，P_{tv}——P_t垂直于滑面方向的分力和沿滑面的分力；

α——滑动面倾角；

β——锚索与水平方向的夹角；

φ——滑动面的内摩擦角。

由式(2)可知，预应力锚索一方面可直接在滑面上产生抗滑阻力 P_{tv}，另一方面可通过增大滑动面上的正应力来增大抗滑摩擦阻力。总之，预应力锚索通过提高边坡岩体的整体性和增加滑面上抗滑阻力来加固岩体，促使其稳定。因此，应针对滑坡的特点选取符合实际的滑动带处理方法，这对保证计算精度是十分必要的[4]。目前，对滑动带有以下 3 种处理方式：

（1）滑动带厚度较大时，在有限元计算中将滑动带作为软弱夹层来模拟滑坡的应力状态；

（2）滑动带厚度较小时，在有限元计算中将滑动带作为节理单元或接触单元来模拟滑坡的应力状态；

（3）滑动带厚度非常小，在有限元计算中将滑动带作为单元界线来模拟滑坡的应力状态。

在实施高风险边坡超前支护的过程中，无支护边坡稳定性的超前判识，给定安全系数条件下高切坡所需要施加抗力荷载以及地震荷载下加固高切坡的动力响应问题是关系高切坡整治工程成败的关键[5]。对于高切坡来说，预应力锚索是整治危险性岩质高切坡最为有效的超前支护结构[6]。具体步骤：① 给定切坡方式下无支护岩质高切坡的稳定性进行超前诊断，如果通过判断发现为危险性边坡，则在高切坡开挖前预先设置预应力锚索；② 在预应力锚索施工达到并完成设计规定强度后再开挖边坡，从而保证岩质高切坡的整体稳定性。显然，高切坡稳定性的超前判识、预应力锚索与高切坡的共同作用分析、地震荷载下预应力锚索加固高切坡的动力响应等关键科学问题的解决，是关系预应力锚索加固高切坡整治工程成败的关键。

4 结 语

综上所述，边坡工程风险预警及风险处理分析相关概念在边坡工程中的引入，为边坡稳定性分析提供了一条相对可靠的思路。风险预警方法分析方法能够克服安全系数法的不足之处，充分考虑到边坡工程中的随机性和不确定性，并以承认存在结构失衡的可能性为前提。

参考文献：

[1] 唐亮. 类土质边坡稳定性分析与工程应用[D]. 广州：华南理工大学，2010.

[2] 孙广忠，姚宝魁. 中国滑坡地质灾害及其研究[M]//中国岩石力学与工程学会地面岩石工程专业委员会，中国地质学会工程地质专业委员会. 中国典型滑坡. 北京：科学出版社，1988：1-11.

[3] 李聪. 边坡变形与稳定性演化预测预警方法研究[D]. 武汉：武汉大学，2011.

[4] 徐俊龄. 高速远程滑坡研究现状综述[C]//滑坡文集编委会. 滑坡文集：第 12 集. 北京：中国铁道出版社，1997：54 -64.

[5] 张晓曦. 边坡工程稳定性极限分析[D]. 成都：西南交通大学，2011.

[6] 黄高峰，李宗利，牟声远. Hoek-Brown 准则参数在边坡工程中的敏感性分析[J]. 岩土力学，2009，30(7)：21-23

地下通道下穿既有给水管线数值模拟分析

陈　晨

（中国建筑东北设计研究院有限公司，沈阳，110006）

摘　要：本文以某地下广场联络通道下穿既有给水管线工程为背景，在考虑应力释放及旋喷加固的基础上，采用三维有限元计算软件 Midas-gts 进行数值模拟，重点分析通道施工对给水管线变形的影响，评估通道初期支护及加固方案的合理性。

关键词：联络通道；旋喷加固；管线变形；数值模拟

1　引　言

近年来，随着我国城市地下空间的不断开发与利用，地下工程得到了极大的发展，但城市中管网交织繁杂，给地下工程施工带来了诸多不便。本文以某地下广场工程为背景，采用有限元计算软件 Midas-gts 对广场间联络通道下穿既有给水管线进行全程仿真模拟，着重研究通道施工对既有管线变形的影响，以期为给水管线的安全评估提供依据。

2　工程概况

该工程分为南、北两个地下广场，采用明挖施工，但两广场间为城市重要道路，道路下管线众多，因此两广场间联络通道考虑暗挖方案。按照沉积年代、成因类型，场地勘察深度范围内自上而下地层主要为人工填土、中—粗砂和砾砂。主要岩土物理力学参数如表1所示。

表1　　岩土物理力学参数

土层名称	密度/(g/cm^3)	变形模量/MPa	黏聚力/kPa	内摩擦角/(°)	泊松比
人工填土	18	5	15	15	0.35
中—粗砂	19.5	22	4	30	0.31
砾砂	220	30	2	35	0.30

既有给水管为直径1.2m，壁厚15cm的混凝土管，位于地下3.2m，处于中—粗砂层；地下联络通道位于地下7.9m，全部处于砾砂层。通道与给水管最小净距仅为3.5m，为避免通道施工对管线造成过大影响，采用旋喷加固通道周围2m范围内砾砂的方法，要求加固后的土体变形模量不低于100MPa。加固方案剖面图见图1。

3　前处理

（1）计算模型

数值分析采用 Midas-gts 软件，所取土体范围为：x 方向70m，y 方向24m，z 方向

40m。包括3层土体、给水管、联络通道和旋喷加固区，共有5272个节点，5182个单元。三维模型见图2和图3。

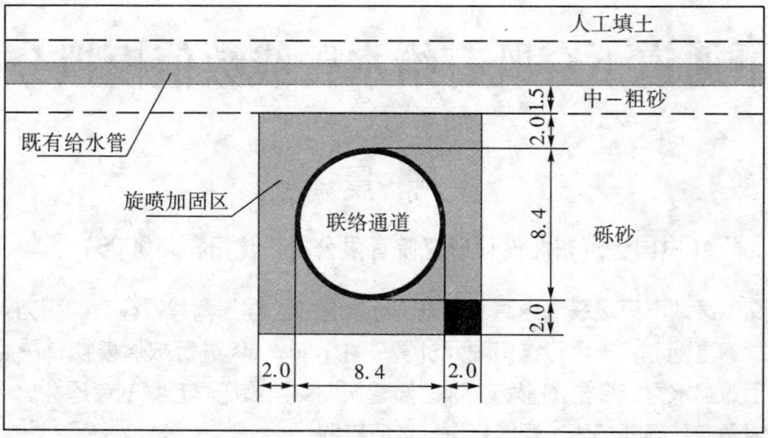

图1 加固方案剖面图（单位：m）

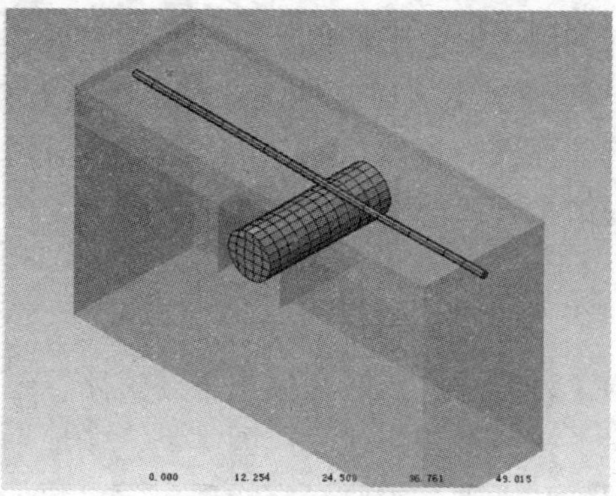

图2 三维模型图

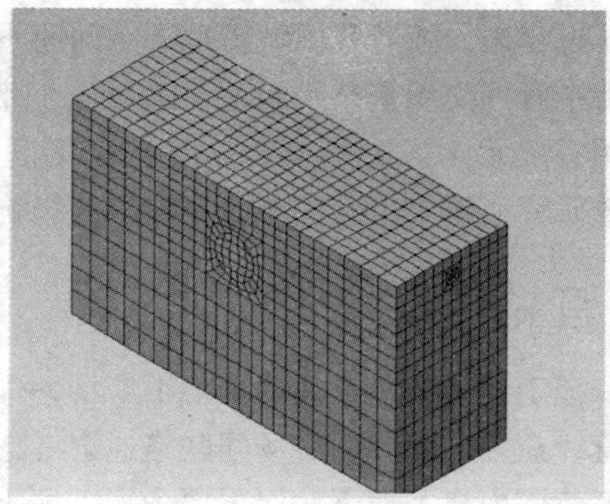

图3 网格划分图

（2）基本假设

在计算模型的建立和计算中，进行了如下几点假设。

① 计算区域假设：$+x$ 和 $-x$ 方向取 $4.5D$（D 为通道直径），y 方向取实际宽度24m，$-z$ 方向取 $3.5D$，$+z$ 方向取至地面；

② 由于地层变化平缓，假设工程所在位置各地层（包括地表）均为水平分布；

③ 周围土体本构关系采用基于摩尔-库仑准则的理想弹塑性模型，土体采用solid单元模拟，混凝土管及通道初期支护采用plate单元模拟；

④ 模拟时，先进行开挖，再以原场应力50%的标准进行应力释放，然后施工初期支护并释放剩余应力；

⑤ 荷载考虑自重及地面超载20kPa。

（3）工 况

考虑整个施工过程，采用如下工况模拟：

① 地层在自重应力下达到初始平衡状态；

② 钝化给水管线所在位置土体，并考虑应力释放达到平衡状态，激活混凝土水管；

③ 激活旋喷加固区域；

④ 开挖通道处土体，并考虑应力释放达到平衡状态；

⑤ 激活通道的初期支护。

4 计算结果分析

4.1 给水管变形

数值模拟的主要内容是对新建地下通道施工引起既有给水管线的变形进行预测分析，给出地下通道施工时既有给水管线的沉降曲线。计算结果表明，给水管线顶部沉降，底部隆起。得出给水管线变形曲线如图 4 和图 5 所示。

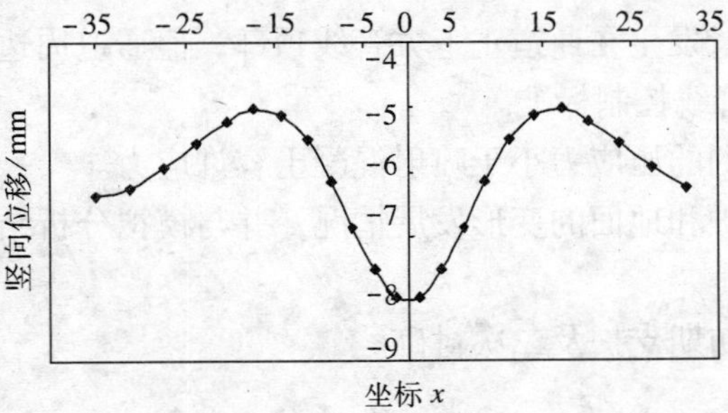

图 4 给水管管顶线变形曲线

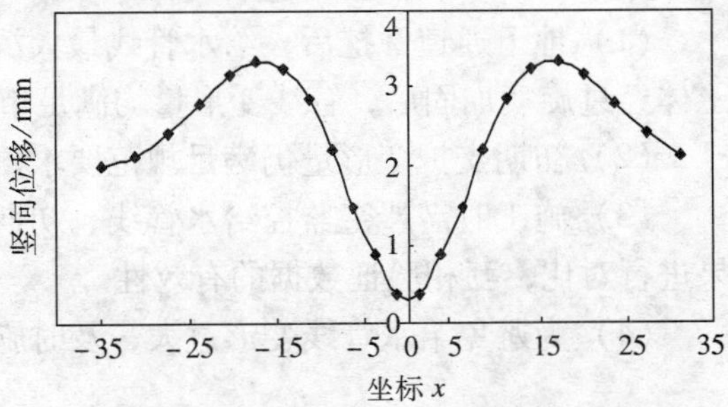

图 5 给水管管底线变形曲线

从曲线图中可知，给水管顶部受通道开挖影响发生沉降，最大沉降值为 7.968mm，发生在通道正上方。随着远离通道，给水管沉降逐渐减小，最小沉降值为 5.016mm。给水管线底部受通道开挖影响发生隆起，隆起最小值为 0.355mm 发生在通道正上方。随着远离通道，给水管隆起量逐渐增大后趋近平缓，最大隆起值为 3.347mm。采用旋喷加固通道周边土体，将给水管线的变形量有效地控制在 −30 ~ +10mm，满足市政管线控制标准，此方案切实可行。

4.2 地下通道初支变形及受力

地下通道每开挖一定进尺便施工初期支护，施工时需持续监控初期支护的变形情况，为二次支护的施作提供依据。计算结果表明，地下通道初支施工完成后顶部发生沉降，底部发生隆起。经整理得到地下通道变形曲线如图 6 和图 7 所示。

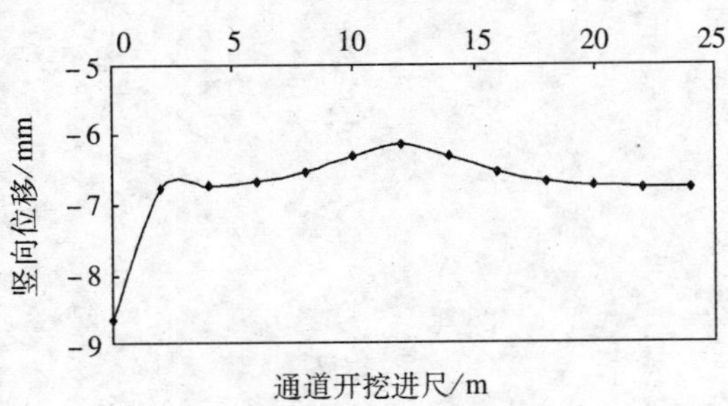

图 6 地下通道顶部变形曲线

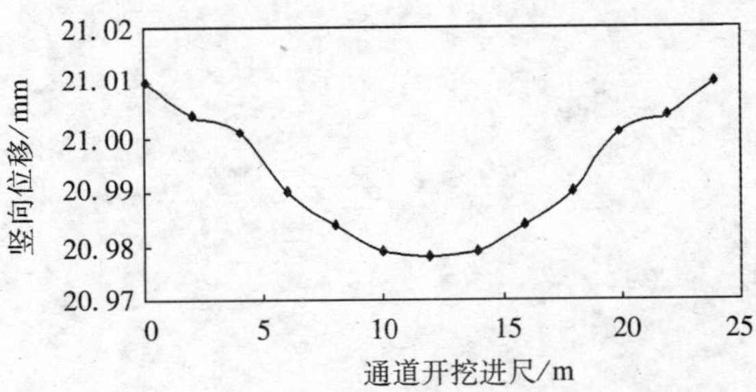

图 7 地下通道底部变形曲线

从曲线图中可知，地下通道顶部发生沉降，沉降最大值为 8.627mm，发生在通道初始开挖处，随着开挖掘进，沉降逐渐减小并趋近平缓，最小沉降值为 6.13mm。地下通道底部发生隆起，隆起量均为21mm左右。由此可见通道施工时，应严格控制初支变形，尤其是通道底部隆起量不应过大，否则需加强底部初支。

随着开挖进尺，初期支护受力情况也发生着变化。通过模拟计算可知，初期支护产生的第一主应力最大值为－424.47kPa，发生在通道的中部两侧；最小值为－93.15kPa，发生在通道顶部。初期支护产生的第三主应力最大值为－2110.96kPa，发生在通道的中部两侧；最小值为－476.92kPa，发生在通道顶部。通道中部两侧受到的压应力最大，顶部受到的压应力最小，且远小于C25喷射混凝土的容许应力，因此初支采用C25喷射混凝土是安全的。

5 结 论

（1）地下通道开挖后，给水管线最大沉降量发生在通道正上方管线顶部，但通道周边土体经过旋喷加固后，管线变形量均满足市政管线控制标准。

（2）初期支护变形量仍满足规范要求，受到的压应力小于喷射混凝土容许应力。

（3）施工时需严密监控给水管线、初期支护和地面的变形发展情况，并与模拟分析结果进行对比，互相验证数据的有效性。

（4）为避免给水管线变形过大，及时施作初期支护及二次衬砌。

加筋格宾土挡墙在高速公路填方边坡中的应用

孙立娟

（中国建筑东北设计研究院有限公司，沈阳，110006）

摘　要： 对填方路基来说，充分利用填土本身使之参入结构，成为结构的一部分，并能有效地恢复原有的植被环境的加筋土挡墙将更具发展潜力。本文通过介绍加筋格宾复合结构在高速公路填方路肩挡墙工程中的运用，向工程界推介这种新型加筋土结构特点和复合结构的应用示例。

关键词： 加筋格宾；土挡墙；填方边坡

1　引　言

加筋土挡墙技术起源于20世纪60年代的法国，早先的加筋土挡墙主要是采用混凝土刚性面板墙与钢筋和混凝土楔形块组合的加筋带共同构成结构，随着工程材料技术的发展，现今加筋土挡墙加筋材料已广泛采用以各类土工合成材料为主的材料，如土工格栅、土工带、钢塑复合带，等等。目前，墙面板仍以钢筋混凝土预制型块为主，土工合成材料的包裹式墙面结构也有一定应用。这类加筋土挡墙结构一直存在以下困扰工程界的问题。

（1）面板与加筋带的锁结点往往是结构最薄弱部位，破坏常常源于这些局部薄弱点；

（2）土工合成材料长期蠕变的问题难以很好地处理，造成长期变形过大，影响所服务项目的正常使用并威胁结构寿命。

加筋土工程急需一类兼具刚性和适度柔性，同时面板与加筋带为无节点连接的加筋土挡墙结构技术。

2　加筋格宾与绿色加筋格宾

意大利马克菲尔公司于20世纪90年代在马来西亚的一条公路建设当中，首先成功运用了以格宾网为基本构件元素制作的加筋格宾与绿色加筋格宾结构。马克菲尔公司对该技术申请了专利保护，并将该专利技术在全球推广。目前该技术的应用已达一百多项工程，涉及公路、铁路、水利、房建、矿山等各种复杂条件下的填方边坡(见图1和图2)。

2.1　加筋格宾

加筋格宾系面墙为格宾网箱，压埋于填土中的受拉筋带为钢丝网面，受拉筋带与面墙钢丝网为同一网面的无节点连接工程化程度较高的加筋土挡墙构件。在工程现场，在面墙格宾网箱中充填石块，构成面墙；在加筋网面上分层填筑填土、分层压实构成网面与压实填土共同作用的受拉体系，一起组成加筋土挡墙结构。其构件的一般规格为幅宽2m，高0.5m或1m(该高度同时也是土中加筋的竖向间距)，加筋网面长度根据设计确定。形成结构时，其与填土回填一起逐层由下往上加高，构件单元之间通过绞合钢丝连接，其土挡墙

图1 意大利埃莫拉一级方程式赛车赛道

图2 克罗地亚萨格勒布—斯普利特高速公路

墙面形式可以是直立式、阶梯式，并可设置分级平台。由于组成构件的主要元素为双绞合六边形钢丝(钢丝经严格的金属表面工程防腐处理)网面，具有良好的刚柔相济性，既具有较好的结构强度，又具有适度柔性；其面墙为箱笼填石，填石中空隙可以让墙后填土中地下水近自然排出，有利于填土固结，从而有利于边坡稳定性长期增长；另外，面墙填石中空隙还可积淀土壤，可以自然生长植物，所以具有较好的生态景观外观。其构件与结构断面如图3所示。

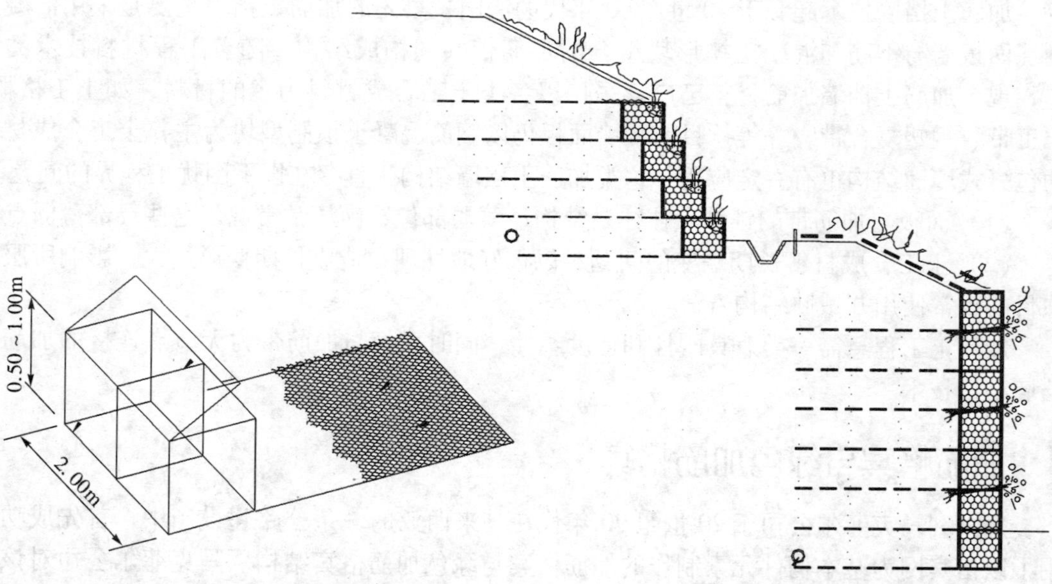

(a) 加筋格宾构件

(b) 加筋格宾挡墙结构断面

图3 加筋格宾构件及其土挡墙结构断面示意图

2.2 绿色加筋格宾

绿色加筋格宾系面墙与压埋于填土中的受拉筋带均以钢丝网面为主，受拉筋带与面墙钢丝网为同一网面的无节点连接工程化程度较高的加筋土挡墙构件。在工程现场，钢丝网面墙加钢筋网板增加刚度，并采用支撑架固定面墙倾斜度；在加筋网面上分层填筑填土、分层压实构成网面与压实填土共同作用的受拉体系一起组成加筋土挡墙结构。其构件的一般规格为幅宽2m，高0.58m或0.73m(该高度同时也是土中加筋的竖向间距)，加筋网面长度根据设计确定。形成结构时，其与填土回填一起逐层由下往上加高，构件单元之间通过绞合钢丝连接，其土挡墙墙面形式为斜坡面，坡面角度一般设置为60°~70°，并可设置分级平台。由于组成构件的主要元素为双绞合六边形钢丝（钢丝经严格的金属表面工程防腐处理）网面，使其具有良好的刚柔相济性，既具有较好的结构强度，又具有适度柔性；其面墙处设置土工植生营养垫，既可保水为植物生长提供水分，又可排泄墙背多余地下水，有利于填土固结，从而有利于边坡稳定性长期增长，其面墙为完全植物覆盖，具有极佳的绿化效果。其构件大样与结构断面如图4所示。加筋格宾与绿色加筋格宾可以共同组合成复合式加筋结构，以适应各类不同性质的工程需要。

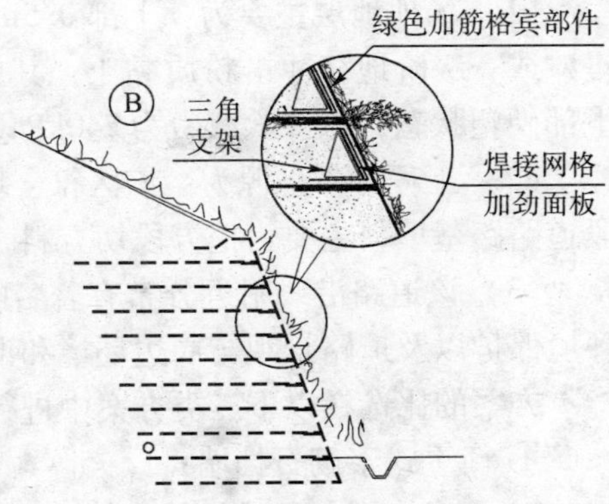

图4　绿色加筋格宾挡墙结构断面

2.3　主要技术参数

加筋格宾与绿色加筋格宾均是以格宾网为基本构件元素。格宾网系采用钢丝机编而成的六边形双绞合钢丝网，用于加筋格宾与绿色加筋格宾的钢丝网面通常采用ϕ2.7mm的冷拔低碳镀层——热浸重镀锌或热浸重镀高尔凡（一种先进的镀层工艺，为5%铝+锌+稀土元素）——并覆工程塑料钢丝在专门的机械设备上机编而成，网面网孔规格通常为8cm×10cm；钢丝的抗拉强度控制在350~550N/mm^2，伸长率≥10%；镀层重镀标准是，镀层用量≥245g/m^2；覆塑层厚度0.5mm；钢丝网面的质控抗拉力（经向）≥50kN/m（应变为2%）；构件的生产严格遵守EN及ASTM等国际标准，其公差有严格的标准限制。

作为加筋土结构，其对加筋面网上的压实填土有同其他加筋土结构同样的质量要求，在满足结构填土要求的情况下，其作为面状加筋材料，机理上既有摩擦加筋原理提供的摩擦抗拔力，又有横向钢丝阻力与土拱相互限制提供的“准黏聚力”。根据大量工程实践与试验数据，双绞合六边形钢丝网在结构填土中土与拉筋的近似摩擦系数经验值见表1。

表1　土与钢丝网面拉筋摩擦系数

结构填土	重度/(kN/m^3)	计算内摩擦角/(°)	似摩擦系数
黏性土	17~19	25~30	0.25~0.38
粉　土	18~20	25~28	0.30~0.38
黏质砂土	18~20	25~30	0.35~0.42
砂　砾	19~21	35~40	0.38~0.45
级配砂砾卵石	19.5~21	38~45	0.42~0.50

3　高速公路应用实例

湖南湘潭至衡阳西线高速公路K122+882—K124+895段处在丘陵地貌单元的蒸水河附近，线路经过的地段地势较为低平，为大面积良田区，按高速公路设计标高，路基需要填高10m左右，一般缓坡路堤方案因需要占用大量耕地而被放弃，路肩挡墙的方案成为第一选择。但是选择何种形式的路肩挡墙，需要多方案比选。

该路段地质情况与工程材料来源情况及工程环境情况和业主要求概括如下。

（1）场地地层主要为：上部 0.5m 左右为水稻田种植土，以下为厚度一般 3～5m 的河漫滩或一级阶地相冲击粉质黏土，其中上部 0.6m 左右受水稻田下渗水软化呈可塑状态，下部硬塑状态，允许承载力为 240kPa，以下为白垩纪红层泥质粉砂岩强风化和弱风化层。

（2）工程材料来源为：该区符合圬工的石料缺乏，块石需长距离外购，运费高昂；该段道路路基填料主要为挖方段切方料，以白垩系纪红层泥质粉砂岩为主。

（3）该道路沿线附近分布有著名的南岳衡山名胜等自然与人文景观，因此业主对沿线环境保护以及道路景观与周边环境和谐美观提出了更高要求。

方案的比选在以下三类方案中进行：

① 衡重式浆砌石挡墙；

② 土工格栅包裹式加筋土挡墙；

③ 加筋格宾与绿色加筋格宾加筋土挡墙。

三种方案（均以 10m 高路基为例）技术、经济与环保综合对比情况如表 2 所示。

表 2　边坡挡墙技术经济环保综合对比表

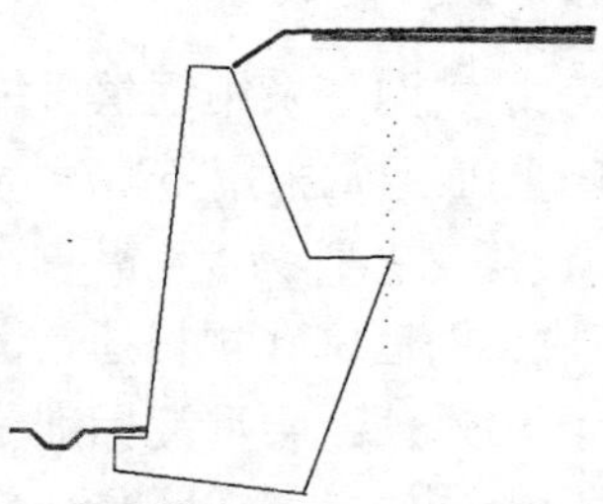 衡重式浆砌石挡墙	① 挡墙断面面积 36.81m²，M7.5 浆砌块石结构。 ② 为传统刚性挡墙，施工成熟，墙身不透水，设置的泄水孔易堵塞，对地基强度和均匀性要求较高，地基欠均匀时，易发生不均匀沉降导致的墙身开裂结构损伤。挡墙高度超过 7m 时，本场地浅部地基承载力不能满足要求，需进行地基处理。 ③ 硬性墙面不能绿化，无景观观感。 ④ 在当地圬工块石缺乏情况下，材料价格较高，在未计地基处理费用情况下，本墙断面概算造价 6073.65 元，加上地基处理费用，至少超过 8000 元
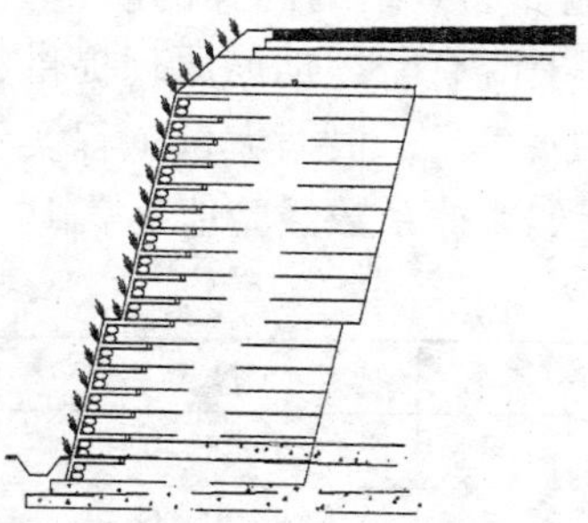 土工格栅加筋挡墙	① 加筋层数 19 层，筋长 8m，单向格栅，包裹式面墙。 ② 具有加筋土共同的柔性、对地基适应性较好优点，包裹式墙面透水性也较好；但土工格栅为低模量、高应变材料，在挡墙较高情况下，包裹式墙面易“鼓肚”，侧向变形往往较大，可能影响道路正常使用；抗紫外线能力较差，暴露在墙面易老化以及长期蠕变性是其最大缺陷，其对结构耐久性是严重威胁。 ③ 墙面满堂可以绿化，生态性与美观性较好。 ④ 本墙断面概算造价 5749.69 元
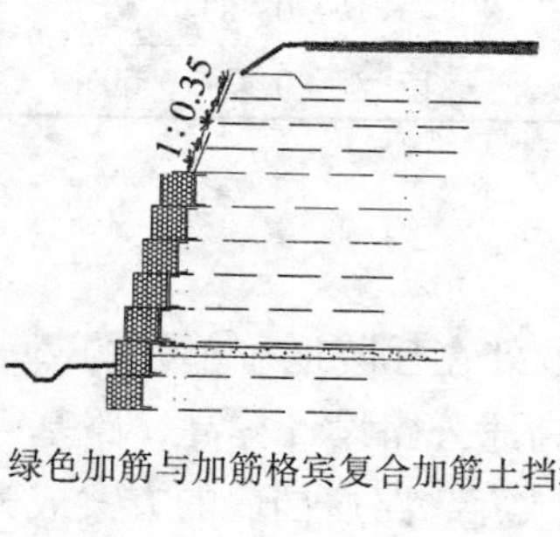 绿色加筋与加筋格宾复合加筋土挡墙	① 绿色加筋 4 层，加筋格宾 7 层，筋长 8.5m。 ② 为新型复合加筋土结构，兼具刚性与柔性特点，对地基适应性强，构件工厂化程度高，质量也就较稳定，装配式施工，施工方便、快速，墙面与拉筋为无节点连接，无明显结构薄弱点，面墙具有较好刚度，对侧向变形起到一定侧限作用，钢丝经镀覆处理，耐久性良好，不存在长期蠕变隐患，安全可靠。墙前可自然透水。钢丝网面相对比表面积较小，故拉筋长度相对要求较长。 ③ 墙面形式灵活，便于绿化，具有较佳的生态性与景观性。 ④ 本墙断面概算造价 5765.30 元

从以上对比分析可知，衡重式挡墙在技术、经济、环保上均无优势，被否决；土工格栅包裹式加筋挡墙、加筋格宾与绿色加筋格宾复合结构在生态性与经济性上不相上下，但技术安全性方面土工格栅包裹式加筋方案给人以后顾之忧。鉴于此，并出于虽然国外加筋格宾与绿色加筋格宾工程实践已有较多，但在国内大规模采用尚属首例，工程经验需要积累的事实，本路段新型加筋土挡墙技术的应用定位于示范性试验工程，决定以加筋格宾与绿色加筋格宾复合挡墙结构作为该路段主要支挡结构，部分路段较矮挡墙采用土工格栅包裹式加筋挡墙结构，在工程应用中同时进行大量的试验研究，以确保工程安全和获取试验研究成果，从而为在高速公路建设中推广加筋格宾与绿色加筋格宾技术打下坚实基础。

本项目在方案选择时，多次召集专家方案论证会议，并请国外富有相关工程经验的专家详细讲解了该技术机理、试验成果与研究数据、施工方法和类似工程实践情况，就该工程拟采用切方区红砂岩破碎料作为结构填土填料的性能、长期强度、填料与钢丝网面拉筋的共同作用机理、似摩擦力等问题进行了咨询。该方案的成功实施，将为我国在高速公路填方路基加筋土挡墙新技术的应用提供有益的尝试，并就红砂岩填料作为结构填土的性质、与钢丝网拉筋作用性质、结构填土防水措施、加筋墙面植被技术、结构安全性与变形状况等进行系统和详细的研究，为我国经济发展与环境保护共同建设提供有益经验。

4 结 语

（1）在人多地少矛盾愈来愈突出的情况下，工程建设对土地资源的占用将愈加受到控制，高速公路填方路基采用一般放坡路堤的方案，也将愈来愈没有生命力，采用加筋土挡墙作为替代是最佳选择之一。

（2）工程建设与环境建设同步规划、同步实施已写入我国对环境保护的相关法律，那些兼具优良的工程结构功能和生态美观与环境亲和效果的防护结构将愈来愈被重用，作为新型加筋土挡墙结构的加筋格宾与绿色加筋格宾正是顺应了这一方向，其势必将成为传统刚性结构最佳的替代。

参考文献：

[1] 郑虎，许凯凯，杨胜波. 加筋格宾挡墙在边坡工程中的应用[J]. 低温建筑技术，2010(2).

[2] 杨乃彬，龙浪波. 新型绿色加筋格宾挡墙的特点及其应用[J]. 四川建筑，2010(2).

[3] 牛乐，李家勇. 绿格网生态防护技术在水电工程弃渣治理中的应用[J]. 西北水电，2010(2).

[4] 徐萍. 加筋挡墙与传统挡墙效果比较[J]. 中国水利，2006(9).

[5] 杜勇立，林伟平. 绿色加筋格宾组合结构在市政工程的应用[J]. 中国市政工程，2009(6).

库水位变化对崩塌堆积体稳定性影响的数值模拟

张广超　宋来福　肖宇轩

（沈阳中建东设岩土工程有限公司，沈阳，110006）

摘　要：本文通过有限元法和极限平衡法相结合的途径，对某崩塌堆积体在不同库水位条件下的应力场和应变场及稳定性进行分析，给出了库水位变化对该崩塌堆积体稳定性的影响。结果表明：在低水位处水平位移和剪应力值最大，随着水位的上升，位移和剪应力值在逐渐减小，稳定性系数在逐渐增大，因此发生深层滑动的可能性在减小；通过计算强度折减法要比极限平衡法计算的稳定系数偏大。

关键词：崩塌堆积体；库水位变化；稳定性

1　引　言

边坡稳定性分析是同土压力和地基承载力共同发展的，库伦和朗肯在分析土压力中采用的方法被广泛推广到地基承载力和边坡稳定中，逐渐形成一个体系——极限平衡理论。随着科技的发展，计算机和有限元逐渐被人们认知，计算机技术和有限元方法的发展对于严格要求应力应变分析建筑结构的稳定、变形得到实现。因此有限元的方法被广泛应用到边坡稳定性分析中，依托于计算机技术，形成人工智能评价系统将成为未来分析边坡稳定性的发展趋势。

目前边坡稳定性分析运用最多的主要是两类：一类为建立在刚体极限平衡理论上的极限平衡法，另一类是以有限元为代表的数值计算方法[1]。极限平衡法计算简单，可以适用于复杂剖面形状和各种加载形式，但是计算中要进行许多简化，因此计算分析出的结果存在一定的误差。数值分析方法能有效模拟材料的应力应变关系[2]，考虑边坡岩体的非均质和不连续性，而且能给出边坡岩土体中应力应变大小与分布。利用强度折减法可实现对边坡稳定性的分析，这种方法对于应力集中、大变形及位移不连续等问题的分析还不是很理想[3]。

库区边坡与一般边坡的稳定性分析既有共同点，又有其特殊性[4]。库水位的变化对边坡的稳定性有很大的影响，全世界由于库水变化使库岸稳定性降低甚至发生滑动的情况非常多见。某崩塌堆积体所处地区，堆积体发育普遍，同时该区周边分布的断裂带产生强烈的活动，降雨也十分丰富，因此如何有效地解决库水位变化对库岸的稳定性的影响很重要。

本文通过数值方法和极限平衡法相结合的途径，分析库水位变化对崩塌堆积体的稳定性的影响；通过有限元分析不同库水位条件下堆积体内的应力和应变场；利用强度折减法和极限平衡法，计算不同库水位条件下的堆积体稳定系数，并进行比较，分析了库水位对崩塌堆积体的影响规律。

2 工程地质特征

某崩塌堆积体位于某水电站选定坝址上游 400～1200m 左岸，正常高水位为 1450m，整个崩塌堆积体地表面积为 36 万 m^2，崩塌堆积体的体积为 853 万 m^3。该崩塌堆积体为发育在高中山地貌上的次级微地貌单元。该崩塌体主要接受大气降水和邻近地下水含水层补给为主，该区地下水位全部位于崩塌堆积界面以下，有良好的地下水排泄条件。崩塌堆积体为石炭系中统黄龙群白云岩沿摆佐组灰岩发生以大规模崩塌堆积为主，滑动为辅堆积而成。崩塌及下滑过程中相互碰撞挤压使部分岩体破碎，后经地表水及地下水携带的钙质成分重新胶结的现象普遍存在。研究区内出露的地层以崩塌堆积为主体，岩层主要有灰岩夹白云岩、白云质灰岩、页岩、砂质岩等，摆佐组厚层灰岩、白云质灰岩第四系崩坡积堆积块石、块石混合土、碎石混合土及冲洪积堆积的卵石及级配良好砾石层。崩塌堆积体内原岩节理及层面大部分已被钙质胶结，近于整体结构(见图 1)。

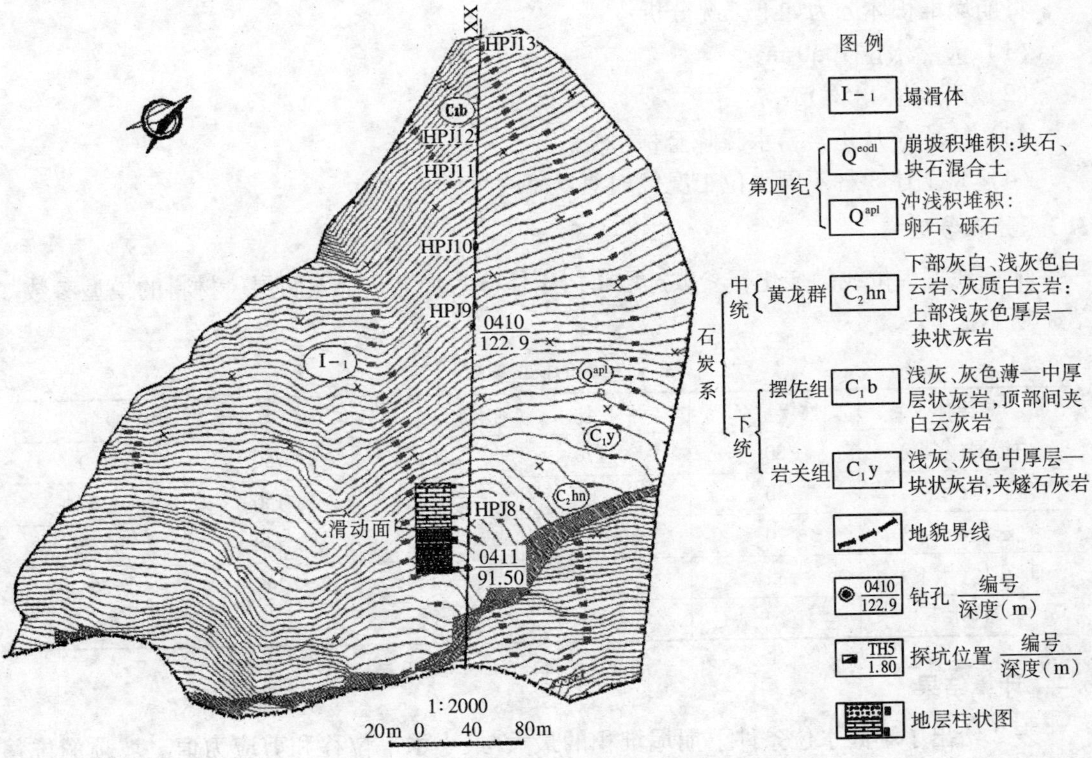

图 1 某崩塌堆积体工程地质图

3 崩塌堆积体稳定性的有限元分析

3.1 模 型

采用 ANSYS 软件，进行二维平面应变问题计算。计算范围取值坡顶水平延伸 110 m，坡脚水平延伸 100m，垂直向下 90 m。假设崩塌堆积体为理想弹塑性力学体，边界条件为边坡两侧横向位移约束，底部边界为纵横向位移约束。坡体采用三角形等参单元，整个计算模型划分为 1210 个单元，2155 个节点(见图 2)。

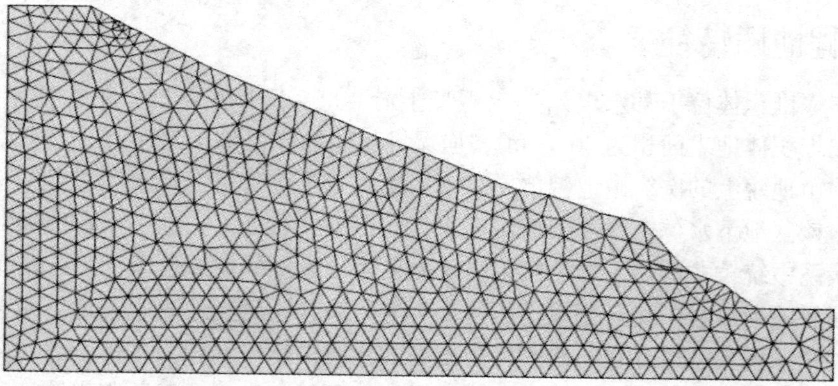

图2 崩塌堆积体离散化

3.2 工 况

将崩塌堆积体分为如下工况分析：

（1）天然水位1350 m；

（2）高水位1450 m；

（3）库水位从正常蓄水骤降至枯水位；

（4）将上述3种不同水位工况叠加地震荷载。

3.3 计算参数

根据地下水位线的变化，参数选取将岩土体分为水上、水下两层。材料的模型参数如表1所示。

表1 材料的模型参数

岩土体	弹性模量/GPa	泊松比	密度/(kg/m^3)	内聚力/kPa	内摩擦角/(°)
白云岩(水上)	80	0.27	2701	750	41.9
堆积体(水上)	40	0.3	2683	150	28
白云岩(水下)	70	0.27	2731	740	41.5
堆积体(水下)	35	0.3	2714	140	26
卵石(水下)	20	0.25	2581	0.15	28

3.4 计算结果

表2给出了不同水位条件下崩塌堆积的最大/最小水平位移和剪应力值。坡顶的位移最大，距离坡脚三分之一处卵石与堆积体的交接带处最大，剪应力贯通区面积逐渐减小。

表2 不同水位下的应力和位移值

水 位	位移最大值/m	位移最小值/m	剪应力最大值/kPa	剪应力最小值/kPa
1350 m	0.00317	-0.00372	720	-1737
1450 m	0.00319	-0.00365	512	-1230
水位骤降	0.00325	-0.00372	821	-1944

可以看出，在低水位处剪切应力、位移最大，在高水位处库水的变化对斜坡的稳定性有一定的阻力，所以剪切应力较小。由于地下水影响，地表水的变化有一个过程，当水位正常升降时，地下水水位可以几乎同步，当库水位骤降时，地下水的影响会滞后一段时

间，导致破体内产生超孔隙水压力[5]。在库水位升降空间范围内行程比较复杂的非稳定渗流局面。在低水位线附近水力坡度变陡，增大渗透力，从而增大下滑力，这样有可能降低斜坡的稳定性。

由于该区历史上发生过5.5级地震，在计算中采用水平地震动峰值加速度0.05g。得到了不同水位条件下崩塌堆积的最大/最小水平位移和剪应力值(见表3)。

表3 考虑地震作用时不同水位下应力、位移值

水　位	位移最大值/m	位移最小值/m	剪应力最大值/kPa	剪应力最小值/kPa
1350 m	0.00226	-0.00523	1300	-2699
1450 m	0.00231	-0.00495	846	-1249
水位骤降	0.00232	-0.00522	1779	-2987

可以看到，在地震荷载的作用下，剪切应力明显增大很多，地震荷载的往复作用，将导致岩体的抗剪强度降低、下滑力增大，岩体可能发生剪切破坏。

4 崩塌堆积体的稳定性评价

为了进行崩塌堆积体的稳定性评价，在有限元计算中采用了强度折减法。另外，还使用基于极限平衡理论的M-P法，分别进行了崩塌堆积体的稳定性分析，稳定系数如表4所示。

表4 不同水位下崩塌堆积体的稳定系数

方法 \ 水位	1350 m（地震影响）	1450 m（地震影响）	水位骤降(地震影响)
强度折减法	2.4（2.0）	2.6（2.1）	2.3（1.9）
M-P法	1.5（1.3）	1.7（1.5）	1.4（1.2）

5 结　论

（1）随着库水位的上升，剪应力贯通区域面积减小，崩塌堆积体稳定性增强。

（2）不同库水位条件下，崩塌堆积体的稳定性有着显著的不同，当库水位骤然升降时，崩塌堆积体的位移、剪切应力显著增大，降低了边坡的稳定性。库水位的变化对崩塌堆积体影响很大，但是通过计算崩塌堆积体是稳定的。

（3）库水位骤降对崩塌堆积体的稳定影响最突出，是最不利的情况。在分析时要充分了解水位变化的过程，以及库水位变化过程中应力应变的变化，对正确分析边坡的稳定性有着重要作用。

参考文献：

[1] 曾亚武，田伟明. 边坡稳定性分析的有限元法与极限平衡法的结合[J]. 岩土力学与工程学报，2005，24（2）.

[2] 涂国强. 基于ANSYS的边坡稳定性分析[J]. 交通科技与经济，2009(4)：70.

[3] 靳付成. 边坡稳定性分析方法的研究与展望[J]. 西部探矿工程，2007(4)：5.

[4] 郭志华，周创兵，盛谦. 库水位变化对边坡稳定性的影响[J]. 岩土力学，2005(26)：29.

[5] 朱冬林，任光明，聂德新. 库水位变化下对水库滑坡稳定性影响的预测[J]. 水文地质工程地质，2002(3).

沈阳某过冬基坑监测数据浅析

孙海浩　王　园　张丙吉

（中国建筑东北设计研究院有限公司，沈阳，110004）

摘　要：本文结合基坑工程实例，对于桩锚支护在沈阳地区超深基坑中的应用进行了一定的分析。

关键词：超深基坑；桩锚支护；预应力锚索

1　工程概况

某酒店住宅复合项目位于沈阳北二马路和吉安路之间，西临同泽北街，东临南宁北街。拟建建筑酒店地上部分包括塔屋层一共 24 层，地下部分 4 层；拟建建筑住宅部分包括塔屋层一共 37 层，地下部分 4 层。基坑开挖深度约 23m。该工程基坑安全等级为一级，侧壁重要性系数为 1.1。

由于工期比较紧张，该基坑在支护施工过程中要经过寒冷的冬季。

本工程基坑开挖深度较深，属于深基坑；且工程所处地点位于沈阳市繁华地带，四面建筑红线紧邻街道，现场位置极其狭小，厂区内外管线密布，近邻多为商铺和住宅，对施工噪声、环境及基坑安全文明施工的要求较高。

2　工程地质和水文地质条件

（1）工程地质条件

支护范围内场地地层自上而下包括以下部分。

① 填土：杂色，主要由黏性土、炉渣、碎砖、碎石、水泥块组成，稍湿，结构松散。

② 粉质黏土：黄褐色，饱和，可塑，含有红褐色氧化铁斑及黑色铁锰质结核，无摇振反应，稍有光泽，韧性中等，干强度中等。

③ 中砂：黄褐色，石英、长石质，均粒结构，分选性好，级配差，含少量黏性土。稍湿，中密。分布较连续。性质不均，局部呈粗砂状。

④ 砾砂：黄褐色，石英、长石质，混粒结构，一般粒径 1 ~ 5mm，最大粒径为 80mm，分选性较差，级配较好，含少量黏性土。稍湿—饱和，中密。

⑤ 粉质黏土：黄褐色，饱和，可塑，含有氧化铁，略有光泽，韧性中等，干强度中等，无摇振反应。分布连续。

⑥ 砾砂：黄褐色，石英、长石质，混粒结构，一般粒径 1 ~ 5mm，最大粒径为 120mm，分选性较差，级配较好，含少量黏性土。饱和，中密。

（2）水文地质条件

根据地质报告，该场区地下水类型为潜水，受大气降水和地下径流补给，水量丰富。

3 基坑支护方案

（1）支护结构形式

根据工程地质条件与周边环境，设计单位结合沈阳地区的支护设计与施工经验，经专家与技术人员共同研究论证，本工程基坑四周均采用支护桩＋预应力锚索、桩间喷射混凝土面板的支护方案。根据设计计算，采用 ϕ800 的支护桩，支护桩混凝土强度等级为 C25，桩间距 1300mm，根据施工经验 ϕ800 的支护桩，采用旋挖灌注桩。根据设计计算，预应力锚索使用 $4\times7\phi5$ 钢绞线，采用一桩一锚的形式，设置为 5 排。桩间喷射混凝土面板，采用 C20 的细石混凝土，厚度为 80mm，挂 ϕ8@200mm 的双向钢筋网。

（2）基坑降水设计

根据本工程勘察报告和基坑开挖深度，本工程降水深度约为 12m，基坑涌水量较大，且存在隔水层粉质黏土。结合沈阳地区降水特点，本工程基坑降水采用管井降水与入渗井相结合的方式。

4 基坑监测与监测数据分析

考虑到基坑的重要性，对基坑采用深层土体位移监测、桩顶位移监测、锚索轴力监测和基坑冻胀性监测。根据一定时间间隔的测斜仪监测数据，得到坑壁深层土体曲线如图 1 所示。

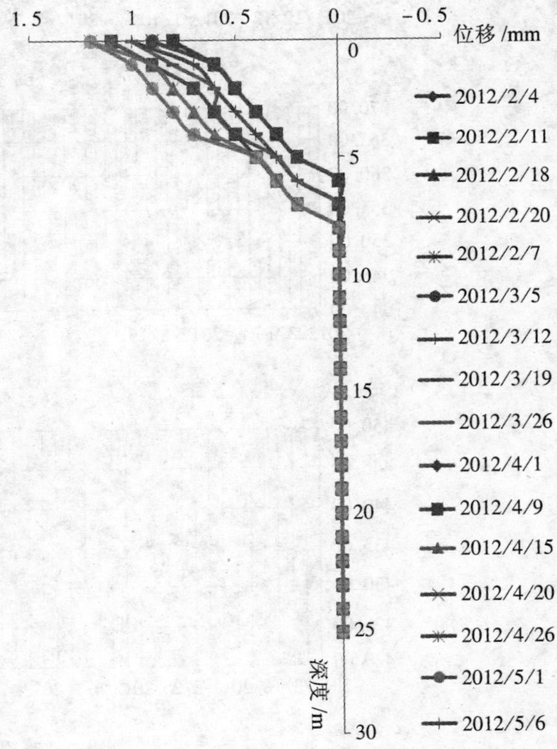

图 1　坑壁深层土体位移-时间曲线

从图 1 可以看到，基坑开挖到底部时，桩顶位移达到最大值 1.2mm，为基坑开挖深度的 0.052‰，远小于基坑边坡变形量的临界值 3‰，满足规范要求。这说明基坑在桩锚支护作用下，水平位移在合理范围之内，基坑边坡稳定。

根据锚头轴力的监测数据，整理得到基坑南侧预应力锚头轴力的时程曲线，如图 2 所示。

从图 2 可以看出，张拉锁定后锚索的预应力为设计值的 72%～79% 不等，在张拉锁定后有一定的预应力损失，其原因在于锚索的锚固段所在土层发生蠕变、混凝土面层刚度不足或锚索承压板厚度偏小、锚索安装施工质量及维护环节薄弱等人为因素，都会对锚索预应力有一定影响。

同时，从锚头轴力的时程曲线中可以看出，第一层、第二层锚索的预应力有一定的凸起现象，这是因为在冬季土体发生冻胀，土的摩阻力减弱，土体抗剪强度降低，导致支护结构分担的荷载进一步增加。因此，此期间预应力锚杆所受拉力明显增大。冬季过后，土地冻胀作用消失，锚杆拉力值回落，继而趋于平稳。预应力锚索承载力得到了有效发挥。

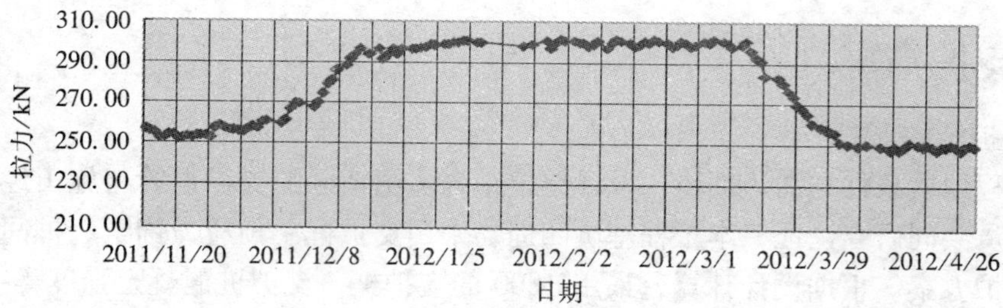

(a) 第一层锚索

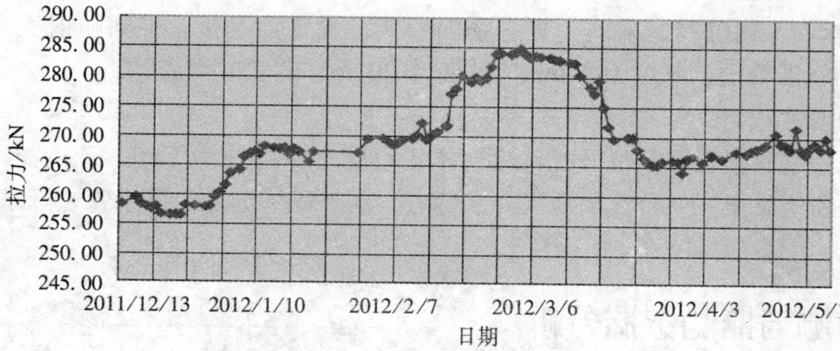

(b) 第二层锚索

(c) 第三层锚索

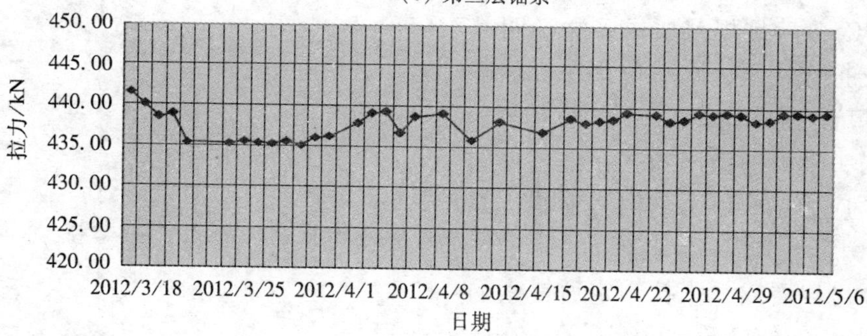

(d) 第四层锚索

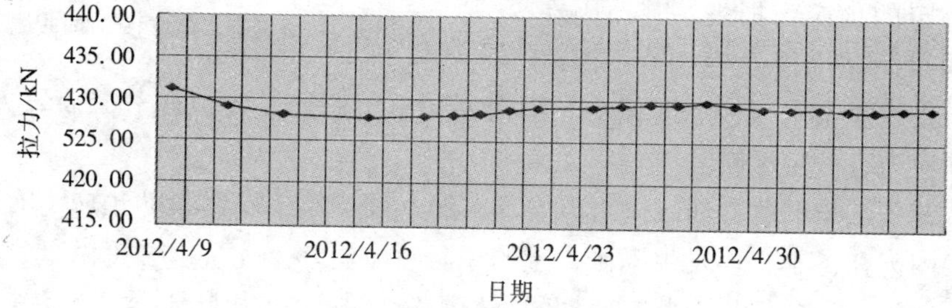

(e) 第五层锚索

图2 基坑南侧预应力锚头轴力的时程曲线

浅析岩土工程可靠度常用的几种分析方法

解 磊[1] 李 慧[1] 陆法潭[2] 孙 璐[1, 2]

(1. 沈阳建筑大学土木工程学院，沈阳，110168；
2. 中冶沈勘工程技术有限公司，沈阳，110016)

摘 要： 目前，采用概率极限状态设计法为原则研究岩土工程的可靠度分析方法是发展的大趋势。但是，由于岩土的变异性大、区域性强，故对其研究迟迟没有全面展开。可靠度理论的分析方法较多，本文主要简述几种常用可靠度理论的分析方法及各自的适用条件。

关键词： 可靠度；一次二阶矩法；“JC”法；蒙特卡洛法；正交变换法

1 可靠度的计算方法

如今应用于岩土工程中可靠度分析的方法很多，大致上可以分为一次二阶矩法、高次高阶矩法、数值模拟法、模糊可靠度分析、人工智能方法、耦合可靠度方法等几大类[1]。每种方法都有各自的优点、缺点及适用条件。下面简单介绍几种常用的方法：一次二阶矩法(中心点法)、改进的一次二阶矩法(验算点法)、“JC”法[2]、蒙特卡洛法、正交变换法以及广义随机空间内的一次二阶矩法。

1.1 一次二阶矩法

一次二阶矩法的思想最早由迈耶·尔然尼采和巴斯勒先后提出过，但最终由美国的康奈尔(C. A. Cornell)等人建立了实用体系。该方法是目前最常用的方法之一，国际标准《结构可靠性总原则》以及我国第一层次和第二层次的结构可靠度设计统一标准如《工程结构可靠性设计统一标准》和《建筑结构可靠度设计统一标准》等，都推荐采用一次二阶矩法。

一次二阶矩法不需要知道随机变量的分布类型，采用只有均值和标准差的数学模型去求解结构可靠度的方法。由于该法将功能函数 $Z=g(X_1, X_2, \cdots, X_n)$ 在某点 $X_{0i}(i=1, 2, \cdots, n)$ 用泰勒级数展开，保留线性项，使之线性化，再计算可靠性指标 β 值，所以称为一次二阶矩法。

假设 $X_1, X_2, \cdots, X_n$ 是结构中 n 个随机变量，其均值为 $\mu_{X_i}(i=1, 2, \cdots, n)$，标准差为 $\sigma_{X_i}(i=1, 2, \cdots, n)$。相应的功能函数为

$$Z=g(X_1, X_2, X_3, \cdots, X_n) \tag{1}$$

将功能函数在点 $X_{0i}(i=1, 2, \cdots, n)$ 处作泰勒级数展开，保留线性项，得

$$Z \approx g(X_{0_1}, X_{0_2}, \cdots, X_{0_n}) + \sum_{i=1}^{n} \left.\frac{\partial g}{\partial X_i}\right|_{X_{0_i}} (X_i - X_{0_i}) \tag{2}$$

式中，$\left.\frac{\partial g}{\partial X_i}\right|_{X_{0_i}}$ 表示 g 对 X_i 求偏导后，将 $X_{0_i}(i=1, 2, \cdots, n)$ 代入后的导数值为常量。

根据功能函数线性化点的取法不同，将一次二阶矩法分为均值一次二阶矩法（中心点法）和改进的一次二阶矩法（验算点法）。

（1）均值一次二阶矩法

中心点法是结构可靠度研究初期提出的一种方法，其基本思想是假设均值为线性化点，即将 $\mu_{X_i}(i=1, 2, \cdots, n)$ 代入式(2)，得

$$Z \approx g(\mu_{X_1}, \mu_{X_2}, \cdots, \mu_{X_n}) + \sum_{i=1}^{n} \frac{\partial g}{\partial X_i}\bigg|_{\mu_{X_i}} (X_i - \mu_{X_i}) \tag{3}$$

Z 的均值和方差为

$$\mu_Z = E(Z) = g(\mu_{X_1}, \mu_{X_2}, \cdots, \mu_{X_n}) \tag{4}$$

$$\sigma_Z = \sqrt{\sum_{i=1}^{n} \left(\frac{\partial g}{\partial X_i}\bigg|_{\mu_{X_i}} \right)^2 \sigma_{X_i}^2} \tag{5}$$

则得可靠指标 β 为

$$\beta = \frac{g(\mu_{X_1}, \mu_{X_2}, \cdots, \mu_{X_n})}{\sqrt{\sum_{i=1}^{n} \left(\frac{\partial g}{\partial X_i}\bigg|_{\mu_{X_i}} \right)^2 \sigma_{X_i}^2}} \tag{6}$$

均值一次二阶矩法（中心法）的最大特点是计算简单，但存在以下不足：

① 不能考虑随机变量的实际分布，只取用随机变量的一阶矩（均值）和二阶矩（方差），因此计算结果比较粗糙；

② 将非线性功能函数在平均值处展开不合理，由于随机变量的平均值不在极限状态曲面上，展开后的线性极限状态平面可能会较大程度地偏离原来的极限状态曲面；

③ 对具有相同力学含义但不同数学表达式的极限状态方程由中心点法求得的可靠性指标不同。

所以此方法计算结果相对较为粗糙，一般常用于可靠度要求不高的情况，对于 $\beta=1 \sim 2$ 的正常使用极限状态可靠度的分析较为适用。

（2）改进的一次二阶矩法

Hasofer 和 Lind 针对均值一次二阶矩法的缺陷引入了验算点的概念，提出了改进的一次二阶矩法，即验算点法。该方法的改进主要在于线性化点选取位置的改变，由中心点法选在均值点，改为选在最大可能失效概率所对应的设计验算点 P^* 上，如图 1 所示，以此克服中心点法所产生的问题。

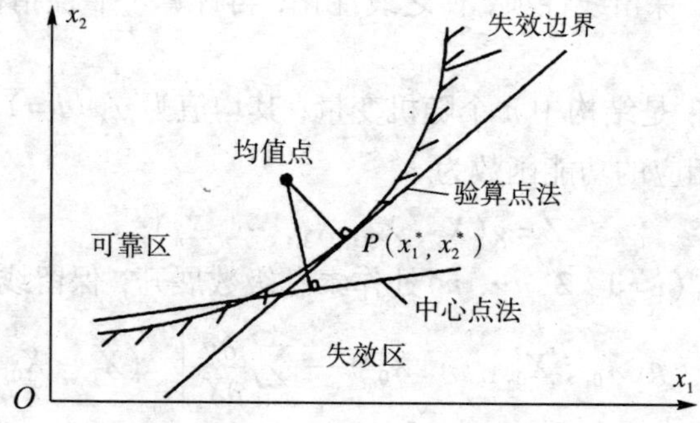

图 1　两个变量问题的失效边界

假设线性化点选在设计验算点$P^*(x_1^*, x_2^*, \cdots, x_n^*)$，将其代入式(2)，则其功能函数为

$$Z \approx g(X_1^*, X_2^*, \cdots, X_n^*) + \sum_{i=1}^{n} \left.\frac{\partial g}{\partial X_i}\right|_{P^*} (X_i - X_i^*) \tag{7}$$

因为设计验算点位于极限状态面上，故

$$Z = g(X_1^*, X_2^*, \cdots, X_n^*) = 0 \tag{8}$$

则功能函数变为

$$Z \approx \sum_{i=1}^{n} \left.\frac{\partial g}{\partial X_i}\right|_{P^*} (X_i - X_i^*) \tag{9}$$

Z的均值和方差为

$$\mu_Z \approx \sum_{i=1}^{n} \frac{\partial g}{\partial X_i}\Big|_{P^*} (\mu_{X_i} - X_i^*) \tag{10}$$

$$\sigma_Z \approx \sqrt{\sum_{i=1}^{n} \left(\left.\frac{\partial g}{\partial X_i}\right|_{P^*} \right)^2 \sigma_{X_i}^2} \tag{11}$$

引入系数$\alpha_i (i = 1, 2, \cdots, n)$，将式(11)的右端根式进行线性化，得

$$\sigma_Z = \sum_{i=1}^{n} \left(\alpha_i \left.\frac{\partial g}{\partial X_i}\right|_{P^*} \sigma_{X_i} \right) \tag{12}$$

式中，$\alpha_i = \cos\theta_i$，称为基本变量X_i的敏感系数或方向余弦。表示基本变量X_i对整个标准差σ_Z的相对影响，反映了各个基本变量对可靠性指标的影响权数，以式(13)表示：

$$\alpha_i = \cos\theta_i = \frac{-\left.\frac{\partial g}{\partial X_i}\right|_{P^*} \sigma_{X_i}}{\sum_{i=1}^{n} \left(\left.\frac{\partial g}{\partial X_i}\right|_{P^*} \sigma_{X_i} \right)^2} \tag{13}$$

且有

$$\sum_{i=1}^{n} \alpha_i^2 = 1 \tag{14}$$

于是，可靠性指标的表达式可写为

$$\beta = \frac{\mu_Z}{\sigma_Z} = \frac{\sum_{i=1}^{n} \left.\frac{\partial g}{\partial X_i}\right|_{P^*} (\mu_{X_i} - X_i^*)}{\sum_{i=1}^{n} \alpha_i \left.\frac{\partial g}{\partial X_i}\right|_{P^*} \sigma_{X_i}} \tag{15}$$

经整理得到随机变量的验算点坐标为

$$X_i^* = \mu_{X_i} + \beta \alpha_i \sigma_{X_i} \tag{16}$$

需要注意的是，在求解β之前，P^*的坐标未知，故β的计算可采用迭代法。计算步骤如下：

① 输入X_i统计参数μ_{X_i}，σ_{X_i}，如假定β的初值β_0；

② 选取设计验算点P^*为中心点，即坐标的初值$x_i^* = \mu_{x_i}$；

③ 根据P^*的坐标计算$\sum_{i=1}^{n} \left.\frac{\partial g}{\partial X_i}\right|_{P^*}$的值；

④ 由式(13)计算α_i的值；

⑤ 由式(15)计算β；

⑥ 由式(16) 求出新的坐标点 P_i^* 。

以新的坐标点代替第②步中的 P_i^* 点，重复步骤③—⑥，当前后两次算出的 β 值之差小于允许误差时停止计算，本次的 β 即为所求的可靠指标，同理本次的 x_i^* 即为 P_i^* 的坐标值。该方法计算原理简明，收敛速度与 β 的初值的选择有关。只有在基本变量服从正态分布，且相互独立，以及极限状态方程为线性的情况下，该方法才是精确的。

1.2 "JC"法(当量正态法)

一般情况下，在结构的极限状态方程中往往含有非正态随机变量，如结构的抗力一般服从对数正态分布，活荷载一般服从极值 Ⅰ 型分布或其他分布等。对于这种情况下的可靠度分析，一般要把非正态变量当量化为正态分布随机变量。鉴于这种情况，Rackwitz 和 Fiessler 等人提出了当量正态化法。此方法是国际安全度联合委员会(JCSS) 推荐的方法，故简称"JC" 法。我国《工程结构可靠性设计统一标准》和《建筑结构可靠度设计统一标准》中都规定采用此种方法。

"JC" 法的基本原理是：首先把非正态分布变量进行当量正态化，然后利用一次二阶矩验算点法求解可靠度指标，如图 2 所示。

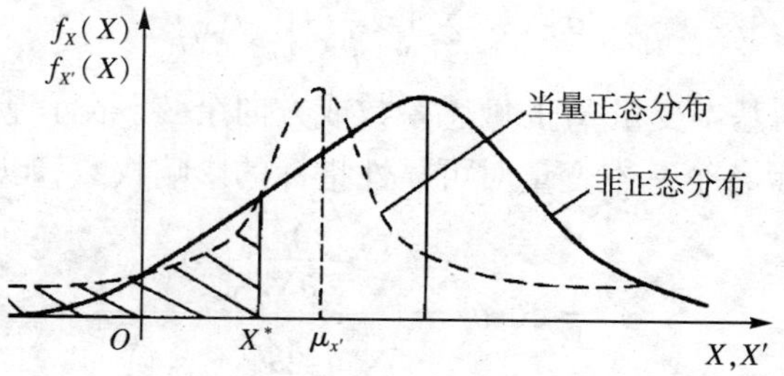

图 2 "JC" 法的等效正态分布图

当量正态化的条件是：

① 在设计验算点 x_i^* 处，当量正态随机变量 X_i'(其平均值为 $\mu_{x_i'}$，标准差为 $\sigma_{x_i'}$) 的分布函数值 $F_{x_i'}(x_i^*)$ 与原随机变量 X_i(其平均值为 μ_{x_i}，标准差为 σ_{x_i}) 的分布函数值 $F_{x_i}(x_i^*)$ 相等；

② 再设计验算点 x_i^* 处，当量正态随机变量 X_i' 的概率密度函数值 $f_{x_i'}(x_i^*)$ 与原随机变量的概率密度函数值 $f_{x_i}(x_i^*)$ 相等。

由条件 ①

$$F_{x_i}(x_i^*) = F_{x_i'}(x_i^*) = \Phi\left(\frac{x_i^* - \mu_{x_i'}}{\sigma_{x_i'}}\right) \tag{17}$$

则

$$\frac{X^* - \mu_{X_i'}}{\sigma_{X i'}} = \Phi^{-1}[F_{X_i}(x_i^*)] \tag{18}$$

$$\mu_{X_i'} = x_i^* - \Phi^{-1}[F_{X_i}(X_i^*)]\sigma_{X_i'} \tag{19}$$

由条件 ②

$$f_{x_i'}(x_i^*) = f_{x_i}(x_i^*) \tag{20}$$

$$\varphi\left(\frac{x_i^* - \mu_{x_i'}}{\sigma_{x'_i}}\right)/\sigma_{x_i'} = f_{x_i}(x_i^*) \tag{21}$$

$$\varphi\{\Phi^{-1}[F_{x_i}(x_i^*)]\}/\sigma_{x_i'} = f_{x_i}(x_i^*) \tag{22}$$

所以

$$\sigma_{x_i'} = \frac{\varphi\{\Phi^{-1}[F_{x_i}(x_i^*)]\}}{f_{x_i}(x_i^*)} \tag{23}$$

式中，$\Phi(\cdot)$—— 标准正态分布函数；

$\Phi^{-1}(\cdot)$—— 标准正态分布函数的反函数；

$\varphi(\cdot)$—— 标准正态分布的概率密度函数。

将非正态随机变量当量正态化后，即可按照上述的一次二阶矩验算点法计算可靠性指标β并设计验算点坐标x_i^*（$i=1, 2, \cdots, n$）。得到要求解的方程是相互制约的，一般采用迭代法计算。具体步骤如下。

（1）确定X_i统计参数，如μ_{X_i}，σ_{X_i}，假定β初值β_0。

（2）给设计验算点P^*赋初值，一般取$X_i^* = \mu_{X_i}$。

（3）将非正态随机变量当量正态化：求得$\mu_{X_i'}$，$\sigma_{X_i'}$。

（4）根据P^*的坐标计算$\sum_{i=1}^{n}\left.\frac{\partial g}{\partial X_i}\right|_{P^*}$值。

（5）由式(13)（用$\mu_{X_i'}$，$\sigma_{X_i'}$分别代替式中的μ_{X_i}，σ_{X_i}）计算α_i值。

（6）由式(15)（用$\mu_{X_i'}$，$\sigma_{X_i'}$分别代替式中的μ_{X_i}，σ_{X_i}）计算β值。

（7）由式(16)（用$\mu_{X_i'}$，$\sigma_{X_i'}$分别代替式中的μ_{X_i}，σ_{X_i}）计算新的X_i^*值。

以新的坐标点代替第(2)步中的P_i^*点，重复步骤(3)～(6)，当前后两次算出的β值之差小于允许误差时停止计算，本次的β即为所求的可靠度指标，同理本次的x_i^*即为P_i^*的坐标值。

（8）计算失效概率$P_f = \Phi(-\beta)$。

“JC”法原理简便，计算收敛快。实践证明，该法是一种比较实用的可靠度分析方法。岩土工程中的很多情况，都可采用该法计算可靠度指标。但该方法也存在不足之处：首先，当基本随机变量不全部服从正态分布时，由于当量正态化的限制较少，采用当量正态分布代替实际的非正态分布进行计算，会带来一定的误差；其次，不能考虑基本随机变量之间的相关性。只有当岩土工程的概率极限功能函数为线性，基本随机变量均服从正态分布且相互独立时，计算结果才是精确的。

1.3 蒙特卡洛法（Monte-Carlo 法）

蒙特卡洛法又称为随机抽样法、概率模拟法或统计实验法。该法是通过随机模拟和统计试验来求解结构可靠性的近似数值方法。其理论基础是“大数定理”。在目前的结构可靠度计算当中，它被认为是一种相对精确的方法。

由概率定义可知，某事件的概率可以用大量实验中该事件发生的频率来估算。因此，可以先对影响其可靠度的随机变量进行大量随机抽样，然后把这些抽样值一组一组地代入功能函数式，确定结构的失效与否，最后从中求的结构的失效概率。

其基本计算步骤如下：

（1）建立功能函数$Z = g(X_1, X_2, \cdots, X_n)$；

(2) 用数学方法产生[0, 1] 均匀分布随机数；

(3) 产生N组与随机变量X_1, X_2, …, X_n相对应的随机数X_{1i}, X_{2i}, …, X_{ni}($i = 1, 2, \cdots, N$)；

(4) 将Z组随机数代入功能函数中，得到Z的一个容量为N的样本Z_1, Z_2, …, Z_N，其中，$Z_i = g(X_{1i}, X_{2i}, \cdots, X_{ni})$，如果$Z < 0$则结构失效；

(5) 若抽样次数为N，其中$Z < 0$即失效次数为n，则失效概率的估计量为$P_f = n/N$。

为满足一定的计算精度，一般要求抽样次数$N \geqslant 100/P_f$(P_f为预先估计的失效概率)。最后根据失效概率与可靠性指标的关系，将P_f转换成β。

从以上论述中可看出，该方法回避了结构可靠度分析中的数学困难，无论状态函数是否线性、随机变量是否正态，只要模拟的次数足够多，就能够得到一个比较精确的失效概率和可靠度指标，特别是在岩土体分析中，变异系数往往较大，与“JC”法计算的可靠度相比，结果更为精确。但此方法计算量大，需要借助于计算机才能完成。

1.4 正交变换法

正交变换法的实质，首先是将一组相关的随机变量，通过正交变换的途径，得到一组不相关的变量，再利用Y与X之间的关系，将原极限状态方程$Z_X = g(X_1, X_2, \cdots, X_n) = 0$转化为$Z_Y = G(Y_1, Y_2, \cdots, Y_n) = 0$的形式，最后按照前面介绍的方法计算结构的可靠度指标β或失效概率P_f。

设结构的极限状态方程为

$$Z_X = g(X_1, X_2, \cdots, X_n) = 0 \tag{24}$$

式中，$X = (X_1, X_2, \cdots, X_n)^T$为一组具有一定相关性的正态随机变量，其协方差矩阵为C_X，其元素$\mathrm{cov}(X_i, X_j)$为变量X_i, X_j之间的协方差。根据线性代数的有关定理，变量$X = (X_1, X_2, \cdots, X_n)^T$可转换为一组互不相关的变量$Y = (Y_1, Y_2, \cdots, Y_n)^T$，其中$Y_i$($i = 1, 2, \cdots, n$)是$X_1$, X_2, …, X_n的线性函数：

$$Y = A^T X \tag{25}$$

式中，A是一个正交矩阵，其列向量为C_X的标准正交特征向量。利用这一变换，得

$$E(Y) = A^T E(X) \tag{26}$$

且

$$C_Y = A^T X A \tag{27}$$

C_Y的对角线元素，即$\mathrm{var}(Y_i)$($i = 1, 2, \cdots, n$)等于C_X的特征值。

求式(24) 的逆变换：

$$X = [A^T]^{-1} Y \tag{28}$$

并将式(28) 代入极限状态方程(23) 中，可得由变量Y_1, Y_2, …, Y_n表示的极限状态方程：

$$Z_Y = g((A^T)^{-1} \cdot Y) = G(Y_1, Y_2, \cdots, Y_n) = 0 \tag{29}$$

式中，Y_1, Y_2, …, Y_n相互独立。

至此可按一般的方法求解可靠度指标β。

1.5 广义随机空间内的一次二阶矩法

广义随机空间内的一次二阶矩法是直接在广义空间(仿设坐标系)内建立求解可靠度指标的迭代公式，可以直接求解变量相关情况下的可靠度指标而不必对变量进行正态变换。

现主要介绍一下广义随机空间内的验算点法。根据式(7)，当随机变量相关时，其极限

状态函数 Z 的均值仍为式(10)，方差为

$$\sigma_Z = \sqrt{\sum_{i=1}^{n}\sum_{j=1}^{n}\frac{\partial g}{\partial X_i}\bigg|_{P^*}\cdot\frac{\partial g}{\partial X_j}\bigg|_{P^*}\cdot\rho_{X_iX_j}\cdot\sigma_{X_i}\cdot\sigma_{X_j}} \tag{30}$$

式中，$\rho_{X_iX_j}$ 为变量 X_i，X_j 之间的相关系数。敏感系数 α_i 变为

$$\alpha_i = \cos\theta_i = \frac{-\sum_{j=1}^{n}\frac{\partial g}{\partial X_j}\bigg|_{P^*}\cdot\rho_{X_iX_j}\cdot\sigma_{X_j}}{\sigma_Z} \tag{31}$$

则 Z 的方差可用式(12) 表示，式中的 α_i 值变为式(31)。此处的敏感系数 α_i 反映了 Z 与 X_i 之间的线性相关性。

因此，可靠度指标可用式(15) 求得，设计验算点可用式(16) 求得。其中 σ_Z 值为式(30)，α_i 值为式(31)。

可见，广义随机空间内的验算点法和验算点法计算形式上是一致的，只是其中的 σ_Z 值变为式(30)，α_i 值变为式(31)。迭代求解步骤也是相同的，同样其中的 σ_Z 值变为式(30)，α_i 值变为式(31)。

同理，广义随机空间内的"*JC*"法与"*JC*"法计算形式和迭代求解步骤也是一致的。

通过上面的论述，综合分析以上各种可靠度的计算方法的应该用条件如表 1 所示。

表 1　　可靠度计算方法的应用条件综合分析

可靠度计算方法	应用条件
均值一次二阶矩法	一般适用于基本变量为正态分布或对数正态分布，极限状态为线性且可靠度要求不高（$\beta=1\sim2$）的情况
改进的一次二阶矩法	只有在各随机变量间是独立的正态随机变量且功能函数为线性时，计算结果比较精确
"JC"法	适合独立随机变量任意分布下的情形，对非线性程度不是很高的功能函数，精度能够满足需要
蒙特卡洛法	此方法应用广泛，对高次非线性及功能函数不能用显式表达的情况都适用。由于此方法耗费机时，一般不直接用于工程计算，而是用来检验其他计算方法的精度
正交变换法	适合于随机变量相关时，将相关的随机变量转化为相互独立的随机变量，但此方法比较烦琐，适合于变量较少的功能函数
广义随机空间内的一次二阶矩法	此方法是直接在广义空间(仿设坐标系)内建立求解可靠度指标的迭代公式，可以直接求解变量相关情况下的可靠度指标而不必对变量进行正态变换

2　小　结

本文简单地介绍了可靠度的几个常用的分析方法，讨论了各自的适用条件和优缺点。希望读者在岩土工程设计中运用这几种方法并结合具体的工程实例来对比分析，选择最准确的方法来进行可靠度的计算。

参考文献：

[1] 杨海菲，杨仕教，曾晟. 岩土工程可靠度计算方法研究[J]. 水利与建筑工程学报，2008，6(2)：28-31.

[2] 姚耀武，陈东伟. 土坡稳定可靠度分析[J]. 岩土工程学报，1994，16(2)：80-87.

岩土工程设计的特点及相关问题探讨

高 华 王媛媛

（辽宁省建设科学研究院，沈阳，110005）

摘 要：本文结合岩土工程设计的特点，讨论了岩土工程设计中值得注意的一些问题。

关键词：岩土工程设计特点；设计相关问题

1 岩土工程设计的特点

岩土工程设计应以最少的投资、最短的工期，达到设计使用年限内的安全运行，并满足所有预定功能，包括预定功能要求、安全性和耐久性要求、投资和工期的经济性要求三个方面。

设计时应考虑的因素包括设计使用年限内预定的功能、场地条件、岩土性质及其变异性、工程结构特点、施工环境，相邻工程的影响、施工技术条件、设计实施的可行性、地方材料资源和投资及工期。同时，注意场地条件，防治灾害；合理选用岩土参数；定性分析与定量分析相结合。

岩土工程的设计需要多方面基础资料，因具体工程的需要而异。主要包括如下几个方面的材料：地形、水文、气象资料；岩土工程勘察资料；建筑结构资料；其他资料。

（1）对自然条件的依赖性

岩土工程与自然界的关系极为密切，设计时必须全面考虑气象、水文、地质、地下条件及其动态变化，包括可能发生的自然灾害以及由于兴建工程改变自然环境引起的灾害，必须特别重视调查研究，做好岩土工程勘察工作。

（2）岩土性质的不确定性

岩土参数是随机变量，不同的测试方法会得到不同的测试值，并且差异往往相当大，相互间无确定的关系。故在进行岩土工程设计时，不仅要掌握岩土参数及其概率分布，而且要了解测试的方法及测试条件与工程原型条件之间的差别。

（3）注重经验特别是地方经验

近代土力学与岩石力学的建立，为岩土工程的计算和分析提供了理论基础。但由于岩土性质复杂多变，以及岩土与结构相互作用的复杂性，预测时不得不作简化，以致预测和实际之间有时可能相差甚远。鉴于岩土工程计算的不完善，在岩土工程设计中应高度重视工程经验特别是地方经验。

2 岩土工程设计的相关问题

（1）施工的可操作性和质量的可控制性

优秀的设计要有优质的施工才能成为现实。当有多种工法可选时，应尽量选用施工简单、便于操作、施工单位熟悉的有经验的工法。设计得过于复杂，会降低施工的可操作性。岩土工程多为隐蔽工程，质量的控制和检验十分重要。挖孔桩的广泛应用，原因之一是质量易于控制。有的工法虽有明显的优势，但如质量不易控制，也只能放弃。例如粉喷桩曾被一些地方封杀，不许使用，就是在于质量不易控制。2002 年版的《建筑地基处理技术规范》规定，施工中必须配有计量部门确认的粉体计量装置及搅拌深度自动记录仪，了解决粉喷桩质量的可控制性问题。

（2）技术方法的适用性和有效性

方案是否适用、有效，是首先应当考虑的。例如，由于软黏性土的透水性弱，孔隙水压力难以消散，因此不宜采用强夯法加固，也不宜采用密集的挤土桩。由密集挤土桩的挤土效应造成断桩、歪桩、浮桩的事故屡有发生。挡土墙背后的填土一般采用无黏性土，不采用黏性土的原因是黏性土的压实性不易控制，而且孔隙水容易积聚而增加土水压力。所谓有效性，是指该方法能达到的预期效果。例如：建造在比较软弱的地基土上，主楼与裙房连成一体的建筑，很难考虑采用天然地基或浅层地基处理。对变形要求严格的深基坑，如采用悬臂桩围护，可能因变形超限而达不到预期效果。某种方法的有效性如何，显而易见地可以通过直观经验判断，直观经验难以判断时，则需通过验算作出结论。

（3）环境限制和负面影响

环境条件是岩土工程设计必须考虑的重要因素。环境条件越严，可选的方案越少。无论何种方案或工法，一般都是既有优点又有缺点，有其适用的一面，又可能有某些负面影响。例如：城市中不能采用噪声大的锤击式预制桩和沉管式灌注桩；泥浆污染城市环境，某些注浆材料污染地下水；有些施工方法影响人体健康；地下开挖和深基坑开挖时，大量抽排地下水，严重浪费宝贵的水资源，不符合可持续发展原则；降落漏斗使邻近工程产生附加沉降；等等。

（4）基本资料的完整性和可靠性

岩土工程设计应有必备的基础资料。但实际上，基础资料不一定每个项目都十分完整和理想，概念设计时应充分予以注意。例如岩溶发育地区地基条件十分复杂，除了威胁工程稳定的洞隙、土洞、塌陷外，基岩面高低不平、变化无常，虽一柱一孔，也不能完全将基岩面查得清清楚楚。这就要求在此基础上做的岩土工程设计要留出必要的余地，以备施工勘察时根据具体情况补充必要的处理措施，对方案作必要的局部调整。

确定天然地基、复合地基、桩基的承载力是个很复杂的问题，载荷试验被认为是比较可靠的方法，但并非每个工程都能做到。有些工程仍需要根据土性和经验进行设计。

3　岩土工程的动态设计

由于地质条件和岩土参数不易弄清，岩土工程设计常常不能一步到位，事先的定量计算只是一种估计，只有原型实测才最为可靠。因此，需与信息化施工配合，进行动态设计。这种设计原则已在边坡、地基基础、基坑、堤坝、地下工程等设计中广泛应用。

动态设计的基本方法是：根据已经掌握的数据估计算一个预测目标，例如位移（正演）。施工过程中利用现场观测数据反演设计参数，再用反演所得的参数正演目标，如此反复，一次比一次更趋正确。在这个过程中，还可以通过“施工勘察”核查地质条件，调整设计方案和施工程序，保证工程安全和经济性，并满足所有预定功能，包括预定功能要求、安全性和耐久性要求、投资和工期的经济性要求三个方面。

浅议岩石工程施工与环境可持续发展

高 华 王媛媛

（辽宁省建设科学研究院，沈阳，110005）

摘 要：本文基于环境可持续发展的视角，探讨岩土工程施工对环境的影响，明晰环境对岩土施工的制约因素，力图找到一种岩土工程施工与环境保护相契合的模式。

关键词：可持续发展；环境污染；岩土工程施工

1 岩土工程施工引发的环境破坏和污染问题

1.1 岩土工程施工易引起建筑物变形

岩土工程施工属于土木工程，涉及岩石、土和水等资源，所实施的对象就是岩体和土体。一个城市的发展建设离不开岩土工程施工，这是市政发展的必然。然而在市政施工的过程中，也必然伴随着施工扬尘、施工水污染以及施工噪声等环境问题，而如何解决好岩土工程施工与环境之间的关系，使其协调发展，已成为一项重要课题。岩土工程施工会涉及井点降水、钻孔、挖孔、深基开挖、地下工程施工以及打桩等，这些施工活动都可能会对周围的建筑物有影响，会使它们产生不同程度的变形、裂缝或是破坏地下管线。

一般在进行高层建筑的基坑开挖时，常用井点降水法，这时地下水位会下降，而工程施工附近的建筑有可能产生裂缝，面对这种情况，可以用内井点法或者注水灌注，这两种方法可以使岩土工程施工过程中建筑物下的地下水位不会因为井点抽水而有所降低。

在岩土工程施工过程中的挖桩阶段，原土体原有的平衡状态很容易被打破，土体的力量会重新进行分布，会促使原有的力量平衡倾斜，使得邻近建筑物的地基承载力也在同时相应地发生变化。一般而言，在桩基的施工过程中，这种力量的不断倾斜运动，很容易使周围建筑地下层的污泥流动，最终使得建筑物地面出现裂缝。面对这种情况，可以通过围堰的方式阻止土移而避免产生危害。

在岩土工程施工的打桩程序中，挤土效应也是应该注意的。因为在打桩的过程中，桩体总是会在一定限定的范围内因为打桩而或多或少地发生水平或者竖向位移。如果土体位移超出了一定的范围，就会导致环境事故，这是非常严重的，不仅会造成环境方面的破坏，而且还会带来巨大的经济损失。为减少在打桩过程中所造成的挤土影响，可以先钻孔取土，然后打桩，这种方式可以有效地减缓挤压的程度。

1.2 岩土工程施工可能引起震动造成环境破坏

在岩土工程施工过程中，打桩、爆破和振动施工等环节都会不同程度地对周围环境（土体以及建筑物）产生强烈不等的振动。无论是轻度振动还是重度振动，都会产生许多不良的后果。前者让施工人员以及附近周围的居民感觉到不舒服，并影响施工地点附近单位的精密仪器设备无法正常进行工作；后者则会对附近建筑造成损坏，影响到地下管线。

总之，岩土工程施工会对人体产生一系列的不良反应，因为人体的神经系统对振动是非常敏感的。高频率的振动，一方面会影响到人的正常生活，另一方面会对人体的生理组织产生影响，更严重的会对人体的正常生理活动，如新陈代谢、内分泌等产生影响，从而使人们工作能力减退，精神压力加大；当人与施工的振动发生共振的时候，甚至直接会对人的生命产生威胁。因此，在打桩环节，应采用静力压桩或者运用其他施工装置，以减少振动。另外，可以通过施工前的设计，利用隔振等方式减少振动的发生。

1.3 岩土工程施工带来的噪声污染

在岩土工程施工的过程中，会用到搅拌机等施工工具，所产生的噪声会对周围的环境产生一系列的影响。根据国家施工标准规定，施工过程中，噪声应该低于85dB。为了对周围环境起到保护作用，应该在施工地点装置消声设备，这样一方面可以有利于环境的清洁，另一方面有利于社会的和谐发展。

1.4 岩土工程施工潜藏着化学污染

在岩土工程施工时，采用灌浆法加固房基、道路和桥梁的过程中，会使大量的泥浆对周围环境产生影响(灌浆一般所用材料都含烯酰胺，有毒)。这无形中对空气和水都产生了污染，对这种在施工过程中所带来的化学污染是应十分重视的。

2 环境对岩土工程施工的反作用

随着人类进步和社会发展，环境问题已成为人类不容忽视的问题。岩土工程施工可能对周围环境产生一些不良的影响。因此，当今的岩土工程设计师不可能只对所设计工程本身负责，而不考虑在实施建设时对周围环境的影响。从保护环境的角度出发进行岩土工程的设计与施工，是今天的岩土工程施工所面临的新课题。

以往的岩土工程师在选择最优方案时，总是以经济指标作为标准。但今天的岩土工程师必须将经济效益和社会效益综合起来考虑。有时还必须将社会效益放在首要地位，而将经济效益放在次要地位。例如，施工现场小或无法处理泥浆污染时，钻孔、振动水冲等方法应重新评估。在进行大的工程，如大坝工程的方案论证时，不得不考虑生态环境破坏、水库诱发地震等各种次生效应对社会产生的不良影响。环境因素制约着岩土工程活动。因此，今天的岩土工程师们在设计与施工过程中，必须首先考虑到振动、噪声和化学污染等对环境因素的影响，必须注意到环境问题的重要性。如何选择最佳经济效益和社会效益的方案是广大岩土工程的专家、学者和工程师们必须努力的方向。

3 岩土工程施工与环境保护的契合路径

3.1 充分利用废料降低环境污染

为了有效地保护环境，在对废泥浆的处理过程中采用化学法，以能够在短时间内使这些废浆得到重新利用。据不完全统计，每年我国除出的粉煤灰达4500万t，采矿排出的废矿石达4亿t，这些对于空气都有很大程度的污染。然而这种浪费所带来的闲置以及对于环境的污染，是可以通过岩土工程施工得到解决的。例如，可以将这些废旧材料在施工过程中回填地基或者道路，这不仅对于地基有加大承载力的作用，而且可以有效地避免这些废料对环境所产生的污染。

粉煤灰在干燥状态下呈松散颗粒状，极易随风飞扬造成空气污染。冶金采矿工业每年都排出大量的尾矿和剥离矿石。从保护环境和降低工程造价的角度出发，可用岩土工程的方法处理工业废料。例如在地基处理、回填及道路工程中均可采用某些废料。尤其在地基处理过程中，可用某些废料制桩。例如用粉煤灰、生石灰组成的二灰桩，其加固效果较好，比混凝土灌注桩、振冲桩等成本低，承载力和压缩模量较原地基也有大幅度提高。用钢渣挤密桩加固软黏土和杂填土地基，其承载力与压缩模量也有很大提高，还可用粉煤灰制成粉煤灰固结桩。粉煤灰陶粒挤密桩，效果都比较好。

3.2 科学使用工程施工法防治自然灾害

随着世界环境的恶化，沙漠化、区域滑坡等自然灾害已经见怪不怪了，对于这些自然灾害的防治，一方面可以依靠植树的方式解决；另一方面可以同城工程的方式，对其进行控制。例如，可以修筑防沙岩土工程，抵御沙漠的移动；而对于那些由于地形、地震、河流冲刷等造成的问题，则可以利用岩土对其加固和整治；在较为严重的地区，可以采用工程测量，然后通过集水井、打坑滑桩等防治滑坡。

沙漠化也属于环境问题。沙漠化问题目前已影响到100多个国家和地区。沙丘在风力作用下每年以十到数十米的速率缓慢向前移动。除依靠植树和灌木来固沙外，可利用岩土工程学的方法，考虑沙与风的相互作用而采取相应措施来阻挡沙丘移动。

斜坡上的岩土体沿一定的软弱面向下滑动的现象称为滑坡。滑坡发生的原因首先是地质的因素。其次，地形、风化、地表水、地下水、地震、河流冲刷等对滑坡的产生及发展也有很大影响。采用岩土工程学的方法可对滑坡进行预报、预防及整治。在滑坡裂缝的适当部位设埋滑坡计，可测出滑坡的位移量，然后由此可预测滑坡发生的时间。根据滑坡的规模及成因等具体情况，可适当地采取程措施，如去(削)土减载、坡脚反压、地表排水、水平钻排水隧洞、深盲沟、集水井、打抗滑桩、抗滑挡墙、强化土体的烧结法等方法来预防和整治滑坡。

3.3 正确填埋处置废弃物

由于工业发展及人口增加，废弃物的排放量正急剧增加。各种废弃物的不合理处置，常常会对环境造成污染，包括对人体健康、动植物和已建工程的不良影响。因此，从岩土工程的角度出发填埋处置废弃物是必要的。在填埋场的选址上必须考虑土质条件和地形、地表水的动态、工程地质与水文地质条件、地区环境条件等因素。填埋处理工艺主要根据各填埋场地形地貌及废弃物种类而选择作业方式，一般有直接填埋法、特殊填埋法和深井填埋法。直接填埋法应用于无毒的废弃物的填埋，将废弃物倒在场内作业面上后，由压实机推平反复压实，然后覆盖上土。对于放射性或有毒的废弃物，为了防止渗漏造成地下水的污染，必须采取特殊的处理方式填埋。在填埋前要做不透水的人工衬层，防止渗出液污染地下水。对于放射性废弃物，可用高标号混凝土墙封闭。对于某些放射性或液态废弃物，可采用深井埋入法，即把废弃物与水泥及添加剂混合，通过深井经水力压裂使岩层形成裂缝，放射性混合液在裂缝中固化，形成薄的灰浆层，成为岩层的组成部分。

参考文献：

[1] 李锦华，郝鹏. 建筑施工现场环境保护效果现状及建议[J]. 建筑技术开发，2008(8).
[2] 黄裕锋，康小东. 市政工程项目建设的环境管理[J]. 中国市政工程，2005(2).

试论岩土工程施工管理的新趋势

王家光[1] 高 华[2] 王媛媛[2]

(1. 辽宁建安工程造价咨询有限公司，本溪，117000

2. 辽宁省建设科学研究院，沈阳，110005)

摘 要：本文讨论了岩土工程施工管理的发展趋势，提出在岩土工程施工管理中，努力使施工技术走向科学化、施工现场管理走向现代化、施工过程管理走向信息化以及人员管理走向人性化。

关键词：岩土工程；施工管理

1 施工技术走向科学化

科学技术的突飞猛进，要求施工技术必须走科学化的道路，只有这样才能适应多样化、复杂化和综合化的现代施工要求，才能在激烈的竞争中立于不败之地。

施工技术走向科学化要求建筑企业和公司要从以下几个方面着手。

首先，在施工过程中要大力推广新工艺。因为新工艺是科技发展的结果，更能够反映时代发展的要求，也能提高企业的施工效率和质量。当然，推广新工艺并不是完全彻底地否定旧工艺。新工艺通常都是在旧工艺的基础上发展和完善起来的，对旧工艺具有传承性。在此以夯扩桩为例加以说明，夯扩桩工艺流程是利用夯扩桩机将桩机外管打入土中灌注混凝土成桩，但是由于成桩速度没有管桩机设备快，噪声没有静压桩机低，承载力要求没有钻孔灌注桩高，机械设备大而笨重，容易导致安全事故。随着技术设备的大面积推广和应用，夯扩桩已经逐渐被沉管桩等新工艺所取代。建筑企业如果不能及时地洞察这一发展趋势，必然会被市场所淘汰，必然会在竞争中处于劣势地位。

其次，企业还要不断钻研新技术。随着新工艺的大面积推广，企业原先采用的各种施工技术或许已经不能适应所采用的新工艺，导致工艺较新而实际效率却很低，这不仅导致资金的大量浪费、设备的利用率低，还会导致企业在竞争中处于不利地位。在这种情况下企业不能拿出一项具有竞争力的新技术，那么很难保证项目中标或者利润得到保证，企业进步也就成为空谈[1]。

最后，企业要面向市场需求，及时采用新型材料。新型材料的研究、开发与应用在建筑市场的竞争中发挥举足轻重的作用，在整体工程造价中新型材料的应用占很大一部分比例。建筑企业和公司要盈利，但不能通过偷工减料来获取盈利，然而如果能采用新材料来替代旧材料，在一定程度上可以减少用量并提高施工质量，使施工企业在赚取利润的同时也赢得了信誉。

2 施工现场管理走向现代化

管理理论和管理实践已经多次证明，有效的管理能够大幅度地提高企业和公司的业绩，并且有效的管理也是企业和公司生存与发展必不可少的基础。施工现场管理走向现代化就是运用先进的管理理论和技术，对施工过程中的人员、资金、设备和信息等资源进行有效协调以使各种资源达到有效利用，整个施工过程中的每个环节都要进行全方位的监控、把握和管理，从而使得企业在现有资源的基础上达到施工效果最佳状态。现在的建筑施工是一项牵扯到大量的勘探、试验、现场测试、观察、理论探索、分析计算、设计、对施工跟踪监督、掌握动态和实践效果、工程检测、工后监测、运行管理中的反馈分析和总结等多个层面，并且每个层面都是十分庞大、复杂、丰富的系统工程[2]。无论哪个环节出现问题，都将影响整个工程的进度和质量，都会给企业带来巨大的经济损失，甚至是致命的打击，因而，对施工过程的每个阶段和层面都要进行全面的把握、掌控和管理。应付这些复杂的管理过程也是一件棘手的事情，因为企业原先采用的管理方式对现在的情形或许已经无效了，因而企业必须另寻他径，找到适合企业管理的现代化的管理模式或方式。企业管理层面必须走出原有管理模式的局限而积极地学习新的管理理论和知识，全面系统地分析企业所处的环境、市场的需求和企业自身拥有的资源和能力，找到与企业自身发展诉求相匹配的现代化的管理模式或方式，使企业的管理工作走上现代化的道路，为企业在激烈的竞争环境中赢得先机和成功。

3 施工过程管理走向信息化

前已述及，现代的施工管理是一项复杂的系统工程，企业的管理水平和质量直接决定着企业的生存和发展。管理学基本理论告诉人们，当管理涉及面较广、范围较大、人员较多的时候，各种管理相关的信息就会急剧增加，需要处理的各种管理关系也随之急剧增加，这就必然加大了管理的难度、提高了管理的成本、增加了管理的风险。随着时代的发展和科技的进步，信息化时代逐渐到来，由此也为解决上述各种管理难题提供全新的思路和途径。

施工过程管理走向信息化就是采用网络技术、计算机技术和通信技术等现代化技术手段来整合、分析和处理施工过程中各个阶段的信息及数据，最终以简便的形式呈现给管理者，以方便其进行管理决策的一种管理模式或方式。

首先，岩土工程施工的生存空间不断变化，生产空间的不断变化则意味着施工条件和施工环境的相应改变，工程项目的施工和管理也要相应地作出改变，以适应新的条件。这一过程中牵扯很多相关层面和阶段，涉及多种信息的分析和处理。采用信息化手段可以大大提高管理效率。

其次，岩土工程施工的期限一般较长，施工期限长也就意味需要处理的信息就较多，对各种信息进行管理的难度就相应增加。采用信息化管理方式可以对这种长期的施工过程进行有效的监控和管理，提高管理质量。

最后，岩土施工工程一般都较为复杂庞大。随着社会的发展与进步，社会各项建设也开始大张旗鼓地进行，并且建设项目的规模、难度以及复杂程度等都在不断地增加，由此就需要对参与施工的各个部门进行必要的协调，以使其朝着总项目目标前进和努力。如果采用原来的管理方式，各部门之间的沟通协调必须会困难和低效，而采用信息化管理方式，只要建立科学的管理信息化平台，各个部门都能同时接受到施工过程最新的信息，并且不会失真。由此将大大提高沟通和协调的效率，进而提高管理质量。

4 人员管理走向人性化

人是所有企业发展的基本动力之源，任何企业的任何管理都非常重视其员工的工作积极性和创造性，这是因为组织目标的实现完全依靠组织成员全身心的协调一致的工作。然而非常不幸的是，人都有一种天然的“趋利避害”“避重就轻”的本性，正如管理学名家巴纳德所说，“若要将那些组织内认为有潜能的组织成员按其服务的资源程度来排列，从最高的自愿渐渐减至中间或零，然后渐渐地到最高的不自愿或反对或厌恶，那么在现代组织中，大多数人都落在负的那一边”。因而，需要对组织中的人进行管理，使其以饱满的热情积极主动地进行工作。传统的管理学理论认为人是“经济人”，这种理论认为经济诱因引发人的工作动机，因为人追求最大的经济利益；人被动地在组织操纵和控制下工作，因为经济诱因由组织控制。这种理论在一定程度上反映了现实情况，毕竟人要生存就需要相应的经济基础予以支撑，当然从事岩土工程的人员也一样。但是这种将人看作单纯“经济人”的假设没有考虑到人是有情感和精神追求的实体。经济方面的满足只能使人生存，而情感和精神的满足却是人的最高追求。人的工作动机不仅表现在生理的、心理的、社会的和经济的方面，而且还要受不同的情境和时间因素的影响[3]。因而，企业管理层要以一种人性化的方式来“管理”施工人员，不要认为他们只是劳动的工具，要知道他们也是有个人追求的现实的独立个体，在给他们提供满意的物质待遇的同时，还要照顾其精神层面的追求，从而使其能对工作充满激情，进而提高工作效率[4]。

当然，上述四点只是施工管理过程一些相对较为重要的方面，并不是施工管理过程的全部，并且这个四个方面并不是彼此割裂的，而是相互联系、相互影响、相互渗透的一个动态的系统过程。不能用僵化不变的观点来对待，要以一种动态的发展的观点来审视施工管理过程，只有这样管理决策才能灵活地适应复杂多变的外部环境，才能使工程顺利地、高质量地进行。

参考文献：

[1] 卞晴谊. 岩土工程施工管理模式之我见[J]. 常州工学院学报，2008(10).
[2] 刘祖德. 应该重视岩土工程设计和治理的“全过程”监督[J]. 土工基础，2009(4).
[3] 李忠凡. 管理学精髓[M]. 北京：经济科学出版社，1992：277.
[4] 刘俊生. 管理学[M]. 北京：中国政法大学出版社，2009：238.

浅谈施工企业工程造价管理

陈立敏 姜 闯

（沈阳中建东设岩土工程有限公司，沈阳，110116）

摘 要：工程造价管理是建设工程管理的重要组成部分，是一项综合的、复杂的、多向性的管理过程，贯穿于建设项目的全过程。工程造价管理的目标就是采取科学的管理方法，合理有效地控制施工企业的工程造价，同时需要各部门共同努力，以最小的成本投资使企业获得最大的经济效益。

关键词：工程造价管理；工程投标；施工；合同；结算

1 前 言

工程造价管理是建设工程管理的重要组成部分，在社会主义市场经济条件下，建筑施工企业经营的最终目的就是盈利。工程造价管理的目标就是采取科学的管理方法，合理有效地控制施工企业的工程造价，以最小的成本投资获得最大的经济效益，促进施工企业的可持续发展。

工程造价管理是一项综合的、复杂的、多向性的管理过程，贯穿于建设项目的全过程。它自工程招投标开始，至整个工程竣工结算为止。做好全过程造价管理对于施工企业而言是取得经济效益的保障。施工工程造价全过程管理主要流程如下：工程投标阶段—施工合同签订阶段—工程施工阶段—竣工结算阶段。

建筑工程中造价管理在企业管理中占有重要的地位，工程造价管理工作自始至终作用于施工企业整个生产过程中，它是一项涉及面广、综合性强的工作，应该做好全过程成本控制。企业的各个部门应当配合工程造价管理部门的各项工作，最大限度地控制工程造价，使企业获得最大的经济效益。

2 施工工程造价全过程管理

2.1 工程投标阶段造价管理

投标阶段属于工程施工的前期，这一阶段对中标之后的造价管理会产生最直接的影响，是施工企业进行造价管理与控制的基础性阶段。

（1）在当前竞争非常激烈的情况下，企业应组成专家组，结合本企业的施工能力和技术优势，选择合适的项目进行投标，不能盲目地投入财力、人力进行投标。

（2）确定投标项目以后，要认真阅读招标单位或者招标公司发放的招标文件，认真研究施工图纸，弄清技术说明书，对于不明确的问题要及时联系业主或者到现场踏勘，制订施工方案。施工方案的确定将直接影响施工成本、质量和工期，同时也是技术标评定时的重要项目。只有合理经济的施工方案，才能有效地控制成本。

（3）投标过程中，经济标是最重要的。投标报价的合理性是决定能否中标的关键因素。施工企业应该依据自己的实力，包括技术和资金方面的实力，既不能一味地追求低价，也不能盲目地抬高报价，要保证企业能够有合适的盈利空间。在投标报价时应坚持做到以下几点。

① 编制投标报价之前要认真研究招标文件，使投标文件能够最大限度地满足招标文件中规定的各种综合评价标准或响应招标文件的实质性要求。

② 编制人员要与技术人员进行沟通，以施工图纸、施工方案等作为投标报价的依据。

③ 做好市场材料及设备的询价，建立询价体系。建设工程的材料及设备费一般要占工程总成本的60%以上，控制材料设备成本价格是控制施工阶段造价的一个重要方面。充分利用调研成果等编制基价，确定调价方法。

④ 报价人员应熟练运用各种投标方法和技巧，比如不平衡报价法等。报价时不仅要注重总报价，还应灵活运用报价策略，采用一定的技巧，既可以使业主接受，又可使企业中标后获得更多的利润。

2.2 施工合同签订阶段造价管理

施工合同明确了企业在工程承包中的权利和义务，将工程款的拨付方式、索赔方式、调价方式、竣工结算方式等以法律的形式确定下来，是施工阶段造价控制的依据。在工程量清单计价模式下，大多采用的是综合单价合同。这样的合同便于处理变更及索赔，针对这个特点，在签订施工合同时，一定要结合工程量清单和招标文件的内容，明确合同价格的调整范围和调整办法，重点明确工程量的调整、设计变更和签证调整、综合单价调整的条件和方法等。合同的签订人员应掌握《中华人民共和国合同法》《中华人民共和国建筑法》《中华人民共和国招标投标法》等法律法规，依法维护企业的合法权益。只有签订严密的施工合同，同时在施工中加强合同管理，才能减少在合同的履行过程中发生纠纷，维护合同双方利益。

2.3 工程施工阶段造价管理

施工阶段的管理是施工造价管理的关键环节，是施工企业内部在工程合同价格控制下依法得到合理利润而开展的管理活动，是施工管理的核心。这个阶段管理的好坏将直接影响企业的经济效益。施工企业要充分把握好施工阶段的管理与控制，实现企业增效创收。

（1）强化人员成本控制意识

项目部的全体人员，需要强化成本控制意识，特别是项目负责人和技术负责人，要改变那种认为造价管理是少数预算专业人员的事的观念，使人人关心工程造价，把施工管理和工程造价管理紧密结合起来。

（2）优化施工组织设计

中标以后，承包商应着手编制详尽的施工组织设计。应合理组织施工，节约成本，向管理要效益。工程开工前，通常有许多施工方案可供施工人员选择，不同的施工方案，其经济效果是不同的。工程管理人员应结合工程项目的规模、进度、性质、劳动力数量、机械装备程度、材料供应情况、运输条件、地质条件等，编制最优的施工组织方案。

（3）把好工程材料设备价格关

建筑工程中材料设备费是工程项目成本控制的关键。在工程建设中，材料设备费用占整个工程造价60%以上。材料设备费能否得到有效控制直接影响工程最终的经济效益。施工过程中要编制好需求计划，降低采购成本，合理安排施工所需机械的进退场。

（4）及时完成工程进度款支付

工程进度款是业主按工程承包合同有关条款规定，支付给承包商的合格工程产品的价款，它是工程项目竣工结算前工程款支付的最主要方式。工程进度款支付是投资控制的有效手段，施工过程中要及时完成工程进度款的支付工作。

（5）严格工程变更管理

在施工中，由于多方面的原因，常常会导致工程变更，这就必然会影响工程造价。所以一方面应严格控制工程变更，尽量做到少变更；另一方面，对于必须进行的变更，则应严格执行变更签证审批程序，按合同和已经约定的规定，及时计算每次变更的价款，争取做到先签证后变更施工。

（6）加强索赔意识及熟悉索赔程序

投标人在熟悉招标文件后，要善于发现索赔机会，维护自身的合法权益。每一次索赔不一定均获成功，但不应放弃任何一个索赔机会。索赔分为工期索赔和费用索赔。其中，费用索赔是重点。索赔首先要建立在合同的基础上，有关人员应对合同基本条款、涵盖内容进行深入了解，增强合同意识。索赔的执行应按合同规定的程序进行。这就要求施工技术人员在发生索赔事件后，定期做好索赔记录，整理好基础资料，并随时以书面资料向施工监理提出索赔意向，及时办理签证。在做好向甲方索赔工作的同时，一定要严守施工合同条款，避免甲方对施工单位的反索赔。

（7）合理处理成本与质量、工期的关系

对施工单位来说，建筑物的质量、工期是相互对立的。一般情况下，要想使建筑质量较高，就会使投入的资金增多，而且延误工期；资金投入量小，会使工期提前，但是建造的建筑质量会很差。所以，在确定建设工程目标时，不能将造价、工期、质量三大目标割裂开来，必须将其作为一个系统统筹考虑，实现三大目标的统一。在满足质量、工期的前提下，分别采取组织措施、技术措施、经济措施、合同措施控制工程造价，从而加强施工阶段的工程造价管理。

2.4 竣工结算阶段造价管理

施工企业工程造价控制最终的环节就是竣工结算阶段。工程竣工结算阶段要重视和加强工程竣工结算资料的收集和编制工作。要收集招标文件、投标文件、竣工图、工程变更清单、施工承包合同、施工过程中的会议纪要、当地造价部门颁布的各类调价文件、现场签证单、施工过程中业主监理签字确认的补充及新增单价等。全面详尽完成竣工结算的编制后，应及时报送相关的发包人予以审核。项目造价管理人员应积极主动与业主或审计单位进行沟通，抓紧时间核对，努力争取在有关条款规定的期限内办理完结算手续。

工程竣工结算通过后，应按合同规定，及时收回工程款，不能听任业主无故拖欠工程尾款，以致影响企业的资金周转。对未付款而又不签订还款协议的工程，通过调解不成的，可以请求仲裁或向有管辖权的人民法院起诉，以增加对业主的压力。

在竣工结算阶段，项目部、财务部等各相关部门应配合预算部门，做好预算工作，对工程结算资料及时整理，将总结出来的数据及时交给预算部门。各部门共同努力，以最小的成本投资使企业获得最大的经济效益。

下承式预应力混凝土系杆拱桥结构分析与设计

张显冬　　汪智慧

（中国建筑东北设计研究院基础设施事业部，沈阳，110003）

摘　要： 本文介绍了桂林北至定江右客车联络线特大桥2-68m系杆拱桥的构造、设计及施工过程等，采用两跨简支系杆拱，有效降低了主梁截面高度，满足桥下净空要求，造型优美。

关键词： 系杆拱桥；局部应力分析；结构设计

1　工程概况

本桥为贵广客运专线桂林北至定江右客车联络线特大桥的一部分，在里程GZKYK6 + 242.69—GZKYK6 + 383.37处，跨越桂黄公路及桂海高速公路匝道，与公路斜交，采用2-68m简支系杆拱跨越，主桥桥型布置如图1所示。

本桥主要技术标准如下。

（1）桥上线路：单线；线路平面为半径1400m的曲线，99y ~ 100y墩间位于平坡，100y ~ 101y墩间纵坡为0‰变 − 3.0‰下坡，无竖曲线。

（2）设计行车速度：120km/h。

（3）设计活载：ZK活载。

（4）轨道结构：采用60kg/m重型钢轨，按无缝线路设计，铺设Ⅲ型预应力混凝土轨枕。

（5）地震动峰值加速度：本桥桥址处位于地震动峰值加速度0.05g的地区。

（6）施工方法：满堂支架法，先施工梁部，再施工拱肋及其他。

2　结构设计

（1）整体构造

本桥上部结构设计为L_p = 68m预应力混凝土系杆拱，全长70m，理论矢高13.6m，矢跨比为1/5，拱轴线为二次抛物线（$y = x^2/85$），系杆与拱肋的刚度比为15.0∶1，按刚性梁刚性拱计算。梁部划分为10个节间，除端节间长10.2m外，其余节间长6.2m，拱肋中心距为7.93m，净宽6.93m。

（2）主梁构造

梁横向为单箱双室，跨中梁高2.5m，梁底宽8.53m，梁顶宽8.53m；梁端部加高至3.0m。跨中箱梁顶板厚30cm，底板厚为30cm，中腹板厚度为30cm，边腹板厚度为60cm，在梁端部加厚。在各吊杆位置设60cm厚横隔板，在箱梁端部设3.0m端横梁，横隔板与端横梁中部设有供检查人员通过的进人孔洞。

端支座及跨中截面如图2所示。

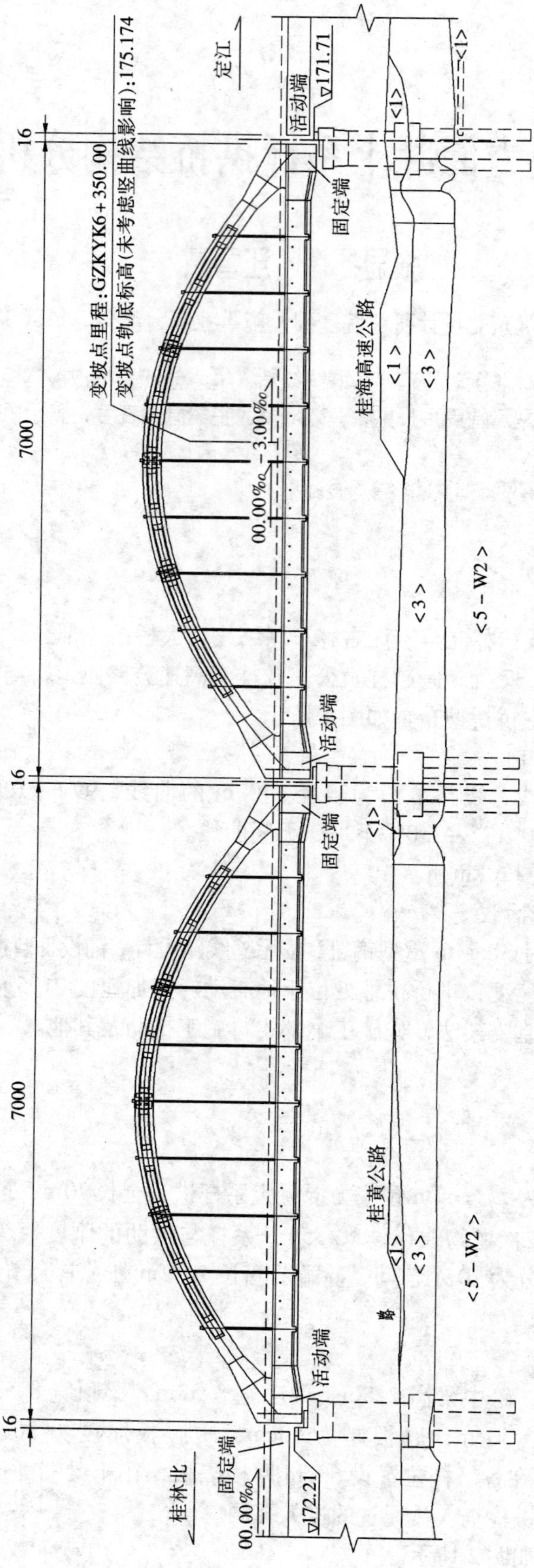

图1 2-68m 系杆拱桥型布置图（尺寸单位: cm; 标高单位: m）

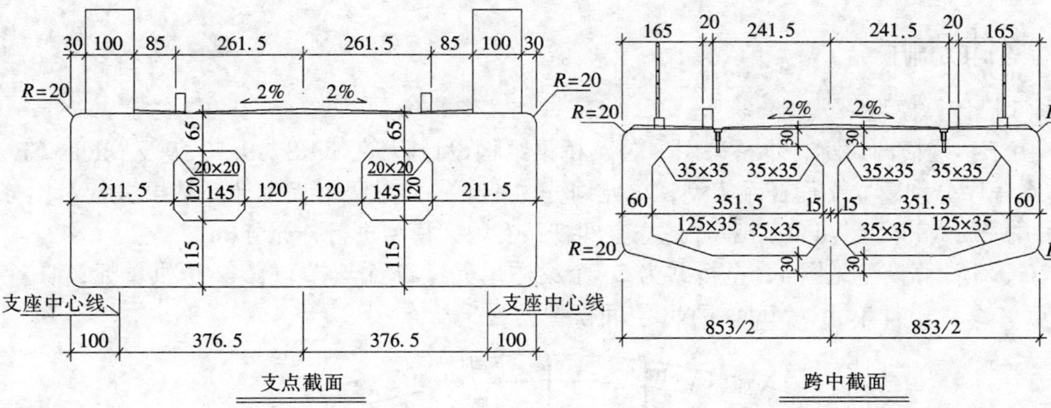

图 2　主梁支点及跨中截面(单位：cm)

(3) 预应力

梁部纵向预应力束采用 9-15.2 钢绞线，塑料波纹管成孔，内径 70mm，外径 83mm。预应力束布置在顶、底板内，共设通长束 51 束。为防止意外，在顶板和底板各预留 2 个备用孔道。纵向预应力通长束采用单端张拉，OVM15-9 型锚具锚固，YCW250B 型千斤顶张拉。

梁部横向预应力束采用 3-15.2 及 4-15.2 钢绞线，在顶、底板顺桥方向每隔一定间距布置，采用 BM15-3(BM15-3P)及 BM15-4(BM15-4P)型锚具锚固，YCW100B 型千斤顶单端张拉。

拱脚处设竖向预应力筋，采用 $\phi25$ 预应力混凝土用螺纹钢筋，$f_{PK}=830MPa$，JLM-25 型锚具锚固，$\phi35mm$ 铁皮管成孔，YC60A 穿心式单作用千斤顶张拉。

(4) 拱　肋

拱肋为钢筋混凝土构件，工字形截面，高 1.8m，拱趾处加高至 2.8m；拱肋宽 1.0m。两拱肋之间第 3、5、7 共 3 个节点连接钢筋混凝土横撑。横撑为工字形截面，高 1.6m，宽 0.8m，在与拱肋交接处采用折线过渡，以避免角隅处应力集中。拱肋及横撑截面见图 3。

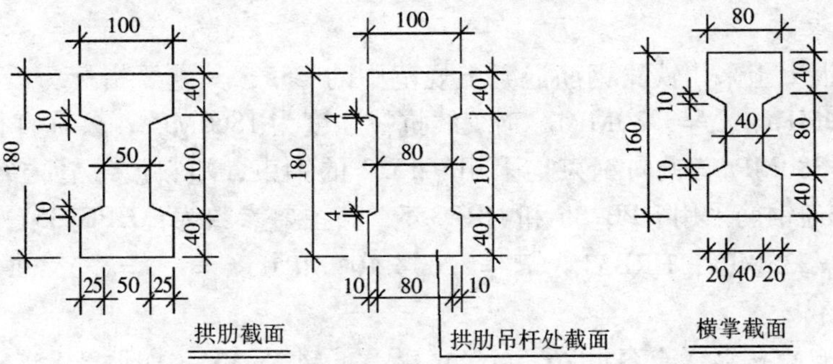

图 3　拱肋及横撑截面(单位：cm)

(5) 吊　杆

吊杆采用柔性吊杆，圆形截面，外径 8.4cm，其构成为 GJ15-12 新型环氧喷涂整体挤压成束钢绞线，由 12 根 $\phi15.2$ 环氧喷涂钢绞线组成，$f_{pk}=1860MPa$。外套大小 HDPE 护套，其间填充防腐油脂，吊杆锚头处采用锚头防水防腐保护罩，吊杆外露部分用不锈钢护套包裹以免意外或人为损坏。吊杆采用在拱肋顶单端张拉。采用 GJ15-12 型锚具锚固，YC200A 型千斤顶张拉。吊杆下端设置 CLY 液压传感器，以监控索力变化情况。

3 整体分析

（1）计算模型

由于结构横向对称，本桥采用《公路桥梁结构设计程序 GQJS》9.70 版及 Midas-Civil2006 程序分别建立平面杆系模型，单元划分均一致，并对两个程序计算结果进行对比分析，并采用 Midas-Civil 2006 程序建立空间杆系有限元模型进行补充分析。

GQJS 计算模型见图 4，全桥共为 26 个梁体单元、27 个梁节点，42 个拱单元，41 个拱节点，9 个吊杆单元；Midas-Civil 空间模型见图 5。

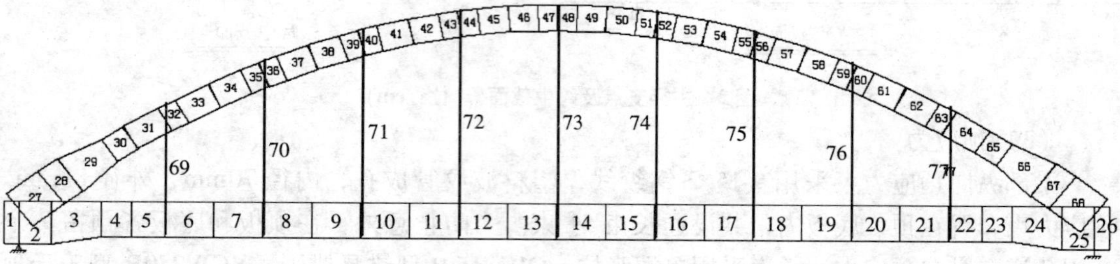

图 4 GQJS 计算模型

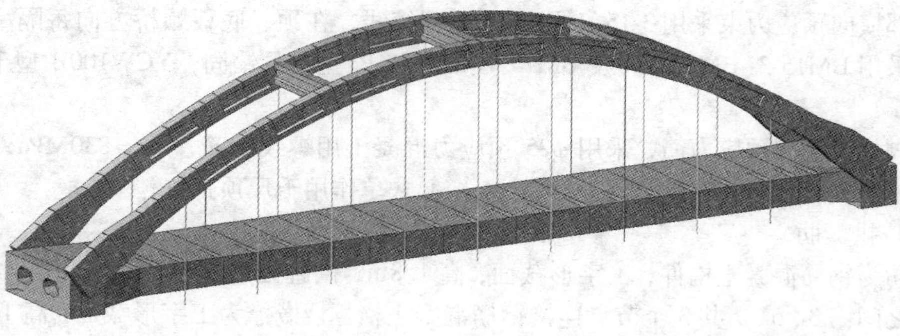

图 5 Midas-Civil 空间模型

（2）材料参数

计算中，混凝土采用铁路钢筋混凝土规范中的 C55，其主要指标为：$E_c = 3.60 \times 10^4$ MPa，$f_c = 37.0$MPa，$f_{ct} = 3.30$MPa。钢绞线抗拉强度为 1860MPa，公称直径为 15.20mm，抗压计算强度 380MPa。纵向钢束均采用 9-15.2 的钢束，塑料波纹管内径 80mm、外径 93mm。梁体普通钢筋采用 HPB235 和 HRB335。其主要参数为：HPB235：$E_s = 2.10 \times 10^5$ MPa，$f_p = f_p' = 235$MPa；HRB335：$E_s = 2.00 \times 10^5$ MPa，$f_p = f_p' = 335$MPa。

（3）荷 载

① 恒载：自重按混凝土容重 26.5kN/m^3 程序自动计算；二期恒载 85kN/m，包括轨道结构、道砟、挡砟墙、栏杆及防落网、栏杆基座、排水坡等；施工阶段混凝土收缩徐变荷载。

② 活载：ZK 标准活载。

③ 温度荷载：考虑了结构整体升降温 20℃，吊杆升降温 15℃及拱肋升降温 1520℃等 6 种工况。

（4）施工过程模拟

计算中按实际施工过程进行模拟，施工顺序如下。

① 系杆拱两端桥墩施工完毕后，搭设满堂支架，灌注箱梁及拱脚部分混凝土；

② 混凝土强度及弹性模量不低于90%且不小于5天龄期后，单端张拉箱梁纵向预应力顶板束第一批；

③ 梁顶搭设支架，灌注拱肋及横撑混凝土，拱肋支架应支撑在箱梁横隔板位置或者腹板位置；

④ 待拱肋混凝土强度及弹性模量不低于90%且15天龄期后，补充张拉箱梁余下纵向预应力钢束，上下交替左右对称张拉横向预应力，张拉竖向预应力；所有预应力张拉完毕后拆除拱肋支架；

⑤ 清除拱肋的临时支架、模板等桥面荷载；初张拉吊杆预应力，然后拆除梁底支架；

⑥ 拆除支架后，清除桥面所有除结构自重外的荷载，补拉吊杆力至设计值，吊杆张拉完成60天后进行桥面系施工。

（5）荷载组合

工况组合的原则考虑为最不利效应叠加：

① 主力组合：自重+预应力+二期恒载+列车活载；

② 主加附组合1：主力组合+系统升温+吊杆升温(吊杆降温)+拱肋降温(拱肋升温)——程序自动判别最不利组合情况；

③ 主加附组合2：主力组合+系统降温+吊杆降温(吊杆降温)+拱肋降温(拱肋升温)——程序自动判别最不利组合情况。

4 计算结果及讨论

（1）梁的计算结果

运营阶段梁部计算结果如表1所示。

表1　运营阶段梁部 Midas 与 GQJS 主要计算结果比较

荷载类型	项　目	Midas/MPa	GQJS/MPa	设计限值/MPa
主　力	跨中上缘最小压应力	6.65	6.84	18.5
	跨中上缘最大压应力	7.72	7.90	
	跨中下缘最小压应力	4.49	4.12	
	跨中下缘最大压应力	5.71	5.73	
	支点上缘最小压应力	1.38	0.86	
	支点上缘最大压应力	2.06	1.58	
	最大主压应力	7.65	8.57	22.2
	最大主拉应力	0.18	0.164	3.3
主+附组合2	跨中上缘最小压应力	6.15	5.61	18.5
	跨中上缘最大压应力	8.54	9.03	
	跨中下缘最小压应力	3.92	3.01	
	跨中下缘最大压应力	6.06	6.93	
	支点上缘最小压应力	1.33	0.73	
	支点上缘最大压应力	2.18	1.75	
	最大主压应力	8.61	9.84	22.2
	最大主拉应力	0.19	0.16	3.3
	静活载下竖向位移	10.8mm	10.7mm	小于29.1mm
	静活载下梁端转角	0.464‰	0.463‰	小于1‰

由计算结果可见，两个程序的计算结果基本一致，均能满足规范要求。

（2）拱肋计算结果

运营阶段拱肋混凝土最大正应力为 9. 99MPa，拱肋普通配筋最大压应力为 96. 9MPa，最大拉应力为 4. 66MPa，拱肋平面内稳定验算安全系数为 8. 2。

（3）吊杆计算结果

运营阶段吊杆最大轴力为 1243kN，最大拉应力为 737. 1MPa，最小强度安全系数为 2. 57，最大活载应力幅为 114. 9MPa。

（4）结构屈曲模态

在 Midas 空间模型中对结构进行屈曲模态分析，考虑自重、二期恒载、ZK 活载、风荷载以及离心力作用，临界荷载系数为 10. 4。

5 局部应力分析

简支梁拱组合式桥梁的端节点是该种桥型的关键部位。它不仅是梁拱的连接点、纵向预应力束的锚固点，而且是确保拱肋空间稳定性、由强大端横梁的抗弯刚度提供的嵌固点，部位重要，受力复杂。而拱肋承载吊杆位置局部受荷较大。为验证以上两个部位的应力安全，采用 Ansys 软件分别建立局部实体模型。

模型中边界荷载均通过整体模型中的计算结果取得，荷载组合也与整体模型一致。分析结果显示，拱脚运营阶段最大主拉应力为 2. 4MPa，出现在系梁变截面孔洞梗肋处；最大主压应力为 20. 3MPa，出现在拱脚端部与系梁相接部位。

拱顶最大主拉应力发生在吊杆穿孔孔壁处，最大主拉应力为 3. 6MPa，超过规范限值 3. 3MPa，考虑到普通配筋的以及该部位预埋钢管的约束作用，视为满足要求；最大主压应力发生在预埋钢板处，属局部应力集中，其值为 21. 55MPa。

5 结 语

（1）下承式简支系杆拱桥体系新颖，外形美观，适用于中小跨度城市、公路、铁路桥梁，这种桥型充分利用了拱肋混凝土的受压能力，有效地减小了梁体高度，且结构刚度大、性能优越。当桥梁下方跨越道路，桥下净高受限，系杆拱桥是一种较合适的选择，在有条件的情况下采用满堂支架先梁后拱施工，施工方便。

（2）在系杆拱桥的整体分析中，分别采用 GQJS 和 Midas-Civil 2006 建模并计算，通过对结果的比较和相互校核，确保设计可靠。

（3）简支梁拱组合式桥梁的端节点是该种桥型的关键部位，对其进行局部应力分析是必要的。